JENS BERGER

WER SCHÜTZT DIE WELT VOR DEN FINANZKONZERNEN?

Die heimlichen Herrscher und ihre Gehilfen

WESTEND

Mehr über unsere Autoren und Bücher:
www.westendverlag.de

Die Deutsche Nationalbibliothek verzeichnet diese Publikation in
der Deutschen Nationalbibliografie; detaillierte bibliografische Daten
sind im Internet über http://dnb.d-nb.de abrufbar.

ISBN: 978-3-86489-260-8

1. Auflage 2019

© Westend Verlag GmbH, Frankfurt/Main 2018
Umschlaggestaltung: Buchgut, Berlin
Satz: Publikations Atelier, Dreieich
Druck und Bindung: CPI – Clausen & Bosse, Leck
Printed in Germany

Inhalt

Frühstück mit BlackRock und Co.

Morgens, 6.30 Uhr in Deutschland, der Wecker klingelt. Erst einmal unter die Dusche. Das Duschgel der Marke Axe stammt vom niederländisch-britischen Konzern Unilever. Dessen größter Aktionär ist der Finanzkonzern BlackRock. Das Wasser kommt von den Stadtwerken, an denen mehrheitlich der französische Konzern Veolia beteiligt ist, dessen zweitgrößter Anteilseigner ebenfalls der Finanzkonzern BlackRock ist. Die Zähne geputzt. Die Zahncreme der Marke Colgate stammt vom US-Konzerne Colgate-Palmolive, dessen größte Aktionäre die Finanzkonzerne Vanguard, BlackRock und State Street sind – zusammen gehören ihnen mehr als 22 Prozent des Unternehmens. Rein in die Jeans der Marke Levis, das Poloshirt von Ralph Lauren übergezogen und in die Sneaker von Adidas geschlüpft. Größte Anteilseigner der Levi Strauss & Co. sind die Price (T.Rowe) Associates und Vanguard. Bei der Ralph Lauren Corp. sind es Vanguard und BlackRock, und beim deutschen Unternehmen Adidas ist BlackRock zweitgrößter Aktionär. Und nun noch schnell eine Schale Cornflakes. Auch bei der amerikanischen Kellogg Company zählen BlackRock, Vanguard und State Street zu den größten fünf Anteilseignern. Bei der Konkurrenz vom Schweizer Nestlé-Konzern sieht es übrigens ganz ähnlich aus.

Noch mal schnell auf dem iPhone gecheckt, was es Neues auf Facebook und Twitter gibt – bei allen drei Konzernen sind Vanguard und BlackRock die größten Anteilseigner. Nun noch den Hund füttern – das Hundefutter von Eukanuba kommt von Procter & Gamble, größte Anteilseigner sind Vanguard, BlackRock und State Street. Und bevor es ins Büro geht, wird noch schnell ein

Smoothie getrunken – der Smoothie-Hersteller Innocent gehört zur Coca Cola Company, bei der die Finanzkonzerne Berkshire Hathaway, Vanguard, BlackRock und State Street die größten Anteilseigner sind. Die Liste ließe sich endlos fortführen und betrifft die gesamte Wertschöpfungskette. So stammen die Cerealien für die Cornflakes womöglich vom weltweit führenden Agrarmulti Pioneer Natural Resources (Vanguard, BlackRock und State Street), wurden mit landwirtschaftlichen Maschinen des Weltmarktführers AGCO Corporation geerntet (Vanguard und BlackRock), mit der weltweit führenden Reederei A.P. Moeller-Maersk (Vanguard und BlackRock) in einem Containerfrachter von Hyundai Heavy (Vanguard und BlackRock) zur Fabrik transportiert, in einem Karton des Papiergiganten Stora Enso (Vanguard und BlackRock) verpackt und in einem Supermarkt der Metro AG (Vanguard und BlackRock) gekauft.

Oft umfasst dieses Besitzoligopol sogar eine gesamte Branche. Ob Ihnen nun die Deutsche Post, DHL, Fedex oder UPS das Paket bringen – bei all diesen Unternehmen zählen BlackRock und Vanguard zu den größten Anteilseignern. Ob sie mit ihrem Smartphone über D1, D2 oder O2 telefonieren – auch bei der Deutschen Telekom, Vodafone und Telefónica gehören diese Finanzkonzerne zu den größten Anteilseignern. Von Aareal Bank (BlackRock) bis zum Veterinärmedizinhersteller Zoetis (BlackRock und Vanguard) sind die deutschen Aktiengesellschaften fest in der Hand der Finanzkonzerne. Niemand besitzt mehr Anteile an deutschen Unternehmen als BlackRock. In Frankreich, Italien und Großbritannien sieht es genauso aus. In den USA ist BlackRock allerdings »nur« die Nummer zwei hinter Vanguard.

In der Sprache der Finanzmärkte werden Finanzkonzerne wie BlackRock oder Vanguard als institutionelle Investoren bezeichnet. Investmentfonds, Hedgefonds, Banken und Versicherungen komplettieren diese Gruppe. Zusammengenommen gehören ihnen nach einer aktuellen Studie des Harvard Business Review[1] 80 Prozent aller Aktien der im S&P 500 Index gelisteten größten Aktiengesellschaften der USA. Bei 88 Prozent der S&P-500-Unternehmen heißt der größte Anteilseigner entweder BlackRock, State Street oder Vanguard. Allein BlackRock hält mehr Aktien an Alphabet (Google) als Sergey Brin. Zusammen mit seinem Konkurrenten Vanguard hält BlackRock auch mehr Aktien an Amazon als Jeff Bezos und rund 25-mal so viele Aktien von Apple, wie der komplette Apple-Vorstand zusammen. BlackRock, Vanguard und State Street halten auch mehr Aktien an Facebook als Mark Zuckerberg. Auch bei den großen Rüstungskonzernen, den Banken und Big Oil sind die Finanzkonzerne die größten Anteilseigner und damit tonangebend. Nicht die ständig in den Medien präsenten Unternehmensspitzen sind die Lenker der größten und mächtigsten Konzerne der Welt, sondern mächtige Finanzkonzerne. Gemessen an dieser Machtfülle und Machtkonzentration ist es erstaunlich, wie wenig über BlackRock, State Street und Vanguard berichtet wird und wie wenig über die Interessen und Ziele dieses Giganten bekannt ist. Wer sind diese Konzerne und welche Ziele verfolgen diese Giganten?

Bei einer derart dünnen Berichterstattung ist es nicht weiter verwunderlich, dass es auch zahlreiche Gerüchte gibt, die sich hartnäckig halten. So werden BlackRock und Co. oft fälschlicherweise als Hedgefonds oder als Heuschrecken bezeichnet. Die Eigenbezeichnung dieser Konzerne ist schlicht Vermögensverwalter oder auf Englisch Asset Manager, was wiederum eine starke Untertreibung ist. Gerade so, als würde man den Handelsgiganten Amazon einen Einzelhändler nennen. In der Tat ist die Vermögensverwaltung das Kerngeschäft dieser Konzerne. Die Summen, um die es dabei geht, entziehen sich jedoch jeder Vorstellungskraft. BlackRock verwaltet zurzeit 6,85 Billionen US-Dollar, Vanguard 5,6 Billionen US-Dollar und State Street 2,51 Billionen US-Dollar. Zusammen sind dies rund 15 Billionen US-Dollar, ausgeschrieben 15 000 000 000 000. Das sind rund 2 000 US-Dollar pro Kopf der Weltbevölkerung – vom Neugeborenen in Ruanda bis zur Greisin in Japan. Würde man diese Summe zu gleichen Teilen unter Deutschlands Einwohnern aufteilen, bekäme jeder Bürger stolze 180 000 US-Dollar.

Freilich gehört dieses Geld nicht BlackRock und Co. Es handelt sich hierbei vielmehr um Kundeneinlagen. Das Geld kommt von Pensionsfonds, die beispielsweise die Altersrücklagen für New Yorker Lehrer oder kalifornische Polizisten verwalten. Es kommt von Staatsfonds, mit denen unter anderem die ölexportierenden Länder des Nahen und Mittleren Ostens ihre Deviseneinnahmen am Kapitalmarkt anlegen und für die Zeit nach dem Öl vorsorgen. Und es kommt von Einzelpersonen, die mal über weniger aber oft auch über sehr große Vermögen verfügen. Der Teufel scheißt halt doch immer auf den größten Haufen.

Befeuert werden die nimmer enden wollenden Kapitalzuflüsse dieser Unternehmen dabei durch ein Wirtschaftssystem, das umgangssprachlich meist als *Neoliberalismus* bezeichnet wird. Der Staat zieht sich global zunehmend aus der Daseinsvorsorge zurück und überlässt es seinen Bürgern, privat für das Alter vorzusorgen. Man spart auch für die Studiengebühren der Kinder und Enkel, die nicht mehr vom Staat getragen werden. Private Krankenversicherungen arbeiten nach dem Prinzip, dass die Beiträge, die die Versicherten in den jüngeren Jahren einzahlen, an den Kapitalmärkten Zinsen »erwirtschaften« und die höheren Gesundheitskosten im Alter dann von dem gebildeten Kapitalstock finanziert werden können. Bis dahin müssen die Gelder jedoch angelegt werden. Zurzeit fließen jedes Jahr global 3,6 Billionen Euro an Beiträgen in Sach- und Lebensversicherungen, 2027 sollen es Prognosen der Versicherer zufolge 6,8 Billionen Euro sein. Das ist der Treibstoff, mit dem der Motor der gigantischen Vermögensverwalter am Laufen gehalten wird, und ein Ende dieser Entwicklung ist nicht abzusehen.

So unbekannt die gigantischen Finanzkonzerne in der öffentlichen Wahrnehmung sind, so unterschiedlich sind ihre Geschäftsmodelle. Die Nummer zwei, Vanguard, beschränkt sich weitestgehend auf die Vermögensverwaltung und ist dabei sogar genossenschaftlich organisiert; wie eine Volks- oder Raiffeisenbank gehört der Riese seinen eigenen Kunden und ist nicht primär darauf ausgerichtet, Gewinne zu erwirtschaften, sondern arbeitet nach dem Kostendeckungsprinzip. Und wenn doch einmal Gewinne erzielt werden,

werden sie über eine Senkung der Verwaltungskosten an die eigenen Kunden weitergegeben. BlackRock und State Street sind hingegen selbst Aktiengesellschaften, die bestrebt sind, Gewinne zu erwirtschaften und Dividenden an ihre Aktionäre und Boni an das Management auszuschütten. Die meisten Anteile sind jedoch im Besitz von BlackRock und State Street selbst – Entscheidungsmacht und Kontrolle verbleiben also in ihren Händen.

Während bei Vanguard die Definition eines – wenn auch absurd großen – Vermögensverwalters noch greift, trifft dies auf BlackRock nicht mehr zu. Hier verschwimmen die Grenzen zwischen einem Vermögensverwalter und einem Hedgefonds immer mehr. Das Kerngeschäft von BlackRock ist nach wie vor die treuhänderische Vermögensverwaltung für seine Kunden. Doch um dieses Ziel zu erreichen, betreibt BlackRock selbst ein ganzes Heer an aktiv gemangten Investmentfonds, die nicht nur mit Aktien oder Anleihen, sondern auch mit Finanzprodukten aller Art handeln. Die ohnehin schwammigen Grenzen zwischen einem Investment- und einem Hedgefonds sind hier fließend und werden oft überschritten. Treffender könnte man BlackRock daher wohl am ehesten als *Schattenbank* bezeichnen – das sind nach Definition der Bundesbank »diejenigen Akteure und Aktivitäten auf den Finanzmärkten […], die bankähnliche Funktionen (insbesondere im Kreditvergabeprozess) wahrnehmen, aber keine Banken sind und somit nicht der Regulierung für Kreditinstitute unterliegen«. Das trifft alles auf BlackRock zu. Ist das größte Finanzunternehmen der Welt also gleichzeitig die größte Schattenbank der Welt? Dazu später mehr.

Neben der Vermögensverwaltung hat sich BlackRock auch auf andere Tätigkeitsfelder im Finanzsystem spezialisiert. So gehört die von einem Konsortium rund um BlackRock betriebene Handelsplattform Luminex[2] zu den größten und wichtigsten »Dark Pools« des Finanzsystems – ein interner Umschlagplatz für Wertpapiere jeder Art, die sich der öffentlichen Regulierung entziehen und nur einem ausgesuchten Kundenkreis offenstehen. Über seinen Geschäftsbereich »Private Credit«[3] vermittelt BlackRock zwischen privaten Kreditnehmern und Kreditgebern. Andere Unternehmensbereiche haben sich auf Beratertätigkeiten spezialisiert. Die Sparte BlackRock Solutions berät Staaten und Zentralbanken in Fragen, die ganz maßgeblichen Einfluss auf die von BlackRock selbst betriebenen Fonds haben. Über BlackRocks Analysesystem »Aladdin« werden von BlackRock und anderen Finanzkonzernen Vermögenswerte in Höhe von rund 20 Billionen US-Dollar[4] auf mögliche Risiken geprüft. Auf Basis selbstentwickelter Algorithmen soll Aladdin den optimalen Mix zwischen Risiko und Ertragschancen ermitteln und stellt dabei womöglich selbst das größte Risiko für die Stabilität der Finanzmärkte dar.

Beherrscht wird das ganze System von einer kleinen Gruppe von Managern, die bei allen Unterschiedlichkeiten die Ideologie des Shareholder-Value eint – was gut für den Aktienbesitzer ist, ist gut für das Unternehmen und am Ende auch gut für die Allgemeinheit. So kann es dann sein, dass der Stahlarbeiter seine private Altersvorsorge einem Finanzkonzern überträgt, der auf der nächsten Jahreshauptversammlung seines Arbeitgebers einen Personalabbau durchsetzt, der den Stahlarbeiter am Ende selbst seinen Job kostet. Die Klasseninteressen werden dabei auf den Kopf gestellt. Der US-Milliardär Warren Buffett sagte vor wenigen Jahren[5]: »Es herrscht Klassenkrieg, richtig, aber es ist meine Klasse, die Klasse der Reichen, die Krieg führt, und wir gewinnen.« Das System der Vermögensverwaltung ist Teil dieses Kriegs.

Besitz bedeutet Macht. Wenn die großen Finanzkonzerne die größten Anteilseigner bei fast allen großen Konzernen sind, die die Geschicke unserer Welt bestimmen, kontrollieren sie diese Konzerne auch und bestimmen schlussendlich selbst die Geschicke unserer Welt. Und da macht es keinen Unterschied, ob das Kapital, mit dem sie operieren, ihnen selbst gehört oder ob sie es nur treuhänderisch für ihre Kunden verwalten. Nicht der Stahlarbeiter und noch nicht einmal der viele Milliarden US-Dollar schwere Pensionsfonds bestimmen, wie BlackRock, State Street und Co. auf den Hauptversammlungen der Unternehmen, an denen man beteiligt ist, abstimmen und welche Einflüsse sie auf die Unternehmensführung ausüben. Die mit dem Besitz einhergehende Macht üben diese Fi-

nanzkonzerne ganz allein aus. Noch nie waren die Entscheidungs-
prozesse derart undemokratisch. Noch nie war so viel Macht in den
Händen so weniger.

Dieses Buch soll aufzeigen, wie es zum sagenhaften Erfolg der
Vermögensverwalter und Schattenbanken kommen konnte und
welche Geschäfte sie genau betreiben. Getreu dem Motto »Man
sollte verstehen, was man kritisiert« soll versucht werden, diese
Entwicklungen nicht nur aufzuzeigen, sondern auch einzuordnen
und dabei die grundlegenden Mechanismen zu erklären. Das ist
auch deshalb so wichtig, weil diese Entwicklungen nicht haltma-
chen werden, wenn man sich ihnen nicht aktiv entgegenstellt, und
weil der Einfluss der Finanzkonzerne in den letzten Jahren dank
massiver Lobbyarbeit merklich zugenommen hat. Zurzeit ist nicht
einmal auszuschließen, dass mit Friedrich Merz der Chef-Lobbyist
von BlackRock Deutschland der nächste Bundeskanzler wird.

BlackRock: Der Gigant im Schatten

Noch vor wenigen Jahren war der Name BlackRock nur Insidern aus der Finanzbranche ein Begriff. Das ist auch wenig verwunderlich, denn vor der Finanzkrise waren BlackRock und Larry Fink selbst an der Wall Street nur wenigen bekannt[1]. Heute ist BlackRock der Gigant eines weltweiten Finanzkapitalismus' und Larry Fink der Consigliere der Mächtigen dieser Welt, der bei Staats- und Regierungschefs ein- und ausgeht und die Regeln mitbestimmt, die nicht nur die Finanzwelt, sondern unser aller Leben maßgeblich beeinflussen.

Seit der Finanzkrise, aber mehr noch seit dem politischen Comeback des BlackRock-Mitarbeiters Friedrich Merz ist BlackRock vor allem Kritikern des Finanzsystems durchaus ein Begriff. Doch wenn man sich die veröffentlichten Meinungen dieser Kritiker anschaut, geht dabei auch einiges drunter und drüber. Mal wird BlackRock als Heuschrecke dargestellt, was – unter Bezugnahme auf einen Vergleich des ehemaligen SPD-Vorsitzenden Franz Müntefering[2] – eigentlich auf Private-Equity- oder Beteiligungsgesellschaften und sogenannte Geierfonds (engl. Vulture fund) gemünzt ist, die angeschlagene Unternehmen übernehmen, um sie dann finanziell ausbluten zu lassen, zu zerschlagen und dann mit sattem Gewinn zum nächsten Opfer weiterzuziehen. Das macht BlackRock jedoch nicht. Vielleicht verwechseln einige Kritiker BlackRock mit der Beteiligungsgesellschaft Blackstone, deren Aktivitäten auf dem deutschen Markt Auslöser für Münteferings Heuschreckendebatte waren.

BlackRock ist keine Bank und auch keiner dieser Hedgefonds, die aggressiv an den Finanzmärkten spekulieren oder mit hochriskanten synthetischen Papieren Banken und Anleger über den Tisch ziehen. Anders als zahlreiche Banken und Hedgefonds arbeitet Black-Rock auch nicht mit eigenem Geld und greift für sein Kerngeschäft, das fast 90 Prozent des Finanzvolumens ausmacht, auch nicht auf billiges Notenbankgeld zurück, das dann mit einem an Wahnsinn grenzenden Hebel in irgendwelchen Dark Pools der Branche für noch wahnsinnigere Wetten auf steigende Öl- oder Weizenpreise eingesetzt wird. All dies ist BlackRock nicht. Dennoch ist BlackRock das wohl mächtigste Unternehmen der Welt und eine große Gefahr für das Allgemeinwohl, was mit Fug und Recht kritisiert werden kann, kritisiert werden muss.

Wenn man Menschen auf der Straße fragt, welcher Finanzkonzern der größte oder mächtigste der Welt ist, erhält man meist Goldman Sachs, J. P. Morgan oder gar die Deutsche Bank als Antwort. BlackRock ist jedoch größer als diese drei Unternehmen zusammen. BlackRock in Zahlen zu fassen, sprengt die Vorstellungskraft normaler Menschen. BlackRock verwaltet zurzeit 6,85 Billionen US-Dollar. Darunter sind etwa Pensionsfonds in einem Volumen von mehr als einer Billion US-Dollar, von denen die Pensionen von Millionen US-Amerikanern bezahlt werden müssen. Zu den Kunden von BlackRock gehören Stiftungen von Universitäten, Versicherungsgesellschaften, Staatsfonds und praktisch alle Großkonzerne.

Eher bescheiden wirken da im Vergleich die normalen Kennzahlen des Unternehmens. Weltweit arbeiten gerade einmal 14500 Mitarbeiter für BlackRock. Das ist nur unwesentlich mehr als im Chemiepark Bitterfeld-Wolfen in Sachsen-Anhalt und geradezu ein »Fliegenschiss« im Vergleich zu den 2,2 Millionen Mitarbeitern, die weltweit für die Einzelhandelskette Walmart arbeiten. Im Finanzjahr 2018 erzielte BlackRock pro Mitarbeiter einen Ertrag von 952886 US-Dollar und nach Abschreibungen und Steuern immerhin noch einen Reingewinn von 288926 US-Dollar pro Mitarbeiter. Zum Vergleich – die größten deutschen Finanzkonzerne Allianz und Münchner Rück kommen auf einen Reingewinn pro Mitarbeiter von 52380 beziehungsweise 55784 Euro. Unternehmen aus der Realwirtschaft, wie der Bauzulieferer HeidelbergCement oder der Maschinenbauer Krones kommen sogar »nur« auf 19360 beziehungsweise 9 133 Euro. BlackRock ist profitabel und hat seinen Unternehmensgründer zum Milliardär gemacht. Aber das ist es nicht, was die machtpolitische Alleinstellung von BlackRock ausmacht.

Die Macht von BlackRock wird erst dann vorstellbar, wenn man einen Blick auf die Unternehmensbeteiligungen wirft, die Black-Rock als Verwalter des Vermögens seiner Anleger erworben hat.

BlackRock spielt in einer eigenen Liga, in jeder Hinsicht: BlackRock ist nämlich nicht nur bei jedem zweiten deutschen Dax-Konzern der größte Anteilseigner, sondern auch größter Aktionär bei Apple, Exxon Mobil, Microsoft, General Electric, Chevron, Royal Dutch Shell und Nestlé sowie zweitgrößter Aktionär bei Google. Wenn man sich die 20 wertvollsten Unternehmen der Welt, gemessen am Börsenwert, anschaut, ist BlackRock bei neun von ihnen der größte und bei sechs weiteren der zweitgrößte Anteilseigner. Es gibt weltweit nur wenige große Aktiengesellschaften, an denen BlackRock nicht maßgeblich beteiligt ist.

Gemessen an dieser Machtfülle und Machtkonzentration ist es erstaunlich, wie wenig über BlackRock berichtet wird und wie wenig über die Interessen und Ziele dieses Giganten bekannt ist. Was ist BlackRock und welche Ziele verfolgt dieser Gigant?

Larry Fink: Der Sechs-Billionen-Dollar-Mann

Der BlackRock-Gründer Lawrence »Larry« Fink ist heute der unbestrittene König der Wall Street. Danach sah es zu Beginn seiner Karriere ganz und gar nicht aus. Fink wuchs als Sohn eines Schuhverkäufers und einer Englisch-Lehrerin in Van Nuys, am Stadtrand der kalifornischen Metropole Los Angeles auf. Heute erzählt er gerne, dass er das Verkaufen und die Orientierung auf den Kunden von seinem Vater gelernt hat, dem er hin und wieder im Schuhgeschäft ausgeholfen habe. Ob das stimmt oder Teil der Legendenbildung des Mannes ist, ist jedoch nur schwer herauszufinden. Vom Schuhverkäufer zum Milliardär? Das klingt fast zu schön, um wahr zu sein.

Ein unterprivilegierter Habenichts war der junge Larry jedenfalls nicht. Nach der High School studierte Fink erst einmal Politikwissenschaften an der angesehen UCLA. Im Jahr seines Abschlusses heiratete er seine Jugendliebe Lori, mit der er bis heute verheiratet ist und mit der er gemeinsam drei Kinder hat. Gleich darauf immatrikulierte er im Masterstudiengang Immobilienfinanzwesen an der Business School der UCLA. Als typisches »L.A.-Kid« mit »Jadeschmuck und langen Haaren«, wie Fink es der *Vanity Fair* beschrieb[1], ging er dann nach New York, um an der Wall Street beim Finanzunternehmen First Boston die ersten Sporen zu verdienen. Und dies gelang ihm auch vortrefflich. Finks Jahre bei First Boston zeichnen jedoch das genaue Gegenteil des heutigen »Wall Street Statesman«, der die Branche bei jeder sich bietenden Gelegenheit ermahnt, das Risiko herunterzufahren und solider zu wirtschaften.

Hypotheken galten zu jenem Zeitpunkt, also Mitte der 1980er-Jahre, als eine fürchterlich langweilige Angelegenheit: Banken, die Immobilienkredite vergeben, müssen dafür einen gehörigen Teil ihrer Kundeneinlagen einsetzen und einen Teil ihrer Rücklagen zur Absicherung gegen Ausfälle zurückstellen – ein substanzieller Einsatz eigener Mittel also, bei einer Verzinsung, die nicht gerade große Profite verspricht. Die Immobilienfinanzierung machte damals den größten Teil des klassischen Bankgeschäfts aus, zu dem neben den technischen Aufgaben (Kontenführung, Teilnahme am Zahlungsverkehr) die Kreditvergabe an Privatpersonen und Unternehmen und Einlagengeschäfte (zum Beispiel Spareinlagen oder Tages- und Festgeld) gehören. Zugespitzt formuliert, funktionierte das klassische Bankgeschäft nach der 3-6-3-Regel – gib deinen Kunden auf ihre Einlagen 3 Prozent Zinsen, verleihe sie für 6 Prozent weiter, kassiere die Differenz und geh' um 3 Uhr Nachmittag auf den Golfplatz. Der Ökonom Paul Krugman hat diese Kernaufgaben der Geschäftsbanken (zu denen freilich nicht das Golfspielen gehört) einmal ironisch als »boring banking« (langweilige Bankgeschäfte) beschrieben. Und an langweiligen Geschäften hatten die Finanzmagier an der Wall Street kein Interesse. Angeheizt von den Deregulierungen der Reagan-Ära war man förmlich auf Speed und wollte die Branche auf den Kopf stellen.

Das war die eigentliche Geburtsstunde des Investmentbankings, das alles andere als »langweilig« ist. Und mit maximal drei Prozent Zinsgewinn gibt man sich dabei nicht einmal im Ansatz zufrieden. Zu diesen Geschäften sollte später das gesamte Repertoire des modernen Finanzsystems gehören – angefangen beim Hochfrequenzhandel im Nanosekundentakt, über die Finanzierung von Hedgefonds, »Leveraged Buyouts«, also mit Fremdkapital finanzierte unfreundliche Unternehmensübernahmen, den Handel von Derivaten und synthetischen Finanzprodukten und intransparente Finanzwetten in den sogenannten Dark Pools. Diese hoch riskanten und hoch spekulativen Finanzgeschäfte werden dabei entweder im Kundenauftrag oder auf eigene Rechnung durchgeführt, gerne auch in separaten Finanzvehikeln abseits der eigenen Bilanz.

Die Erfindung der finanziellen Massenvernichtungswaffe

Finks Job bei First Boston bestand darin, aus diesen langweiligen und renditeschwachen Papieren ein Geschäft zu machen, mit dem sich gutes Geld verdienen lässt. Und diese Aufgabe meisterte er – zumindest aus damaliger Sicht – mit Bravour. Seine Innovation war es, ein Finanzinstrument zu entwickeln, mit dem viele Banken ihre langweiligen festverzinslichen Kredite in Papiere bündeln können, die handelbar sind und kalkulierbare, regelmäßige Einnahmen versprechen. Die Kredite selbst bleiben dabei zwar indirekt in den Bilanzen der Bank, nicht aber das Risiko. Und da die Banken das Risiko auf diese Art und Weise ausgelagert haben, müssen sie bilanzrechtlich auch keine Rücklagen mehr dafür bilden und können fröhlich weitere Kredite vergeben oder sonstige Geschäfte finanzieren, die Banken halt so machen. Investmentlegende Warren Buffett sollte Finks »Erfindung« fast 20 Jahre später als »finanzielle Massenvernichtungswaffe« bezeichnen.

Die genaue Funktion und Konstruktion dieser Papiere ist kompliziert. Vereinfacht gesagt werden die Forderungen aus einer großen Gruppe von vergebenen Krediten an eine Zweckgesellschaft ausgelagert. Diese Zweckgesellschaft bildet dann einen Pool aus allen Forderungen und »verbrieft« sie; aus ihnen werden also festverzinsliche Wertpapiere gemacht, deren Verzinsung das Ausfallrisiko wiedergeben soll. So kann eine Bank aus Düsseldorf in Hypotheken aus Idaho oder Studentenkredite aus Florida investieren, ohne selbst vor Ort eine Filiale zu haben. Und die Sicherheit dieser Papiere ist ja schließlich durch die Ratingagenturen »garantiert«. Bei den besonders beliebten verbrieften Hypothekendarlehen standen sogar noch die Immobilien selbst als Sicherheit zur Verfügung. Was sollte da schon schiefgehen?

Einiges, wie sich später herausstellen sollte, und das nicht erst in der sogenannten Subprime-Krise, welche die weltweite Finanzkrise von 2008 auslösen sollte. Die ohnehin schon komplizierten und intransparenten verbrieften forderungsbesicherten Papiere (Asset Backed Securities, ABS) und hypothekenbesicherten Papiere (Mortage Backed Securities, MBS) wurden nämlich von den Finanzmagiern der Wall Street durch weitere »Innovationen« noch komplizierter und noch intransparenter gemacht. Zunächst wurden die ABS und MBS in Tranchen mit unterschiedlicher Ausfallwahrscheinlichkeit und damit auch unterschiedlichen Zinsen unterteilt. Andere MBS wurden in Tranchen unterteilt, die nach dem Risiko sortiert wurden, dass die zugrunde liegenden Hypotheken vorzeitig aufgelöst werden – dies ist der Fall, wenn der Kreditnehmer die alte Hypothek durch einen neue ersetzt, also umschuldet. Für Fonds und Versicherungen, die auf regelmäßige Einnahmen angewiesen sind, ist dies ein echtes Problem.

Nun nahm man Tranchen verschiedener Pools, bündelte sie und machte daraus neue Wertpapiere. Damit konnte die Bank aus Düsseldorf sogar auf Hypotheken von Häuslebauern aus den USA wetten, deren Bonität von der Bank der kreditgebenden Bank als nicht gerade erfreulich bewertet wurde und die dafür auch höhere Zinsen zahlen. Die sogenannten Collateralized Mortage Obligations (CMO) waren geboren und verkauften sich am Markt wie geschnitten Brot.

Und das Risiko? Da diese Papiere ja mehr oder weniger breit gemischt waren, sollte sich gemäß den Verkaufsprospekten auch das Risiko breit streuen. Klar, es kann sein, dass zum Beispiel in Detroit ein weiteres Werk der Autohersteller geschlossen wird und es dort zu größeren »Kreditereignissen« kommt – so werden in der Branche euphemistisch Ausfälle genannt. Aber wenn man nun Hypotheken aus Detroit mit Hypotheken aus Louisiana, Delaware, North Dakota und Arizona in eine Tranche packt, verteilt sich das Risiko ja schließlich. Was soll da schon schiefgehen?

Aber das war noch längst nicht das Ende der »Innovationen«. Mit der Zeit wurden die Papiere noch komplizierter, man entwickelte Verbriefungen, deren ausgebende Zweckgesellschaft gar nicht mehr in Besitz der zugrunde liegenden Forderungen war, sondern die sich lediglich über Kreditausfallversicherungen (Credit Default Swaps, CDS) gegen ein Kreditereignis abgesichert hat. Dann verbriefte man auch noch CDS in CDO (Collateralized Debt

Obligations), man konnte über Derivate auf die Wertentwicklung der CDO und CDS wetten, und am Ende wurden ABS, MBS, CDO und CDS mit anderen Derivaten – zum Beispiel Wetten auf steigende oder sinkende Zinsen – in synthetische Papiere verpackt, von denen niemand mehr wusste, um was es sich eigentlich handelt. Das Risiko dieser Papiere war schlicht nicht bestimmbar. Das wusste jeder. Aber da die Ratingagenturen das Spiel artig mitspielten und gemäß der Zauberformeln der beteiligten Finanzunternehmen diesen Papieren beste Ratings verliehen, war die Sache ja okay. Was sollte da schon schiefgehen?

Die Geister, die Larry Fink rief

Einer der ersten Zauberlehrlinge, der von den Geistern, die er rief, eingeholt wurde, war wiederum Larry Fink. Dabei lief in seiner Karriere zunächst alles rund. Seine Finanzinnovationen fanden reißenden Absatz, er war der neue Stern am Himmel von First Boston. Und das ließ er sein Umfeld auch wissen. Fink war einer dieser Wall-Street-Magier, die sich selbst als »Big Swinging Dicks« bezeichneten, wie es der amerikanische Finanzjournalist Michael Lewis in seinem Erstlingswerk *Liar's Poker*[2] so wunderbar zynisch beschrieben hat – arrogant und von der eigenen Unfehlbarkeit überzeugt. Ein »Master of the Universe« in einer Welt von Geld und Macht, wie Sherman McCoy, der Protagonist in Tom Wolfes 1987 erschienenen Buch *Fegefeuer der Eitelkeiten*, Gordon Gekko in Oliver Stones *Wall Street* oder Jordan Belfort in Scorseses *Wolf of Wall Street*. Wenn Fink heute auf diese Periode und sein seinerzeit arrogantes Verhalten angesprochen wird, versucht er sich in Psychologie. So erklärte er der *Vanity Fair* im Jahre 2010, als Jude sei er von den WASPs – also den weißen, angelsächsischen Protestanten aus dem Establishment –, die die Chefposten an der Wall Street innehatten, von oben herab behandelt worden. »Wir wurden ins Geschäft mit hypothekenbesicherten Papieren abgeschoben, weil man uns nirgendwo anders wollte.« Und diese Demütigung – es sollte nicht die letzte sein –

musste er offenbar kompensieren. Doch ob diese Erklärung zutrifft, darf getrost bezweifelt werden. Ein Außenseiter war Fink nämlich ganz und gar nicht.

Während seiner Zeit bei First Boston brachte er Branchenschätzungen zufolge dem Unternehmen unterm Strich eine Milliarde US-Dollar ein. Sein größter Coup war ein Papier, mit dem First Boston Automobilkredite von General Motors in Höhe von 4,6 Milliarden US-Dollar verbriefen und am Markt platzieren konnte. Er wurde einer der jüngsten Direktoren bei First Boston und mit gerade einmal 31 Jahren das jüngste Vorstandsmitglied der Firmengeschichte. Doch im Jahr 1986 legte »Big Swinging Dick« Larry Fink eine epochale Bruchlandung hin.

Vom Star zum Trottel

Ironischerweise wurde Fink eines der ersten Opfer der Massenvernichtungswaffe, die er selbst mitentwickelt hat. Während Fink seine verbrieften hypothekenbesicherten »Securites« am Markt platzierte, lösten Ronald Reagans Deregulierungen des Finanzsystems ihren ersten Kollateralschaden aus. Der 1982 verabschiedete Garn-St. Germain Depository Institutions Act erlaubte es nun auch Sparkassen, an einem größeren Rad zu drehen und Hypothekenkredite zu vergeben, die nicht mehr festverzinslich waren, sondern deren Zinsen sich am allgemeinen Zinsumfeld orientierten – mehr als zwei Jahrzehnte später sollten diese Hypotheken mit variabler Zinsrate (Adjustable Rate Mortage – ARM) ihren Teil zu Finanzkrise beitragen. In Folge dieser Deregulierung konnten die Sparkassen immer mehr Hypothekenkredite vergeben und dank der von Fink mitentwickelten Verbriefungen gebündelt am Finanzmarkt platzieren.

Die Gefahr dieser Papiere liegt auf der Hand. Wenn es zu einer realwirtschaftlichen Krise kommt und die Ausfallrisiken für Hypotheken durch die Begleiterscheinungen wie Arbeitslosigkeit und Lohnkürzungen steigen, steigt mit dem Ausfallrisiko auch der Zins. Und hier beginnt eine desaströse Eigendynamik: Wer seinen Job verliert oder weniger Geld verdient, kann die nun höheren Zinsen erst recht nicht mehr bedienen. Die »Kreditereignisse« nehmen zu, immer mehr Hypotheken fallen aus und das Risiko wird noch höher bewertet, der Zins steigt noch weiter. Das Pendel schlug zu Beginn der 1980er-Jahre jedoch genau in die andere Richtung aus.

Was passiert mit den Finanzierungsmodellen, wenn eine Bank ihren Anlegern plötzlich sechs Prozent Zinsen auf ihre Einlagen zahlt und für ihre vergebenen Kredite nur drei Prozent Zinsen bekommt? Ökonomen sprechen hier von einer Fristentransformation. Genau dieses Problem traf die amerikanischen Sparkassen zu Beginn der 1980er-Jahre, als die Inflation und mit ihr die Zinsen plötzlich zurückgingen und die Immobilienpreise fielen. Schon wenige Monate nach der Deregulierung durch Reagan verzockten sich die ersten Sparkassen derart, dass sie pleitegingen. Im Laufe der nächsten Jahre sollten insgesamt 747 der damals 3 234 US-Sparkassen ihre Pforten schließen. Schon damals wurden die Verluste nach praktizierter Rettungslogik dem Steuerzahler aufgebürdet – nach Angaben des US-Rechnungshofs kostete die Sparkassen-Krise den amerikanischen Steuerzahler insgesamt 341 Milliarden US-Dollar.[3]

Indirekt war es jene Sparkassenkrise, die dem jungen Larry Fink mit seinen Finanzprodukten zum Verhängnis werden sollte. Da die Sparkassenkrise – wie jede andere Finanzkrise auch – die Realwirtschaft mit sich zog und die USA auf einen wirtschaftlichen Abschwung zusteuern ließ, senkte die Zentralbank den Leitzins. Lag der 1982 noch bei heute unvorstellbaren 19 Prozent, sank er binnen weniger Monate auf 8,5 Prozent. Für Fink war dies ein kolossales Problem, nutzten nun doch zahlreiche Immobilienbesitzer das günstige Zinsumfeld, um ihre alten Hypotheken mit hohem Zinssatz gegen neue, günstigere Hypotheken einzutauschen. Da Finks Papiere aber nicht die Hypotheken selbst, sondern nur die Zinszahlungen auf die Hypotheken abbildeten, fiel ihr Wert ins Bodenlose.

Auf alten Landkarten des späten Mittelalters wurden oft unbekannte Gebiete mit der lateinischen Textphrase »Hic sunt dracons« beschriftet – »Hier sind Drachen« oder im Englischen »Here be dragons«. Im Risikomanagement wird dieser Ausspruch heute gerne für die unbekannten Gefahren bezeichnet, die sich außerhalb der von den Spezialisten berechneten und kartierten Parameter befinden. Larry Fink hatte in seinem Rechenmodell nicht bedacht, dass es zu einer derartigen Leitzinssenkung kommen könnte, und stattdessen mit vollem Einsatz auf Finanzinstrumente gewettet, die von steigenden Zinsen ausgingen. Die Leitzinssenkung war für ihn ein unkartographiertes Gebiet, in dem in diesem Fall tatsächlich ein Drachen lauerte. Seine durch die Zinsänderungen ausgelöste Fehlkalkulation kostete seinen Arbeitgeber First Boston im zweiten Quartal 1986 100 Millionen Dollar – und ihn den Job.

Für Fink war dies ein traumatisches Erlebnis. Von einem Tag zum nächsten wurde er, wie er es selbst ausdrückt, »vom Star zum Trottel«. Die Kollegen, die ihn vorher auf den Fluren voller Bewunderung angesprochen hatten, machten plötzlich einen weiten Bogen um ihn. Gefeuert wurde Fink zwar nicht. Aber er war fortan bei First Boston eine Persona non grata. Später sagte er, seine Bruchlandung bei First Boston sei vor allem eine Folge davon, dass niemand so richtig verstanden hatte, welche Risiken in den Papieren schlummerten. Die Rechenmodelle waren ungenügend, und wichtige Parameter, wie der Leitzins, wurden darin nicht berücksichtigt. So lange man damit Erfolg hatte und Geld machte, habe dies niemanden gestört – als aber plötzlich Verluste eingefahren wurden, wendete sich das Blatt. »Wir wussten ganz einfach nicht, warum wir so viel Geld machten. Wir hatten keine Risikoanalysetools, um die Risiken zu verstehen.«[4]

Dass seine eigene Risikobewertung derart versagte, war für Larry Fink eine geradezu traumatische Erfahrung und sollte sein Selbstverständnis grundlegend ändern. Fortan war er geradezu davon besessen, die Risiken des Finanzmarkts besser zu verstehen und in eine neue Anlagestrategie umzuwandeln, bei der die Risiken für ihn und seine Kunden möglichst transparent sein würden.

Stein oder Kiesel?

Larry Fink sollte bald erkennen, dass nicht nur er und seine Kollegen, sondern vor allen ihre Kunden, die Pensionsfonds und Versicherungen, eigentlich keinen blassen Schimmer von den Risiken hatten, die im Finanzdschungel auf sie lauerten. Stattdessen verließ man sich blind auf die Finanzmagier in der Wall Street. Doch dass diese die Risiken vollkommen falsch einschätzten, wusste zu diesem Zeitpunkt wohl niemand besser als Fink selbst. Ihm wurde klar, dass er eine Marktlücke entdeckt hatte – und eine Möglichkeit, seinen angeschlagenen Ruf zu rehabilitieren.

Unter dem Dach von First Boston schien dies jedoch nicht möglich. Also schmiss er seinen Job und machte sich selbstständig. Sein Plan war es, ein Investmentunternehmen zu gründen, das sich voll und ganz auf Risikomanagement fokussiert. Da ihm dafür allerdings das nötige Kleingeld fehlte, machte er sich auf die Suche nach einem finanzkräftigen Partner. Den fand er ausgerechnet in Stephen Schwarzman, dem »König der Spekulanten«, dessen Unternehmen Blackstone heute als die größte und gierigste Heuschrecke der Wall Street gilt. Damit gingen zwei Alphatiere der Finanzbranche, die unterschiedlicher nicht sein könnten, eine folgenreiche Allianz ein. Auf der einen Seite der aufs Risiko fokussierte Larry Fink, der für sich gerne verklärend in Anspruch nimmt, doch nur die Altersvorsorge von Millionen Lehrern und Feuerwehrleuten abzusichern, und seine Kollegen an der Wall Street stets ermahnt, verantwortungsvoller zu handeln. Auf der anderen Seite Schwarzman, der jede Regulierung der Finanzmärkte für Teufelswerk hält und später Obamas Steuererhöhungen mit Hitlers Invasion in Polen vergleichen sollte.[5] (Er ist übrigens auch sehr gut mit Donald Trump befreundet, Fink hingegen kritisierte Trumps Steuersenkungen und gilt als Unterstützer der Demokraten.)

Schwarzman hatte Blackstone 1985 zusammen mit seinem ehemaligen Chef bei Lehman Brothers, Pete Peterson, gegründet. Die Investmentfirma hatte sich erfolgreich auf Zusammenschlüsse und Übernahmen von Unternehmen spezialisiert und hatte ihren Sitz in einem noblen Wolkenkratzer in der Park Avenue. Fink war Schwarzman bereits wegen seiner Tätigkeit bei First Boston bekannt, und er war einigermaßen beeindruckt von dessen Fähigkeiten. Er stellte Fink, der auch gleich ein paar seiner ehemaligen Kollegen von First Boston mitbrachte, ein Büro in der Park Avenue 345 zur Verfügung und ein Startkapital in Höhe von fünf Millionen US-Dollar. Dafür sicherte er Blackstone 40 Prozent Anteil an Finks neuem Unternehmen, das zunächst als *Blackstone Financial Management* firmierte. Neben Fink gehörten Robert S. Kapito, Susan Wagner, Barbara Novick, Ben Golub, Hugh Frater, Ralph Schlosstein und Keith Anderson zum Team – die meisten Gründungsmitglieder sind heute noch in führender Position im Unternehmen tätig.

Der Zeitpunkt für die Unternehmensgründung erwies sich als günstig. Wenige Monate zuvor hatte es an den Börsen wieder einmal gekracht: Am Schwarzen Montag, dem 19. Oktober 1987, verlor der Dow-Jones-Index binnen eines Tages fast ein Viertel seines Wertes. Viele große Anleger, die auf Aktien gesetzt hatten, waren verunsichert – Finks Idee eines umfassenden Risikomanagements kam da wie gerufen. Bereits 35 Tage nach der Gründung des neuen Unternehmens konnte Fink den ersten Großkunden an Land ziehen, und schon nach vier Monaten warf das Unternehmen die ersten Gewinne ab. Schnell stellte sich heraus, dass die fünf Millionen von Schwarzman nun nicht benötigt wurden, und Larry Fink kündigte die Kreditlinie. Verärgert stellte er später fest[6], dass Blackstone ihm ja eigentlich nur ein Büro mit Telefonanschluss zur Verfügung gestellt habe und dafür nun 40 Prozent der Firmenanteile besaß. Warum hatte er sich also überhaupt mit Schwarzman zusammengetan? Nach seinem Fiasko bei First Boston fehlte es ihm an Selbstvertrauen, Schwarzman und Peterson glaubten hingegen an ihn, so Fink. Als Fink 2010 auf CNBC in einem Interview gefragt wurde, welches der schlechteste Handel seiner Karriere war, erzählte Fink der Interviewerin die Geschichte der Verhandlungen mit Schwarzman und Perterson:»Sie fällten die richtige Investmententscheidung. Ich nicht«. Mit anderen Worten: Sein größter Fehler sei es gewesen, damals für einen Moment nicht an seine eigene Großartigkeit zu glauben. Bescheidenheit zählt also ganz sicher nicht zu seinen zentralen Eigenschaften.

Bereits in den ersten fünf Jahren konnte Fink mehr als 53 Milliarden US-Dollar an Anlegergeldern akquirieren[7], und auch Schwarzman drehte am ganz großen Rad. Blackstone legte in der Zeit seinen ersten Hedgefonds auf, baute das Private-Equity-Geschäft auf und übernahm die ersten Firmen aus der Realwirtschaft, die man dann restrukturierte und neu aufstellte; oder um es weniger euphemistisch auszudrücken – die man ausnahm, zerschlug und dann mit satter Rendite weiterverkaufte.

Da die Geschäftsmodelle der beiden Unternehmen grundverschieden waren, ergab eine gemeinsame Firma wenig Sinn. Über einem Streit mit Schwarzman zur Beteiligung von Mitarbeitern kam es schließlich zum großen Knall und einer schmutzigen Scheidung: Schwarzman verkaufte 1993 seine Anteile an Blackstone Financial Management für 240 Millionen US-Dollar an die PNC Financial Services aus Pittsburgh. Zu der Zeit war dies ein sehr lohnender Deal für Schwarzman, konnte er doch 240 Millionen US-Dollar Gewinn einheimsen, ohne dafür irgendetwas Relevantes getan zu haben. Der lachende Dritte war jedoch letztlich PNC – allein von 1994 bis 2014 bekam der Finanzdienstleister von BlackRock stolze 12 Milliarden US-Dollar an Dividenden ausgezahlt[8]. Der PNC-Anteil an BlackRock ist heute 16 Milliarden US-Dollar wert. Kein Wunder, dass Stephen Schwarzman den Verkauf der Anteile heute als »epischen Fehler« bezeichnet.

Die Scheidung war nun im Gange, es fehlte jedoch noch ein neuer Name für das ehemals gemeinsame Kind. Sowohl Fink als auch Schwarzman mögen zwar auf dem Gebiet der Finanzen sehr kreativ sein, bei der Namensfindung für das Unternehmen waren sie es mit Sicherheit nicht. In einem Interview mit CNBC erzählte[9] Stephen Schwarzman, wie es zum Namen BlackRock kam. Demnach saß er mit Larry Fink zusammen, und der machte dann den Vorschlag, was Schwarzman davon halten würde, wenn Finks neues Unternehmen einen Namen hat, in dem »irgendwo ›black‹ vorkommt«. Obgleich externe Berater ihn gewarnt hatten, dass dann die Verwechslungsgefahr zu groß sein könnte, stimmte Schwarzman dennoch zu. Finks Vorschläge waren dann BlackRock (also »schwarzer Fels«) und BlackPebble (also »schwarzer Kiesel«). Nicht auszudenken, wenn der größte Finanzkonzern der Welt heute »Schwarzer Kiesel« hieße. So einigte man sich auf BlackRock und vollzog die Scheidung. Hätte Schwarzman doch besser auf seine externen Berater gehört. BlackRock wird auch heute noch ständig mit Blackstone verwechselt. Sogar der englischsprachige Wikipedia-Eintrag von Blackstone ist mit dem Satz überschrieben – »nicht mit BlackRock Inc., einem Investmentunternehmen zu verwechseln«. Für das Alphatier Schwarzman, dessen Autobiographie den unbescheidenen Titel »Lektionen für das Streben nach Perfektion« trägt, sind dies sicher tausend kleine Stiche ins Herz. Das Mitleid sollte sich indes in Grenzen halten.

Larry Finks Namensgebung ist in gewisser Art und Weise sogar unfreiwillig komisch. Im Superman-Comic-Universum ist Blackrock nämlich ein mystisches Artefakt, das Schurken die notwendigen Superkräfte gibt, um im epischen Kampf um die Macht die Guten zu besiegen. Und auch das Unternehmen BlackRock hat durchaus das Zeug, seinen Besitzern – um es ein wenig mystisch zu überspitzen – die Macht im realen Universum zu verschaffen.

Zins und Risiko: Die Grundlagen des Finanzwesens

Zinsen werden in der öffentlichen Debatte oft als etwas »Mystisches« verklärt. Für die sogenannten Zinskritiker ist der Zins eine Art Konstruktionsfehler, ja geradezu die »Erbsünde« unseres Geld- und Finanzsystems. Würde man derlei Esoterik ernst nehmen, könnte man polemisch antworten: Dann müsste unser Geld- und Finanzsystem ja heute frei von Sünde und in trockenen Tüchern sein – denn in Folge der Finanzkrise und der wirtschaftlichen Verwerfungen, die von den politischen Reaktionen auf die Finanzkrise ausgelöst wurden, gibt es ja keinen Zins mehr. Doch das wäre genauso falsch. Daher ist es wichtig und für das Verständnis des Erfolges von BlackRock und anderen großen Finanzkonzernen unerlässlich, die Grundlagen von Zins und Risiko zu begreifen.

Aus Sicht des Kreditnehmers stellt sich die Situation folgendermaßen dar: Für Unternehmen ist der Zins schlicht die Gebühr dafür, mit Hilfe von Fremdkapital Investitionen vornehmen zu können, um die eigene Ertragssituation zu steigern. Wenn ein Unternehmen mit Hilfe von Krediten Investitionen vornimmt, geht es davon aus, dass die aus diesen Investitionen resultierenden Mehreinnahmen höher sind als der Zins, den es für die Kredite bezahlen muss. Im Grunde ist dies eine ganz einfache Rechnung.

Privatleute ziehen mit Hilfe von Krediten meist Ausgaben vor, die ihnen einen wie auch immer gearteten Nutzen versprechen – sei es das neue Auto, für das man momentan noch nicht genug Geld hat, oder das Eigenheim. Die Alternative zum Kredit ist das klassische Sparen. Wer beispielsweise ein Haus bauen will, hat demnach zwei Möglichkeiten – entweder er spart und kauft sich das Haus, wenn er den nötigen Kapitalstock zusammengespart hat, oder er nimmt einen Kredit auf, mit dem er seine Investition vorzieht. »Kaufe jetzt, zahle später.« Für viele Privatleute ist die Kreditfinanzierung dabei die einzig realistische Variante, will man sein Eigenheim nicht erst mit Beginn des Rentenalters beziehen. Die Abzahlung einer Hypothek erstreckt sich häufig über mehrere Jahrzehnte. Natürlich ist das Vorziehen dieser Investition nicht kostenlos, ansonsten gäbe es wohl niemanden, der sein Geld über einen langen Zeitraum für eine solche Investition bereitstellt. Für die Möglichkeit, sein Eigenheim bereits zu nutzen, lange bevor man es komplett bezahlt hat, muss man – ebenso wie der Unternehmer – einen Aufpreis bezahlen.

Für den Kreditgeber stellt der Zins nicht nur einen Inflationsausgleich, sondern vor allem eine Risikoprämie und schlichtweg den Preis für das Warten dar. Sicherlich würde jeder Bürger seinen eigenen Kindern einen zinslosen Kredit geben, wenn sie dringend Geld bräuchten. Die »Bonität« und damit das Risiko, das Geld nicht in voller Höhe zurückzuerhalten, sind dabei zweitrangig. Wer aber würde einem Unbekannten zinsfrei Geld leihen, ohne zu wissen, ob man das Geld auch wiederbekommt?

Zum Wesen des Kredits gehört nun einmal immer auch der Kreditausfall. Die Investition des Unternehmers kann sich als unrentabel herausstellen, der Häuslebauer könnte seinen Job verlieren und den Kredit für das Eigenheim nicht mehr zurückzahlen. Beide Fälle sind keine Ausnahmen, sondern Berechnungsgrundlage des Zinses. Es ist vollkommen normal, dass ein Teil der Kredite nicht bedient werden kann. Um diese Ausfälle zu kompensieren, erhebt der Kreditgeber daher einen risikoabhängigen Aufschlag, der die Zinshöhe mitbestimmt. Gäbe es nur einen Einheitszins oder gar keinen Zins, würde wohl niemand sein Geld an ein ertragsschwaches Unternehmen oder eine Person mit Zahlungsschwierigkeiten verleihen.

Der Zins spiegelt also das Ausfallrisiko. Man kann ihn im weitesten Sinne mit den Versicherungsprämien einer Kfz-Haftpflichtversicherung vergleichen. Je höher die Wahrscheinlichkeit eines Versicherungsfalls, desto höher die Prämie. Daher kann ein stabiler Staat, der durch Steuereinnahmen und nicht zuletzt den Zugriff auf die Zentralbank zumindest in der eigenen Währung ja immer zahlungsfähig ist, sich zu sehr niedrigen Zinssätzen Geld leihen.

Ein überschuldetes Unternehmen mit trüben Aussichten wird hingegen für zusätzliche Kredite einen sehr hohen Zinssatz bezahlen müssen, da in diesem Fall das Ausfallrisiko ja sehr real ist und der Kreditgeber damit rechnen muss, unter Umständen auf einen Teil seines Geldes verzichten zu müssen. Mit dem Ausfallrisiko steigt der Zins.

Was in der Theorie sehr einfach ist, ist in der Praxis für Banken, die Kredite vergeben, vermitteln oder gar mit ihnen handeln, jedoch ein großes Problem. Die Risiken, die mit einem Kredit verbunden sind, sind schließlich nicht immer transparent und letztlich eine Frage individueller Bewertung. Das gilt insbesondere, je komplexer die Finanzinstrumente werden und je weiter sie sich von den im letzten Kapitel beschriebenen »langweiligen Bankgeschäften« entfernen.

Das Risiko wird gehebelt

Werfen wir doch einmal einen Blick auf die in der Theorie wohl langweiligste Investitionsform, die Staatsanleihe. In der Öffentlichkeit genießen diese Papiere den Ruf einer konservativen, risikoarmen Finanzanlage. Lebensversicherungen und Riester-Produkte sind gesetzlich verpflichtet, einen Großteil ihrer Kundeneinlagen in Staatsanleihen aus dem Euroraum zu investieren, die von den Ratingagenturen eine Bestnote bekommen haben. Viele mögen sich noch an die drollige Schildkröte Günther Schild erinnern, mit der deutsche Staatsanleihen als seriöses und grundsolides Finanzprodukt beworben wurden. Noch immer spukt in den meisten Köpfen die Vorstellung, eine Bundesanleihe würde gleich bei der Emission von einem soliden Investor erworben und am Ende der Laufzeit eingelöst. Doch die Zeiten haben sich geändert.

Der Finanzsektor hat es mit seinen Innovationen geschafft, Günther Schild auf Speed zu setzen und aus den langweiligen Staatsanleihen Finanzprodukte zu designen, die hohe Renditen verspre-chen, aber dafür auch ein für den Anleger kaum zu bewertendes Risiko darstellen. Ein Beispiel für solche Papiere sind Zinsderivate wie der Euro-Bund-Future. Dieses Papier ist eine synthetische Bun-desanleihe – ein Termingeschäft, bei dem Anleger auf steigende und fallende Zinsen für Bundesanleihen spekulieren können. Man muss nicht mehr im Besitz einer Staatsanleihe sein, sondern wettet nur noch auf die künftige Entwicklung dieser Anleihe. Aus Investition wird Spekulation. Aus einem geringen Risiko wird ein großes Risiko.

Mit Finanzprodukten, die sich auf solche synthetischen Papiere beziehen, lässt sich überproportional von den schwankenden Kur-sen für Staatsanleihen profitieren, da bereits mit kleinem Einsatz gigantische Geldmengen bewegt werden können. In der Sprache der Finanzmärkte nennt sich dies Hebel. Beim klassischen Anlei-henhandel auf eigene Rechnung beträgt der Hebel immer 1:1 – geht der Kurs um zwei Prozent in die Höhe, hat der Spekulant zwei Pro-zent gewonnen. Ein Hebel von 10:1 heißt, dass Kursgewinne und -verluste sich mit dem Faktor 10 auf den eigenen Einsatz auswirken. Statt zwei Prozent gewinnt oder verliert der Spekulant dann 20 Pro-zent auf seinen Einsatz. Beträgt der Kursverlust zehn Prozent, ist der gesamte Einsatz weg. Streng genommen geht der Spekulant bei einem solchen Geschäft eine Wette auf die kommende Risikobewer-tung – den Zins – der zugrunde liegenden Papiere ein. Und diese hochriskanten Wetten sind keine Ausnahme.

Über Zertifikate wurde dieser Markt sogar für Kleinanleger – oder besser Kleinspekulanten – geöffnet. Der Online-Broker On-vista hat mehr als 4 600 verschiedene Zertifikate im Angebot, die sich als Hebelprodukte auf den Euro-Bund-Future beziehen. Ei-nige davon haben einen Hebel von mehr als 200:1. Wenn der Kurs des Euro-Bund-Future sich um ein Prozent nach oben bewegt, ver-doppelt der Spekulant seinen gesamten Einsatz, fällt er um ein halbes Prozent, ist der gesamte Einsatz futsch. Das Risiko dieser Produkte ist kaum zu beziffern. Die Institute, die solche Produkte anbieten, gewinnen jedoch in jedem Fall, spielen die Spekulanten doch mit ihrem eigenen Geld.

Die Hebelung (engl. Leverage) spielt heutzutage jedoch auch im normalen Bankgeschäft eine wichtige Rolle. Wer erinnert sich nicht mehr an die großspurige Ansage des ehemaligen Deutsche-Bank-Chefs Josef Ackermann, der 2003 für sein Institut eine Renditevorgabe von 25 Prozent verkündete? Jeder Mensch, der sich halbwegs mit Wirtschaft beschäftigt, weiß, dass eine Steigerung der Gewinne von 25 Prozent pro Jahr eine groteske Illusion ist. Wie kam Ackermann dann aber auf die Idee, eine derartige Rendite zur Zielvorgabe zu machen?

Ganz einfach, es liegt am Hebel. Die Deutsche Bank hatte seinerzeit eine Bilanzsumme von 2,28 Billionen Euro, verfügte aber nur über ein Eigenkapital in Höhe von 51,9 Milliarden Euro. Für jeden Euro, den die Deutsche Bank besitzt, hat sie demnach 44 Euro in ihrer Bilanzsumme – dies ist bilanzrechtlich das Fremdkapital, das für die Rendite, die sich ja nur auf das Eigenkapital bezieht, als Hebel wirkt. Wenn die Deutsche Bank damals für ihr Fremdkapital im Schnitt zwei Prozent Zinsen zahlte, musste sie auf ihre gesamte Bilanz »lediglich« drei Prozent Rendite erzielen, um letzten Endes auf eine Eigenkapitalrendite von 25 Prozent Rendite zu kommen – der immense Hebel von 43 Teilen günstigen Fremdkapitals auf einen Teil Eigenkapital macht dies möglich. Drei Prozent Rendite lassen sich auch ohne Hebel erzielen – jedoch keine Eigenkapitalrenditen von 25 Prozent.

Die Kehrseite des Hebels ist, dass er nicht nur die Gewinne, sondern auch die Verluste hebelt. Ackermanns großspurige Ansage sollte wenige Jahre später nur noch eine Fußnote aus einer Zeit sein, an die man bei der Deutschen Bank heute nicht erinnert werden will. Durch den Hebel brachten Verluste, die in Relation zur Bilanzsumme eigentlich überschaubar waren, das ehemalige Flaggschiff des deutschen Finanzwesens beinahe zum Kentern. War die Deutsche Bank im Jahre 2000 vor Ackermanns Amtsantritt noch 55,2 Milliarden Euro wert, betrug der Firmenwert zu seinem Abgang 2012 nur noch 30,6 Milliarden Euro. Heute ist der Wert des Unternehmens auf 13,5 Milliarden Euro gefallen und stellt als Riese mit tönernen Füßen eine immense Bedrohung für das Finanzsystem dar.

Was Ackermann und seine Anhänger, die leider auch in der Politik zahlreich waren, schlicht ignoriert hatte, war der Zusammenhang zwischen Zins und Risiko. Wer seine Ertragschancen und Renditen durch Hebelung verbessert, hebelt dabei immer auch gleichzeitig das Risiko. Das ist eigentlich ja auch logisch; umso erstaunlicher ist es, dass die Finanzmagier mit ihrem Bluff immer noch durchkommen.

Im Dschungel lauern Drachen

Wenn ein normaler Bürger zu seiner Bank geht und einen Immobilienkredit nachfragt, ist die Risikobewertung dieses Kredits zwar sicher nicht einfach, aber auch kein hochkomplexes Rechenwerk, das nicht zu meistern wäre. Wie viel ist die Immobilie, die als Sicherheit für diesen Kredit dient, wert? Wie entwickelt sich der Wert während der Laufzeit? Welche externen Faktoren wie die konjunkturelle Entwicklung könnten den Wert beeinflussen? Wie sicher ist es, dass der Kreditnehmer die Raten bedienen kann? Ein wenig schwieriger hingegen ist die Risikobewertung bei einem Unternehmen, das eine Investition auf Kredit finanzieren will. Wie ist die Ertragslage? Wie sicher ist das Marktumfeld? Ist das Unternehmen überschuldet? Taugt der Refinanzierungsplan etwas?

Die Bewertung dieser Risiken ist das Kerngeschäft der Kreditabteilungen klassischer Banken. Wird der Kredit gewährt, richtet sich der verlangte Zins im weitesten Sinne nach dem Ausfallrisiko. Je höher das Risiko, desto höher der Zins. Doch wie soll man das Risiko hybrider und synthetischer Papiere bewerten, die dann auch noch gehebelt sind und oft sogar von den Finanzunternehmen nicht verstanden werden, die sie herausgeben? Diese Frage ist weniger für die Kreditabteilungen klassischer Banken, dafür aber für deren Finanzberater und sämtliche Finanzunternehmen von entscheidender Bedeutung, die etwas mit Vermögensverwaltung zu tun haben.

In Zeiten von Günther Schild stellte sich diese Frage nicht wirklich. Wer privat Vermögen bilden oder für das Alter vorsorgen wollte besorgte sich über seine Bank Bundesschatzbriefe. Die waren mündelsicher, dafür aber niedrig verzinst und konnten im Rahmen einer konservativen Anlagestrategie durch Sparverträge ergänzt werden, die zwar auch nicht gerade hohe Zinsen abwarfen, dafür aber ebenfalls vergleichsweise sicher waren. Eine ernsthafte Risikobewertung war da nicht wirklich nötig. Doch diese Zeiten sind vorbei. Bundesanleihen und Sparverträge werfen in der Regel gar keine Zinserträge mehr ab, und durch die systematische und gewollte Sabotage des umlagefinanzierten Rentensystems sind immer mehr Bürger gezwungen, ihr Glück in Anlagestrategien zu suchen, die zwar die Chance auf höhere Erträge versprechen, aber dafür auch mit einem höheren Risiko einhergehen.

Eine eindeutige Bewertung der damit verbundenen Risiken ist im Dschungel des Finanzsystems mit seinem undurchschaubaren Dickicht von sich gegenseitig beeinflussenden Faktoren und intransparenten Strukturen jedoch für Privatanleger – und sicher auch für die allermeisten Banker – ein äußerst schwieriges Unterfangen. Wenn man dann noch berücksichtigt, dass in diesem Dschungel Drachen lauern könnten, die etwa aus sinkenden Immobilienpreisen in Idaho ein Versagen des Interbankengeldmarktes in Deutschland machen, wird eine seriöse Risikobewertung nahezu unmöglich.

Die eigentliche Aufgabe von Vermögensverwaltern wie BlackRock oder Vanguard besteht also darin, Anlagestrategien zu entwickeln, die eine möglichst optimale Verteilung zwischen Ertragschancen und Risiken ermöglichen. Die Produkte basieren auf diesen zuvor entwickelten Strategien und werden auf den Finanzmärkten zahlungskräftigen Kunden angeboten. Das bedeutet auch, dass der Preis dieser öffentlich gehandelten Finanzprodukte durch Angebot und Nachfrage bestimmt wird. Vertreter der Theorie effizienter Märkte würden nun sagen, dass eben dieser Preis das Ergebnis einer kollektiven Abwägung von Ertragschancen und Risiken durch die Summe aller Marktteilnehmer ist. Die Märkte können bekanntlich nicht irren.

BlackRock, Vanguard und Co. wissen jedoch, dass die Märkte irren. Ihr Kerngeschäft ist es, Risiken besser zu bewerten als die

Märkte und ihre Kunden von dieser Expertise profitieren zu lassen. Das kann im Beispiel BlackRock vorwiegend über eine ausgefeilte auf Algorithmen basierenden Risikobewertung geschehen oder im Beispiel von Vanguard vorwiegend auf ein vergleichsweise kostengünstiges Angebot an vorgefertigten Produkten, mit denen eine individuelle Optimierung von Zins und Risiko möglich sein soll.

Prosaisch gesprochen: Das Ziel der neuen Giganten ist es, das Finanz- und Wirtschaftssystem lückenlos zu kartographieren und die Drachen zu vertreiben. Ob dies gelingen kann oder ob damit vielleicht sogar neue Drachen geschaffen werden, ist jedoch eine ganz andere Frage.

Aladdin: Der Versuch, Risiken messbar zu machen

Inmitten von Apfelplantagen findet man im US-Bundesstaat Washington die idyllische Kleinstadt Wenatchee. Die Stadt nennt sich selbst »die Welthauptstadt des Apfels«. Doch die Idylle trügt. Nicht weit entfernt von Wenatchee liegt der Rock Island Dam, der den Columbia River staut und dessen Wasserkraftwerk zu den größten der Welt gehört. Wenatchees eigentliche Stärke sind also nicht die Äpfel, sondern ein Strompreis, der mit 2,6 US-Cent pro Kilowattstunde seinesgleichen sucht. Früher waren es Aluminiumhütten, die sich – angezogen von billiger Energie – in Wentachee niederließen. Heute zieht es eine andere Branche in die Stadt.

Inmitten der Apfelplantagen, gleich neben einer Apfelsortier- und Verpackungsanlage, findet sich ein vier Hektar großes Gewerbegebäude, das von der Firma Sabey Data Centers betrieben wird und über eine 14,4 Megawatt-Stromanbindung verfügt. Der einzige Kunde dieses gigantischen Rechenzentrums: BlackRock. Das Herz des globalen Finanzkapitalismus mag ja in der New Yorker Wall Street schlagen. Das Hirn des globalen Finanzkapitalismus befindet sich jedoch hier, in Wentachee, Washington, inmitten von Apfelbäumen, und es trägt den Namen Aladdin.

Aladdin, das steht für *Asset, Liability, and Debt and Derivative Investment Network*. Geboren wurde Aladdin 1988 – auf einer einzelnen Workstation von Sun Microsystems, die zwischen dem Kühlschrank und der Kaffeemaschine in dem Büro stand, das Blackstone seinerzeit Larry Fink und seinen ehemaligen Kollegen von First Boston zur Verfügung gestellt hatte. 1988 waren Computer im Finanzwesen noch keine Selbstverständlichkeit. Der erste –

nicht gerade leistungsstarke – Macintosh von Apple kam erst vier Jahre vorher auf den Markt. Microsoft bastelte damals noch an seinem MS-DOS 4.0, das erste »echte« Windows, sollte mit der Versionsnummer 3.0 erst zwei Jahre später erscheinen. Die Finanzmagier der großen Wall-Street-Häuser nutzen in diesen Jahren vor allem sogenannte »Mainframes« – Großcomputer, die damals mehrere Millionen US-Dollar kosteten und nicht eben flexibel und anwenderfreundlich waren.

Aladdins erste Aufgabe war es, die Risikobewertung der verbrieften Hypotheken zu verbessern, die Fink Jahre zuvor entwickelt hatte und mit denen er bei First Boston seinen ersten großen Rückschlag erlitt. Der Siegeszug von Aladdin erfolgte jedoch erst ab 1993, im Jahr der Firmengründung von BlackRock. Wie Jody Kochansky, der 1992 zum Unternehmen stieß und heute Chef der »Aladdin Product Group« ist, es 2018 dem *New Statesman*[1] erklärte, war es damals bei BlackRock noch Usus, die Portfolios der Kunden jeden Morgen auszudrucken und dann die Papierstapel mit den Stapeln des Vortages zu vergleichen, um die Änderungen zu dokumentieren und einen Risiko-Report zu erstellen. Kochanskys simple Idee war es, diese Berechnungen ganz einfach in eine Datenbank auszulagern und zu automatisieren. Nun wusste BlackRock laut Kochansky zu jedem Zeitpunkt, wie viel die Papiere, mit denen man zu tun hatte, »wirklich wert waren«. Der Wahrheitsgehalt dieser Gründungslegende ist heute schwer zu beurteilen. Die Funktionen, die Kochansky als großen Durchbruch verkauft, könnte heute jeder Informatikstudent an einem verregneten Nachmittag programmieren.

Doch dabei blieb es nicht. Das damalige Alleinstellungsmerkmal von BlackRock war es, dass Aladdin die verwalteten Papiere einer Risikoanalyse unterzog: Die Algorithmen des Systems sollten die komplexen Prozesse nachbilden, die Einfluss auf die Papiere haben, aber schon alleine aufgrund ihrer Komplexität nicht seriös berechnet werden können. Dafür kommen unter der Motorhaube statistische Verfahren wie die Monte-Carlo-Simulation zum Einsatz, mit der Häufigkeitsverteilungen in der gesamten Portfolio-Datenbank ermittelt werden. Man blickt also in die Vergangenheit, um Muster zu erkennen, die man auf die aktuellen Bestände überträgt. Wenn beispielsweise in der Vergangenheit bestimmte hypothekengesicherte Wertpapiere nach einer Erhöhung des Referenzzinssatzes LIBOR um fünf Basispunkte auch um drei Basispunkte gestiegen sind, dann sollte es – so die dahinterstehende Logik – mit großer Wahrscheinlichkeit auch beim nächsten Mal so sein. Und wenn man alle externen Einflüsse und die dafür errechneten möglichen Einflüsse aggregiert und die Algorithmen mittels Tausender Simulationen die Querverbindungen ausloten, soll am Ende eine magische Zahl herauskommen, die den Besitzern dieser Papiere mit trügerischer Sicherheit eine vermeintlich objektive Risikobewertung liefert.

Eine dieser Zahlen ist beispielsweise der Value at Risk – ein Risikomaß, das angibt, mit welcher Wahrscheinlichkeit welche Verlusthöhe in einem gegebenen Zeitraum nicht überschritten wird. Pensionskassen können auf Basis dieser Zahl dann kalkulieren, wie groß die Gefahr ist, dass die Zinseinnahmen aus ihrem Anlageportfolio im kommenden Quartal nicht ausreichen werden, um die aktuell anfallenden Pensionsleistungen auszuzahlen. Auf Basis dieser Zahlen können die Pensionskassen dann ihr Portfolio umschichten. So zumindest in der Theorie. BlackRock konnte nun mit Aladdin diese Kalkulationen über eine Programmschnittstelle an vernetzte Workstations ausspucken, deren Bediener dann eigenständig verschiedene Szenarien durchspielen konnten. Das war neu.

Einen ersten Erfolg erzielte BlackRock bereits 1994. An der Wall Street kam es zum »großen Anleihen-Massaker«, wie damals das *Fortune Magazine* titelte.[2] Die Kurse für Anleihen fielen in den Keller und die Wall Street war mal wieder in Panik. Just zu diesem Zeitpunkt brachten die kriminellen Machenschaften der Investmentbank Kidder, Peabody & Co. den Industriegiganten General Electrics in Schieflage. Dieser hatte die Investmentbank 1986 für seine Finanzsparte GE Capital übernommen, es mit der Aufsicht des Unternehmens aber offenbar nicht so ernst genommen. Schon bald nach der Übernahme erschütterte ein Skandal um kriminellen Insiderhandel der leitenden Manager die Finanzwelt.

Die Vorgänge bei Kidder, Peabody & Co. dienten ein Jahr später Oliver Stone als Vorlage für seinen Film *Wall Street* und wurden 1992 in James B. Stewards Bestseller *Den of Thieves* (auf Deutsch: *Diebeshöhle*) nachgezeichnet. Kaum waren die Verantwortlichen für den Betrugsskandal hinter Gittern, kam heraus, dass ein Trader der Anleihenabteilung von Kidder, Peabody & Co. die Computersysteme des Unternehmens manipuliert hatte, um die Zahlen systematisch zu manipulieren und auf seine aus Luftbuchungen resultierenden »Gewinne« fette Prämien einzustreichen. Später sollte herauskommen, dass er binnen vier Jahren anstatt der vermeldeten Gewinne von 275 Millionen US-Dollar, vielmehr einen Verlust von 75 Millionen US-Dollar gemacht hatte.

Viel schlimmer noch wog die Tatsache, dass durch die Manipulationen niemand so richtig wusste, was genau in dem Portfolio steckte, das Kidder, Peabody & Co. für GE zusammengestellt hatte und welche Auswirkungen das »große Anleihen-Massaker« auf diese darin enthaltenen Papiere haben würde. General Electric bot also das gesamte Portfolio anderen Investmentbanken an, erhielt jedoch nur Absagen oder erschreckend niedrige Angebote. Schlussendlich ging man zu dieser Wall-Street-Firma, die sich ja auf genau dieses Problem spezialisiert hatte. BlackRock speiste die Daten von Kidder, Peabody & Co. in sein Aladdin-System ein und kam zu dem überraschenden Ergebnis, dass die Papiere gar nicht mal so schlecht waren und der risikobemessene Wert weit oberhalb der Summe lag, die General Electric eigentlich befürchtet hatte. Mit diesen Erkenntnissen in der Hand konnte General Electric nun Kidder, Peabody & Co. samt dessen Portfolio für ansehnliche 670 Millionen US-Dollar an die Investmentbank Paine Webber verkaufen, die sechs Jahre später von der Schweizer UBS geschluckt wurde. Aladdin war plötzlich in aller Munde, und sein Meister, Larry Fink, war vom Trottel wieder zum Star geworden. Kidder, Peabody & Co. war nur der Auftakt einer ganzen Reihe vergleichbarer Fälle und der Beginn von Finks sagenhaften Aufstieg zu einem der mächtigsten Männer an der Wall Street. Dass sein Wirken nur einige Jahre später die ganze Welt in den Abgrund blicken ließ, konnte zu diesem Zeitpunkt noch niemand wissen.

BlackRock und seine 2000 Töchter

In den darauffolgenden Jahren wuchs BlackRock in einem atemberaubenden Tempo. 1995 unterschrieb man einen Partnerschaftsvertrag mit seinem Großaktionär PNC und verwaltete dessen Sparte für festverzinsliche Wertpapiere. Am Ende des Jahres verwaltete Black-Rock bereits Kundeneinlagen in Höhe von 69 Milliarden US-Dollar. 1998 übernahm BlackRock dieses Segment von PNC und integrierte zusätzlich deren Geld- und Anleihenfondsaktivitäten. Nun verwaltete BlackRock 131 Milliarden US-Dollar. 1999 ging man schließlich an die Börse. PNC blieb größter Einzelaktionär, die Gründer und Mitarbeiter von BlackRock bekamen großzügige Aktienpakete, und das erhaltene Geld aus dem Börsengang ging in die Kriegskasse für die nächsten Jahre, in denen BlackRock nun selbst andere Unternehmen schlucken sollte.

2004 übernahm[3] BlackRock den Vermögensverwalter State Street Research & Management Co. (nicht zu verwechseln mit BlackRocks heutigem Konkurrenten State Street Global Services) für 375 Millionen US-Dollar. Gleichzeitig erhöhte sich die Summe der verwalteten Vermögen auf 342 Milliarden US-Dollar. 2006 schloss man sich mit der Vermögensverwaltungssparte von Merrill Lynch, die 544 Milliarden US-Dollar Kundeneinlagen verwaltete, zusammen und knackte damit am Ende des Jahres erstmals die Billionen-Marke. Nun hatte man 1125 Milliarden US-Dollar unter eigenem Management. Es folgte ein Jahr später die Übernahme von Quellos Capital Management. Am Vorabend der Finanzkrise verfügte BlackRock über ein verwaltetes Vermögen von 1357 Milliarden US-Dollar und gehörte nun endgültig zur Belle Etage der Wall Street.

Zuvor hatte man sein Aladdin-System auch für externe Nutzer geöffnet, die nun gegen üppige Gebühren ihre eigenen Portfolios von BlackRocks Algorithmen durchleuchten und bewerten lassen konnten. Diese Öffnung des Systems war in der Tat ein genialer Schachzug von BlackRock. Denn nun konnte man nicht nur die Algorithmen mit den Daten externer Nutzer optimieren, sondern wusste auch, welche Papiere andere Investmentfirmen in ihrem Portfolio haben. Dieses Insiderwissen sollte wenige Jahre später den Kern von BlackRocks Stellung im Finanzsystem bilden. Welche potenziellen Interessenkonflikte mit dieser Vernetzung einhergehen, zeigte sich ein Jahr später, als BlackRock seine Aladdin-Aktivitäten zusammen mit seinen Dienstleistungen in der neuen Sparte Black Rock Solutions bündelte.

Das führt einmal mehr zur profanen Frage, was BlackRock eigentlich genau ist. In den Imagebroschüren des Unternehmens stellt sich BlackRock gerne als uneigennütziger Vermögensverwalter dar, der das Geld von Lehrern, Krankenschwestern und Feuerwehrmännern treuhänderisch in sicheren Finanzprodukten verwaltet. Um das Risiko für seine Kunden zu minimieren, habe man sich dafür auf die Risikoanalyse spezialisiert. Ganz nebenbei bietet man seine überlegenen Analysen auch externen Kunden an, die so am umfassenden Wissen BlackRocks teilhaben. Das ist – mit Verlaub – Unfug.

Tatsächlich ist BlackRock selbst vor allem eine Holdinggesellschaft, die laut eigener Auskunft[4] zur Zeit der Drucklegung dieses Buches 1 978 aktiv gemangte Investmentfonds und 679 Indexfonds aufgelegt hat. Die amerikanische Finanzaufsicht SEC listet mehr als 2 000 Finanzunternehmen, die unter dem Dach von BlackRock registriert sind. Das sind Unternehmen mit Namen wie Blackrock Mexico Operadora, BlackRock Cascade Opportunities Fund, L.P., BlackRock Direct Lending Fund IX, BlackRock Asset Management North Asia Ltd oder BlackRock Tempus Fund, Ltd. mit Postanschriften in Seattle, Santa Monica oder New York, deren steuerrechtlicher Sitz meist in Luxemburg, Singapur, auf den Cayman Islands oder in der US-Steueroase Delaware liegt. Der Großteil dieser BlackRock-Unternehmen sind Fondsgesellschaften, die aktiv mit dem Geld ihrer Kunden spekulieren. Und das reicht von Fonds, die auf risikoarme Staatsanleihen spezialisiert sind, bis zu Fonds, die aggressiv in Wachstumsmärkte, am Geldmarkt oder am Immobilienmarkt investieren.

Um den darin liegenden Interessenkonflikt zu verstehen, muss man sich vor Augen halten, welche divergierenden Geschäftsmodelle es im Finanzsystem gibt. Auf der einen Seite gibt es die Verkäufer, die sogenannte Sell-Side. Zu dieser Kategorie gehören beispielsweise Investmentbanken, die selbst Papiere oder Fonds auflegen und dann Anleger für diese Papiere suchen. Auf der anderen Seite gibt es die Käufer, die »Buy-Side«. Das sind dann zum Beispiel Versicherungen oder Pensionskassen, die mit den Einlagen ihrer Kunden diese Papiere kaufen. Zwischen der Käufer- und der Verkäuferseite gibt es naturgemäß ein Informationsgefälle. Während die Verkäuferseite (hoffentlich) weiß, was in den angebotenen Papieren steckt und welche Risiken in ihnen schlummern, weiß das die Käuferseite nicht wirklich. Wer verlässt sich schon auf die Produktinformationsblätter der Verkäufer? Um dieses Informationsgefälle auszugleichen, gibt es schließlich die Gutachter, also die Ratingagenturen und die Risikoanalytiker. Nun kann man sich vortrefflich darüber streiten, was die Bewertung der großen Ratingagenturen heute noch zählt – zumindest verkaufen sie aber keine Finanzprodukte. Nicht so BlackRock.

BlackRock vereint alle diese Funktionen unter einem Dach. Über BlackRock Solutions analysiert BlackRock als Gutachter Finanzprodukte, über seine Tausenden Fondstöchter verkauft BlackRock jedoch auch Finanzprodukte, die es in seiner Funktion als Vermögensverwalter kauft. Der damit verbundene Informationsvorsprung ist nicht mit Gold aufzuwiegen und stellt gleichzeitig einen ganz massiven Interessenkonflikt dar. Als Käufer mit dem größten Finanzpolster im Rücken, das die Welt je gesehen hat, kann BlackRock aktiv Einfluss auf die Entwicklung seiner eigenen Finanzprodukte nehmen. Aber es kommt noch schlimmer. Wenn BlackRock Solutions beispielsweise die Anlage-Portfolios einer Bank screent, kann es diese Informationen an seine Fonds weitergeben, die dann – je nachdem ob die Papiere nun unter- oder überbewertet sind – selbst am Markt aktiv werden und diese Papiere kaufen oder verkaufen.

Zwar gibt es sogenannte Brandmauern, im Finanzslang spricht man von »Chinese Walls«, die genau diesen Informationstransfer verhindern sollen. Dass die Informationen dennoch zumindest auf Führungsebene ausgetauscht werden, ist in der Praxis jedoch kaum zu verhindern. Doch Aladdins Geschichte ist noch lange nicht zu Ende geschrieben. Derzeit arbeitet BlackRock an einer Integration aller öffentlich verfügbaren Daten in sein Aladdin-System. So sollen beispielsweise Webcam-Bilder von den Parkplätzen großer Baumärkte und Shoppingmalls in Echtzeit Prognosen über die Einzelhandelsumsätze zulassen und Aladdin auf veränderte Zahlen zum Konsumklima reagieren lassen, lange bevor die offiziellen Statistiken dazu erstellt werden.

Der Flügelschlag eines Schmetterlings

Über kurz oder lang soll so *Big Data* in das Aladdin-System integriert werden. Wenn viele Nutzer aus einem Bezirk über Google nach einem neuen Job suchen, könnte dies schließlich Auswirkungen auf den regionalen Immobilienmarkt haben. Big Data-Analysten wissen schon, dass die Immobilienpreise in ihrer Stadt zurückgehen und die Leerstandsquote steigt, bevor Sie ihr altes Haus zum Verkauf anbieten. So soll Aladdin BlackRock den entscheidenden Informationsvorsprung liefern und den Finanzkonzern schneller als alle Konkurrenten auf sich andeutende Verschiebungen der investmentrelevanten Parameter hinweisen.

In nicht ferner Zukunft soll Aladdin dafür auch Daten aus sozialen Netzwerken wie Facebook oder Twitter für seine Zwecke analysieren. Wenn beispielsweise immer mehr Menschen auf Facebook ihrem Ärger über die Politik Luft machen, also die kumulierte Unzufriedenheit eines Volkes mit seiner Regierung steigt, könnte es schließlich sein, dass dies auch für die Investments von BlackRock Folgen hat. Der betreffende Staat könnte neuen Schulden aufnehmen, um Investitionen vorzunehmen und die Menschen zu beruhigen. Es könnte sich aber auch ein baldiger Regierungswechsel andeuten, der Einfluss auf die Zinsen der Staatsanleihen hat. Mit all diesen Datenfragmenten soll Aladdin gefüttert werden, um am Ende bei seinen Prognosen und Risikoanalysen seinen Herren den entscheidenden Vorsprung zu liefern.

Im Glauben an die Allmacht der Algorithmen steckt jedoch eine gehörige Portion Technikgläubigkeit. Algorithmen sind nicht allwissend, sondern können immer nur innerhalb der Parameter denken, die ihnen von den Programmierern vorgegeben wurden. Die reale Welt erweist sich nun einmal als derart komplex, dass selbst komplizierte Algorithmen wie Aladdin kein verlässliches Navigationssystem bieten können.

In den 1970er-Jahren eroberte die Chaosforschung die Mathematik. »Schon der Flügelschlag eines Schmetterlings in Brasilien kann in Texas einen Orkan auslösen«, formulierte der Meteorologe Edward Lorenz. Übertragen auf die Finanzwelt haben die Arbeitsmarktzahlen aus Michigan womöglich die Pleite einer zypriotischen Bank ausgelöst. Das klingt chaotisch und das ist es auch.

Auf die schlechten Arbeitsmarktzahlen folgten Ausfälle von Hypotheken im Immobilienmarkt. Diese Ausfälle summierten sich zu einem Wertverfall für komplexe Papiere, die eben jene Hypotheken beinhalteten oder den Ausfall dieser Hypotheken versicherten. Daraus folgte eine Bankenkrise, da kein Institut mehr wusste, welcher seiner Handelspartner diese toxischen Papiere in seinem Portfolio hatte und überhaupt noch zahlungsfähig war. Die Banken wurden nun mit Steuermitteln kapitalisiert, und dem Staat fehlte das Geld für andere Aufgaben. Die Konjunktur brach ein, und am anderen Ende des Globus sollte dies dazu führen, dass der Staat Griechenland Probleme bekam, seine ausstehenden Staatsanleihen zu bedienen. Diese Papiere wurden zu einem großen Teil von griechischen Banken gehalten, die nun ihre Schulden bei der zypriotischen Bank nicht mehr zurückzahlen konnten.

Welcher Algorithmus wäre in der Lage eine derart komplexe, chaotische Entwicklung vorherzusagen? Und dabei geht es weniger um die Daten selbst. Die stehen – zumindest theoretisch – zur Verfügung. Welche Querverbindungen es gibt und wie diese Querverbindungen durch nur schwer vorhersagbare Entscheidungen unabhängiger Akteure beeinflusst werden können, ist jedoch nicht abbildbar. Hätte die EZB in diesem Fallbeispiel beispielsweise schon früh den Wert der griechischen Staatsanleihen garantiert, wären die dortigen Banken und mit ihnen die Banken aus Zypern ja gar nicht erst in eine derart prekäre Lage gekommen. Hätte die US-Notenbank FED die Investmentbank Lehman Brothers aufgefangen, wäre es womöglich gar nicht zu einer realwirtschaftlichen Krise gekommen, die über den Atlantik nach Europa schwappt. Der Flügelschlag eines Schmetterlings in Brasilien mag zwar unter bestimmten Bedingungen manchmal in Texas einen Orkan auslösen, in den allermeisten Fällen verhallt er jedoch ohne Folgen. Allmächtige Algorithmen, die das Eine vom Anderen unterscheiden können, sind eine Illusion.

Die Finanzkrise: BlackRock wird zum Staat im Staate

BlackRocks Wachstum in den ersten Jahren des neuen Jahrtausends war auch die Folge eines geänderten Anlegerverhaltens. Nach dem Platzen der Dotcom-Blase im Jahre 2001 hatten viele Anleger erst einmal genug von den Finanzwetten an der Wall Street, und da erschien der Vermögensverwalter mit seinem Image als guter Risikoanalytiker als eine solide Alternative. Doch das Gedächtnis der Menschen ist schlecht und das der Finanzbranche sogar noch schlechter. Der neue Renner an den Märkten waren nun Papiere, die genau auf der Innovation aufbauten, die Larry Fink in den späten 1980er-Jahren bei First Boston entwickelt hatte.

Pro Jahr wurden seinerzeit in den USA mehr als 1,2 Millionen neue Häuser gebaut, die Preise für Immobilien stiegen und die vergesslichen Finanzmärkte taten so, als ob dies immer so weitergehen würde.»Solange die Party läuft, musst du tanzen«, so ein Motto der Finanzprofis. War früher der Markt für Hypotheken noch dadurch begrenzt, dass die Geschäftsbanken und Immobilienfinanzierer für die langlaufenden Darlehen teure Rücklagen aus Kundeneinlagen bilden mussten, waren Larry Finks gebündelte Verbriefungen von Hypothekendarlehen (CMO) ein Paradigmenwechsel, ein echter »Game Changer«, wie man im Branchensprech sagen würde. Immobilienfinanzierer konnten nun die Hypotheken im Durchlaufverfahren an Dritte weiterreichen, die ihrerseits strukturierte Wertpapiere ausgeben, die mit eben jenen Hypotheken abgesichert sind. Der große Durchbruch für diese Verbriefungen sollte jedoch erst Jahre später kommen, als Finks CMO durch eine weitere Innovation der Finanzmagier der Wall Street ergänzt wurden.

Schon seit den 1980er-Jahren feilte die Wall Street an handelbaren Papieren, mit denen Kredite abgesichert werden können – eine Sonderform der Kreditausfallversicherung, die man in der Branche als Credit Default Swaps (CDS) bezeichnet. Die Funktion dieser Papiere ist schnell erklärt: Eine Bank vergibt einen Zehn-Millionen US-Dollar-Kredit an einen Hersteller von Gartenmöbeln, und ein Hedgefonds sichert das Ausfallrisiko gegen eine Gebühr, sagen wir mal von 300 000 US-Dollar, ab. Platzt der Kredit, muss der Hedgefonds der Bank zehn Millionen US-Dollar überweisen, zahlt der Gartenmöbel-Hersteller den Kredit brav zurück, hat der Fonds 300 000 US-Dollar Gewinn gemacht. Der große Erfolg war diesen Papieren jedoch zu dieser Zeit noch verwehrt – den potenziellen Käufern dieser Papiere war das spezifische Risiko im Vergleich zu den möglichen Gewinnen zu hoch.

Das änderte sich im Jahre 1997, als JP Morgan ein Produkt namens »Bistro« auf den Markt brachte. Die Collateralized Debt Obligations (CDO) waren geboren. In Bistro wurden erstmals zahlreiche verschiedene Kreditausfallversicherungen verbrieft und in überschaubaren Tranchen an Investoren verkauft. Nun trug die Gegenseite nur noch jeweils einen Teil des Ausfallrisikos eines Teils der gebündelten Kredite. Was sollte da schon schiefgehen?

In den Jahren 2000 und 2001 wurden CDO für 150 Milliarden US-Dollar verkauft, 2002 waren es bereits 200 Milliarden US-Dollar und 2006 mehr als eine Billion US-Dollar. Hauptbestandteil dieser Papiere waren nun nicht mehr nur Unternehmenskredite, sondern auch Studentenkredite, Kreditkartenschulden und vor allem Hypotheken, die dank Finks Verbriefungsmethode besonders einfach »versichert« werden konnten. Man bildete also ein CDO auf eine CMO. Der Inhaber dieser Papiere wusste nicht mehr, was er da überhaupt genau versichert, und die Banken und Investmentgesellschaften, die diese Papiere auflegten, scherten sich auch nicht großartig um solch profane Fragen. Die Party nahm Fahrt auf und alle tanzten wie wild.

Schließlich waren diese Papiere so erfolgreich, dass irgendwann die Kredite ausgingen. Um neue Hypotheken zu besorgen, die man dann verbriefen und versichern kann, wurden nun Verkaufstalente, die tags zuvor noch Staubsauger oder Gurkenhobel feilboten, zu Hypothekenverkäufern gemacht und gezielt zu Menschen mit einer niedrigen Bonität geschickt. Die Folge sollte eine Schwemme von »Subprime-Hypotheken« sein, also Hypotheken mit hohem Ausfallrisiko und entsprechend hohen Zinsen.

Den Investoren war das allerdings egal, denn die Ratingagenturen, die von eben jenen Investmentbanken bezahlt wurden, die diese Papiere schnürten, gaben artig ihre Prädikatsbewertungen. Intern fragten sie sich jedoch, wann »dieses Kartenhaus« zusammenbricht, wie eine spätere Auswertung von E-Mails ergab. Alarm schlagen wollte aber niemand, denn noch gab es ja dumme Käufer wie Sand am Meer – auch die deutschen Landesbanken standen Schlange und wollten mit der Wall Street tanzen. Und sie tanzten wie verrückt und merkten dabei nicht, dass die Wall-Street-Gigolos, die zum Tanz aufgefordert hatten, sich bereits durch den Seiteneingang verkrümelt hatten.

In ihrem Buch *Chain of Blame: How Wall Street Caused the Mortgage and Credit Crisis*[1] zitieren die Investigativjournalisten Paul Muolo und Mathew Padilla einen beteiligten Investmentbanker mit den folgenden Worten: »Als ich auf unserem Firmenparkplatz plötzlich lauter Porsches und Ferraris sah, wusste ich – jetzt ist es an der Zeit, auszusteigen.« Der Finanzjournalist Michael Lewis hat diese Vorgänge Jahre später in seinem lesenswerten Buch *The Big Short. Wie eine Handvoll Trader die Welt verzockte* resümiert[2]. Die Finanzkrise fiel nicht vom Himmel. Sie war ein sauber geplantes Kapitalverbrechen von bis dahin unvorstellbarem Ausmaß – ein Jahrhundertverbrechen. Am Vorabend der Finanzkrise waren unvorstellbare 57 Billionen US-Dollar nach dem Vorbild des Bistro-Papiers aus dem Jahre 1997 »versichert«[3]. Was die Finanzmanager versprachen, war nichts weniger als die Trennung von Zins und Risiko – ein Versprechen, das nicht aufgehen kann. Doch Politik und Aufseher sahen weg.

Das Kartenhaus bricht zusammen

Es kam, wie es kommen musste. Schon 2003 gab es die ersten Alarmzeichen. Während die Häuserpreise in den USA nun im Schnitt um unglaubliche 13 Prozent stiegen, kletterte die Leerstandsquote von eineinhalb auf fast zwei Prozent. 2006 kam es zu den ersten nennenswerten »Kreditereignissen« – vor allem im Subprime-Segment platzten reihenweise die Hypotheken, die ersten Papiere, die sich auf dieses hochriskante Segment spezialisiert hatten, verloren dramatisch an Wert. Mit Hypotheken besicherte Papiere galten nun als ein Pulverfass. Insider wie JP Morgan, Goldman Sachs und die Deutsche Bank begannen damit, ihr eigenes Portfolio umzuschichten und die toxischen Papiere an andere Banken zu verkaufen. Waren diese Banken besonders hellsichtig? Nicht unbedingt. Sie waren vielmehr die großen Emittenten dieser Papiere und wussten nur zu gut, welche Risiken in den Papieren schlummerten, die sie ihren eigenen Kunden als totsichere Anlage verkauft hatten.

Auch BlackRock hatte bereits die Notbremse gezogen. Ab Anfang 2006 stellte man den Kauf bestimmter Schuldeninstrumente ein. Im Sommer 2007 verschärfte sich die Situation auf dem Subprime-Markt. BNP Paribas, HSBC und Lehman Brothers meldeten die ersten Probleme, der Zins auf dem Interbanken-Markt, auf dem sich Banken gegenseitig Geld leihen, stieg unaufhörlich. Die Banken trauten sich gegenseitig nicht mehr. Doch auch diese Alarmsignale wurden ignoriert. Am 23. Juli übernahm die Münchner Hypo Real Estate für 5,2 Milliarden Euro die irische Depfa Bank plc, deren Aktiva zum größten Teil aus eben jenen toxischen Papieren bestanden, die andere Banken nun schnellstmöglich veräußern wollten. Am Ende sollte die Abwicklung der Hypo Real Estate den deutschen Steuerzahler mehr als 20 Milliarden Euro kosten.

Im Herbst 2007 weitete sich die Krise aus. Nun mussten auch die Citigroup und Merrill Lynch Verluste vermelden. Der Staat Florida beauftragte BlackRock, sich das Portfolio seiner Landesbank einmal näher anzuschauen und Subprime-Papiere auszusortieren. Noch war von einer »Subprime-Krise« die Rede. Der Öffentlichkeit wurde immer noch die Illusion vermittelt, der Schaden ließe sich schon irgendwie eingrenzen und ein Überspringen auf andere Marktsegmente sei nicht zu befürchten. Doch nun brach in den USA der gesamte Immobilienmarkt ein, und die Verluste der Banken nahmen stetig zu. Das erste große Opfer der sich anbahnenden Finanzkrise war die Investmentbank Bear Stearns. Und nun betrat BlackRock den Ring.

Bear Stearns hatte am ganzen großen Rad gedreht. Auf 11,1 Milliarden US-Dollar Eigenkapital kam eine Bilanzsumme in Höhe von 395 Milliarden US-Dollar, ein Hebel von 35,6 zu 1. Nachdem Bear Stearns im Laufe des Herbstes 2007 seine ersten Hedgefonds liquidieren musste, da sie die von ihnen über CDO »versicherten« Ausfälle auf Hypotheken nicht mehr bedienen konnten, standen die Zeichen auf Sturm. Das Eigenkapital schmolz wie ein Schneeball in der Wüste, im März 2008 war das letzten Eigenkapital aufgezehrt und Bear Stearns stand vor dem Aus.

Da kam es wie gelegen, dass Larry Fink sich wenige Wochen vorher beim Skifahren in Aspen mit dem Chef der Investmentbank JP-Morgan Chase, Jamie Dimon, – natürlich rein informell – darüber ausgetauscht hatte, welche Unternehmen JPMorgan Chase übernehmen könne, und dabei das Gespräch bald auf Bear Stearns kam. Auch Bear Stearns war ein Kunde von BlackRock. Was genau Fink Dimon erzählte und ob er dabei die Brandmauern aufrecht hielt, ist nicht überliefert. Nachdem Dimon von der dramatischen Schieflage Wind bekommen hatte, beauftragte er jedenfalls BlackRock, die Aktiva von Bear Stearns mit dem Aladdin-System zu durchleuchten.

Nur einen Tag später erhielt Larry Fink einen Anruf von Timothy Geithner. Der spätere Finanzminister, der damals noch Chef der New Yorker Abteilung der US-Notenbank FED war, beauftragte BlackRock ebenfalls mit der Analyse der Aktiva von Bear Stearns. JPMorgan Chase wollte Bear Stearns zwar übernehmen, nicht aber deren toxische Papiere. Die sollte der Staat übernehmen, und dessen Expertise basierte auf den Daten der New Yorker FED, die jedoch selbst im Nebel stocherte und sich auf die Expertise von Black-

Rock verlassen musste. So kam es zum absurden Szenario, dass zwei Teams von BlackRock parallel im Auftrag zweier Parteien mit vollkommen gegensätzlichen Interessen die Datenbanken von Bear Stearns auswerteten. Brandmauer hin, Brandmauer her – der Interessenkonflikt war derart greifbar und offensichtlich, dass es an ein Wunder grenzt, dass BlackRock damit überhaupt durchgekommen ist. Bei einer späteren Untersuchung durch den Kongress gab sich die FED schmallippig – man hatte sogar vergessen, mit BlackRock einen Preis für deren Dienste auszuhandeln. BlackRock war de facto zum Staat im Staat geworden.

Im Ergebnis konnte Jamie Dimon die Filetstücke von Bear Stearns für zehn US-Dollar pro Aktie übernehmen – vor der Krise notierte die Aktie bei 172 US-Dollar, im Februar 2008 immerhin noch bei 93 US-Dollar. Ein Spottpreis, in Heike Buchters Buch *BlackRock: Eine heimliche Weltmacht greift nach unserem Geld*[4] bezeichnen Beobachter den Vorgang später gar als »Verbrechen«. Die toxischen Papiere mit einem Volumen von fast 29 Milliarden US-Dollar gingen an die New Yorker FED. Doch die wusste selbst nicht so recht, was sie mit diesen Papieren anfangen sollte. Also klingelte schon wieder das Telefon von Larry Fink. Die FED legte eine Zweckgesellschaft mit dem schönen Namen »Maiden Lane« auf, und BlackRock wurde beauftragt[5], diese Zweckgesellschaft zu verwalten und die toxischen Papiere von Bear Stearns im Auftrag des Staates abzuwickeln. Eine Aufgabe, die BlackRock mit Bravour erfüllte. Am 18. September 2018 schloss BlackRock das Kapitel Bear Stearns und verkaufte das letzte Papier aus dem Maiden-Lane-Paket[6]. Die New Yorker FED konnte für die gesamte Abwicklung der offenbar doch nicht ganz so toxischen Papiere einen Nettogewinn von 2,5 Milliarden US-Dollar vermelden.

Mitte September weitete sich die Krise, die sich nun von den Subprime-Krediten auf alle forderungsbesicherten Papiere und Kreditausfallversicherungen ausgeweitet hatte, auf eine weitere Investmentbank aus, die im Finanzcasino an einem viel zu großen Rad gedreht hatte. Nun geriet Lehman Brothers in massive Schieflage. In den Krisensitzungen der FED rauchten die Köpfe. Als Larry Fink am

Abend des 13. September in einen Flieger Richtung Singapur stieg, versicherten ihm seine Buddies bei der New Yorker FED noch, er könne ruhig einsteigen – kein Problem, die britische Großbank Barclays werde Lehman Brothers schon übernehmen. Als Fink 19 Stunden später in Singapur von Bord ging und wieder Handy- und Internetempfang hatte, war die Welt der Wall Street eine andere. Lehman war kollabiert, der Versicherungsriese AIG, der im großen Stil CDO ausgegeben hatte, und die Investmentbank Merrill Lynch standen kurz vor dem Zusammenbruch.

BlackRock als Retter in der Not

Das Weltfinanzsystem drohte vollends aus den Fugen zu geraten, und keiner der Beteiligten hatte einen Überblick über das Chaos. Keiner? Doch, Larry Fink und BlackRock waren auf der Kurzwahlliste sämtlicher wichtiger Personen aus dem Finanzsystem und den Regierungsbehörden, die eigentlich das Finanzsystem überwachen sollten. In den nächsten Tagen sollte Fink über einhundert Telefonate mit Regierungsvertretern führen – 21 davon alleine mit Timothy Geithner, dem für die Löschung des Flächenbrands verantwortlichen Chef der New Yorker FED. BlackRock war nun zu einer Art Schattenregierung in Sachen Finanzkrise avanciert. Man lieferte die Analysen zu den Risikopositionen der notleidenden Banken, Fonds und Versicherungsgesellschaften, beriet die Politik bei der Konstruktion ihrer Rettungsprogramme und war dann auch derjenige, der diese Programme für den Staat abwickelte. BlackRock war überall. Finanzminister Hank Paulson und Notenbankchef Ben Bernanke waren die Gesichter der Krise. Larry Fink war jedoch der eigentliche Manager der Krise.

Bereits Ende August hatte die AIG BlackRock mit der Analyse seines 77 Milliarden US-Dollar schweren CDO-Portfolios beauftragt. Am 15. September übernahm der Staat dann den Versicherungsriesen mit einer Bilanzsumme von einer Billion Dollar und sicherte dem Unternehmen im Ausgleich einen 88-Milliarden-Dollar-Kredit zu. Nun wurde BlackRock vom Staat beauftragt, das gesamte Portfolio zu durchleuchten. Auf Basis dieser Analyse lagerte die New Yorker Fed die verbrieften Hypothekenkredite und die verbrieften Kreditausfallversicherungen von AIG in zwei weitere Zweckgesellschaften (Maiden Lane II und III) aus. Und nun raten Sie mal, wer mit deren Abwicklung beauftragt wurde? Richtig. BlackRock. Sechs Jahre später, im November 2014, konnten auch diese Zweckgesellschaften geschlossen werden. Der Gewinn für die FED – 8,5 Milliarden US-Dollar[7].

Was folgte, sollte der ganz große Befreiungsschlag werden, doch nun stieß BlackRock erstmals auf Widerstand. Um die immer größer werdende und ja auch durchaus berechtigte Panik in den Griff zu bekommen, legte die Politik eine ganze Reihe von »Rettungsprogrammen« auf – natürlich nicht, ohne sich dabei von BlackRock beraten zu lassen. Eine besondere Rolle sollte dabei dem TARP (»Troubled Asset Relief Program«) zufallen, einem Rettungsschirm mit einem Volumen von 700 Milliarden US-Dollar. In seiner ursprünglichen Version sollte das Geld dafür verwendet werden, den Banken ihre toxischen Papiere abzukaufen und sie später wieder am Finanzmarkt zu verkaufen. Wäre dieser Plan, der auf den damaligen Finanzminister Henry Paulson zurückgeht, so umgesetzt worden, hätten diese Papiere zunächst geprüft und auf Basis dieser Analyse bewertet werden müssen. Doch wer hätte diese Prüfung vornehmen sollen? Paulson sah vor, dass diese Aufgabe von externen Finanzfirmen vorgenommen werden sollte, die mit der Materie vertraut sind … also vor allem von BlackRock.

Doch Paulsons Plan stieß auf unerwarteten Widerstand im Kongress und auf internationaler Ebene. Schließlich musste er seinen Plan aufgeben[8] und durch eine neue Regelung ersetzen. Anstatt den Banken ihre toxischen Papiere abzukaufen, versorgte der Staat sie nun mit Eigenkapital und beteiligte sich dafür in Höhe des in Anspruch genommenen Kredits an den Banken. Sie wurden also teilverstaatlicht. Um die toxischen Papiere sollten sich später zwei Programme mit den Namen »Public-Private Investment Program« (PPIP) und »Term Asset-Backed Securities Loan Facility« (TALF) kümmern, die im Frühjahr 2009 vom neuen Finanzminister einge-führt wurden – und der war niemand anderes als Timothy Geithner, Larry Finks »Telefonfreund«. Die Branche spottete »Cash for Trash«, also »Bares für Müll«. Natürlich kam BlackRock bei diesem Mega-Bailout auch zum Zuge. Man bewertete unter anderem das Portfolio der schwer ange-schlagenen Citybank und die Billionen-Portfolios der staatseigenen Hypothekenversicherer Fannie Mae und Freddie Mac, deren Kern-geschäft genau jene Verbriefungen waren, die Larry Fink einst bei First Boston mitentwickelte, und half dem Finanzministerium bei der Bewertung der toxischen Papiere, die im Rahmen des TALF-Pro-gramms abgesichert wurden. Und dies gleich im doppelten Sinne. Während die Sparte BlackRock Solutions für TALF die Papiere prüfte, trat die Vermögensverwaltungssparte des Unternehmens im PPIP als Käufer für eben jene Papiere in Erscheinung. Laut eines Be-richts des Finanzministeriums[9] kaufte BlackRock Papiere im Wert von 2,8 Milliarden US-Dollar auf.

Mythen und geschickte Eigen-PR

Bis heute hält sich die Legende, BlackRock sei während der Finanz-krise der Lotse gewesen, der selbst im schlimmsten Orkan aufgrund seiner überlegenen Risikoanalysemodelle als Einziger den Über-blick behielt und die Wall Street so vor dem totalen Untergang ge-rettet hat. Doch war das wirklich so? Zweifel sind angebracht. So hat BlackRock selbst wenige Wochen vor dem Zusammenbruch von Lehman Brothers noch ein großes Aktienpaket von Lehman Bro-thers gekauft. Kurz nach dem Zusammenbruch von Bear Stearns empfahl Larry Fink seinen Investoren, ihr Geld in riskantere, hoch verzinste Schuldverschreibungen umzuschichten; ein Markt, der wenige Tage später kollabierte. Glaubt man der Finanzexpertin Ja-net Tavakoli[10], war BlackRock zudem tief in den Sumpf der struktu-rierten Kreditausfallversicherungen verstrickt. So sollen unter den toxischen Papieren im Portfolio der AIG auch CDO gewesen sein, die von niemand anderem als BlackRock gemanagt wurden. Demnach hätte BlackRock im Maiden-Lane-Programm zum Teil seine eigenen – während der Krise illiquiden – Papiere abgewickelt.

Es ist auch falsch, dass BlackRock selbst von den Rettungsschirmen der US-Regierung nicht massiv profitiert hätte. Im dritten Quartal des Jahres gingen die Einlagen bei BlackRock um weitere 100 Milliarden US-Dollar zurück. Der Börsenkurs des Unternehmens fiel um ganze 40 Prozent. Alleine im September 2008 wurden 50 Milliarden US-Dollar aus den Geldmarktfonds von BlackRock abgezogen. Einem Bericht der *New York Times* zufolge[11] hatte Larry Fink der FED wenige Tage später empfohlen, eben jenen Markt durch Stützungsmaßnahmen wieder liquide zu machen. Nachdem die FED diesem Rat gefolgt war, flossen die Gelder wieder zurück in BlackRocks Fonds. So konnte BlackRock das Katastrophenjahr 2018, in dem nahezu alle Finanzinstitute Rekordverluste einfuhren, mit einem Gewinn von 786 Millionen US-Dollar abschließen. Zwar ging das verwaltete Vermögen von BlackRock zum ersten und bislang einzigen Mal in der Firmengeschichte zurück – aber nur von 1357 auf 1307 Milliarden US-Dollar, eine Petitesse in diesem Krisenjahr.

Ein weiteres hartnäckiges Gerücht, aus dem die heutige Black-Rock-Legende gesponnen wurde, ist der angeblich große Dienst, den das Unternehmen dem Vaterland während der Krise erwiesen haben soll. Der scheidende Finanzminister Paulson nannte Larry Fink in diesem Zusammenhang sogar einen »großen Patrioten«[12]. Doch so uneigennützig waren BlackRocks Dienste keinesfalls. Zum einen ließ BlackRock sich seine Dienste ordentlich bezahlen – wie viel Geld BlackRock insgesamt bekam, ist heute noch Verschlusssache. Zum anderen haben die Ratschläge von Larry Fink nicht zuletzt seinem eigenen Unternehmen genützt. Die monetäre Seite ist dabei noch der kleinste Vorteil.

Viel wichtiger war, dass BlackRock im Laufe der Krise so ziemlich jedes nur denkbare Portfolio der Wall-Street-Giganten durchleuchtet hat und tiefe Einblicke in die Operationen der staatlichen Rettungsprogramme bekam. Vor der Krise gerierte sich BlackRock gerne als allwissende Instanz der Wall Street. Nach der Krise verfügte das Unternehmen tatsächlich über so viel Herrschafts- und Insiderwissen wie wohl kein anderes privates Unternehmen in der Geschichte. Dieses Wissen ließ sich gewinnbringend nutzen, und BlackRock nutzte diesen Vorsprung vor der Konkurrenz in den Folgejahren gnadenlos aus.

Während die Weltwirtschaft in Folge der Zockereien im Finanzcasino am Rande des Abgrunds stand und auch in den USA Millionen Haushalte finanzielle Einbußen hinnehmen mussten, kosteten die Rettungsprogramme den amerikanischen Steuerzahler summa summarum keinen einzigen Cent. Im Gegenteil. Die Abwicklung der Bear-Stearns- und AIG-Papiere im Rahmen der Maiden-Lane-Operationen erbrachte einen Gewinn in Höhe von zwölf Milliarden US-Dollar[13]. Zwar gingen einige mit Steuergeldern gestützten Banken pleite und zahlreiche toxische Papiere erwiesen sich als wertlos. Doch diese Verluste konnten durch Gewinne in anderen Bereichen ausgeglichen werden. Unter dem Strich hat das TARP sogar einen – wenn auch kleinen – Gewinn erwirtschaftet[14]. Hat BlackRock also den Steuerzahler mit seinen überlegenen Analysen gerettet? Nein, so einfach ist es nicht.

Die Immobilienpreise in den USA stürzten zwar während der Krise ins Bodenlose, stabilisierten sich aber 2010 wieder und konnten 2016 schon wieder das Vorkrisenniveau erreichen. Dank der billionenschweren Konjunkturprogramme – die für den Steuerzahler die eigentlichen Krisenkosten sind – konnte die Realwirtschaft sich auch relativ schnell wieder erholen, sodass die Zahl der Hypothekenausfälle begrenzt werden konnte. Auch wenn ein Teil der toxischen Papiere in betrügerischer Absicht so konstruiert worden war, dass sie im Grunde wertlos waren, war der Großteil der forderungsbesicherten Papiere ja immer noch durch den zugrunde liegenden Wert gedeckt. Diese Papiere waren nie wertlos, der Markt für sie war lediglich zusammengebrochen, da niemand wusste, wie sie im Detail strukturiert waren und wie viele toxische Bestandteile wirklich in ihnen schlummerten. Das hätte man schlicht aussitzen können. Das größte Problem während der Krise war jedoch, dass die Banken und Fonds ihre Buchverluste durch Verkäufe von Aktiva deckeln mussten, es aber keine Käufer gab und der Preis für diese Papiere dadurch förmlich implodierte. Die von BlackRock gemanagten Zweckgesellschaften hatten keinen Zeitdruck und konnten die toxischen Papiere in aller Ruhe abwickeln. Das hat der Konzern sicherlich recht ordentlich hinbekommen – ein Hexenwerk war dies jedoch nicht.

Nichtsdestotrotz war nun die Legende des genialen Krisenmanagers geboren, und Larry Fink verstand es vortrefflich, aus diesem Image Kapital zu schlagen. Während die Konkurrenz noch in Schockstarre verharrte, ging BlackRock gestärkt aus dem Krisenjahr 2008 hervor und sollte schon im nächsten Jahr zum ganz großen Schlag ausholen und in eine Branche eindringen, die BlackRock heute zusammen mit einem weiteren amerikanischen Finanzgiganten beherrscht – Vanguard.

Vanguard: Die Investment-Genossen

Wer durch das Gewerbegebiet des kleinen Dreitausend-Seelen-Städtchens Malvern im US-Bundesstaat Pennsylvania fährt, wird nicht ahnen, was sich hinter der Fassade des zweistöckigen Zweckgebäudes an der Cedar Hollow Road verbirgt. Hier, nahe am Interstate Highway 202 und fast eine Stunde Autofahrt von Philadelphia entfernt, schlägt das Herz des zweitgrößten Vermögensverwalters der Welt. Während die Konkurrenz in den repräsentativen Hochhausfluchten der Wall Street Besucher mit ihren edlen Glasfassaden und pompösen Lobbys beeindruckt, gibt sich die Vanguard Group betont bescheiden.

Und diese Bescheidenheit ist bei Vanguard Programm. Während der Branchenprimus BlackRock durch die meist kritische Berichterstattung in den Medien zumindest informierten Zeitgenossen durchaus ein Begriff ist, zucken selbst Informierte meist mit den Schultern, wenn man sie auf Vanguard anspricht. Von den 280 Sprachversionen der Wikipedia haben lediglich zwölf einen Eintrag für Vanguard – der deutschsprachige Wikipedia-Eintrag umfasst dabei gerade einmal drei schmale Absätze. Im Archiv des gedruckten *Spiegel* gibt es gerade einmal acht Einträge, die Vanguard jedoch auch nur am Rande erwähnen – BlackRock kommt immerhin auf 54 Einträge, Goldman Sachs sogar auf 625.

Dabei sind die Zahlen, mit denen Vanguard auftrumpfen kann, geradezu gigantisch. Der Vermögensverwalter hat nach eigenen Angaben 30 Millionen Kunden in 170 Ländern. Zurzeit verwaltet Vanguard weltweit mehr als 5,6 Billionen US-Dollar[1]. Damit liegt das Unternehmen nur noch knapp hinter dem Branchenprimus

BlackRock mit seinen 6,8 Billionen US-Dollar. Es ist jedoch nur eine Frage der Zeit, bis Vanguard BlackRock als größten Finanzkonzern der Welt überholt. In den letzten Jahren ist BlackRock nach Angaben des Branchendienstes Morningstar[2] im Schnitt um acht Prozent pro Jahr gewachsen. Vanguard wuchs hingegen mit 19 Prozent pro Jahr. Setzt sich dieser Trend fort, wird Vanguard bereits 2021 der weltgrößte Vermögensverwalter sein.

Bescheidenheit und Bodenständigkeit ist auch das nach außen transportierte Motto der Firmenspitze. Seit 2017 wird das Unternehmen von Mortimer »Tim« Buckley geführt. Der heute 50-jährige Buckley startete bereits 1991, gleich nach dem Uni-Abschluss, seine Berufskarriere bei Vanguard als Assistent des Firmengründers John Bogle und ist dem Unternehmen seitdem in verschiedenen Positionen treu. Während sich die Stars der Branche Luxusjachten (Jim Simons), den FC Liverpool (John W. Henry) oder eine Sammlung mit van Goghs, Cézannes und Gauguins (Steven A. Cohen) kaufen, gibt sich Buckley betont bescheiden. »Wenn Sie Vanguard führen, musst man bereit sein, niemals Milliardär zu werden«, sagte Buckley einmal in einem seiner wenigen Interviews dem Philadelphia *Inquirer*[3]. Amüsant, so etwas von einem Multimillionär zu hören, der nach Branchenschätzung laut *Bloomberg*[4] mit einem Jahresgehalt von mehr als zehn Millionen US-Dollar sicherlich kein Sozialfall ist. Wenn für den Rest der Branche Klappern zum Handwerk gehört und alles stets etwas pompöser und schillernder als bei der Konkurrenz sein muss, gehört in Malvern, Pennsylvania das Understatement zur Firmenkultur. Schließlich wurden die ganzen Jachten, Sportklubs und Gemälde ja eigentlich nicht von den Stars der Finanzbranche bezahlt, sondern von deren Kunden. Und wenn es einen Finanzkonzern gibt, der sich als Robin Hood der Branche geriert und das Wohl des Kunden in seiner Öffentlichkeitsarbeit in den Mittelpunkt stellt, dann sind dies die Investmentgenossen von Vanguard.

John Bogle – Vanguards Steuermann

»Wenn man jemals eine Statue für denjenigen, errichten sollte, der am meisten für die amerikanischen Kleinanleger getan hat, wäre Jack Bogle der einzig denkbare Kandidat.« Das schrieb niemand anderes als die Investmentlegende Warren Buffett im Jahre 2017 in einem Brief an die Kunden der von ihm geführten Investmentfirma Berkshire Hathaway. Wer ist dieser Jack Bogle?

John Clinton »Jack« Bogle wurde 1929 als Sohn einer klassischen amerikanischen Mittelstandsfamilie in Montclair, New Jersey geboren. 1929 war auch das Jahr, an dem der »Schwarze Donnerstag« als folgenreichster Börsencrash der Geschichte die Weltwirtschaftskrise auslöste. Auch Bogles Familie gehörte zu deren Opfern. Seine Eltern verloren all ihre Ersparnisse und mussten ihr Haus verkaufen. Sein Vater verfiel daraufhin dem Alkoholismus und die Ehe seine Eltern ging in die Brüche. Bereits als Zehnjähriger musste der kleine Jack zum kargen Einkommen seiner Mutter beitragen, indem er sich als Zeitungsjunge ein paar Dollar verdiente.

Die persönliche Erfahrung, wie der Verlust sämtlicher Ersparnisse Familien in den Ruin treiben kann, prägte John Bogle zeitlebens. Als Schüler bewies der junge Jack ein großes Talent für Mathematik und durfte dank Stipendien zunächst an der angesehenen Blair Academy und später sogar an der Eliteuniversität in Princeton Ökonomie studieren. Sein Taschengeld verdiente er sich neben dem Studium als Kellner in einer Kantine. Ja, damals gab es den viel zitierten Weg vom Tellerwäscher zum Millionär tatsächlich.

1951 graduierte Bogle in Princeton mit magna cum laude und trat nach dem Studium einen Job als Assistent in der Investmentabteilung des Vermögensverwalters Wellington Management an. Dessen Gründer Walter L. Morgan, der weder verwandt noch verschwägert mit dem Wall-Street-Tycoon J. P. Morgan ist, gilt heute als der Erfinder offener Investmentfonds. Sein 1928 gegründeter Wellington Fund gilt heute als der älteste noch bestehende Investmentfonds der Welt. Seit 1929 hat der Fonds übrigens eine durchschnittliche Rendite von 8,3 Prozent erzielt – ein Ergebnis, das auch die meisten »innovativen« Fonds jüngerer Jahre in den Schatten stellt.

Der Wellington Fonds ist ein offener Mischfonds. Das heißt, Anleger können jederzeit Anteile an diesem Fonds kaufen oder verkaufen. Der Fonds investiert das Geld seiner Anleger zu einem festgelegten Teil in Aktien großer Unternehmen – sogenannte Standardwerte oder »Blue Chips« – und zu einem anderen Teil in festverzinsliche Anleihen. Die Idee dahinter ist ein Mix aus Sicherheit und Ertrag. Erwarten die Fondsmanager prosperierende Zeiten, schichten sie einen größeren Teil der Anlagen in Aktien um, um ihre Anleger an den steigenden Kursen teilhaben zu lassen. Erwarten sie magere Zeiten, schichten sie die Anlagen indes in festverzinsliche Wertpapiere um, um die angelegten Gelder ohne große Einbußen zu bewahren.

Bogles Aufgabe bei Wellington bestand darin, Methoden dafür zu definieren, wann und in welchem Umfang umgeschichtet und welche Papiere gekauft und verkauft werden sollten. Bei seiner Arbeit entdeckte Bogle dabei ein Phänomen, das seine spätere Tätigkeit maßgeblich beeinflussen sollte. Während alle Anleger und Fondsmanager auf der Jagd sind, sich zum richtigen Zeitpunkt die richtigen Aktien auszusuchen, schaffen es auf lange Sicht nur die allerwenigsten, dabei ein Ergebnis zu erzielen, das besser als der Durchschnitt ist. Hinzu kommt, dass an den ständigen Käufen, Verkäufen und Umschichtungen vor allem der Finanzsektor verdient. Denn Banken und Broker verdienen bekanntlich über ihre Ordergebühren nicht schlecht. Bezahlt werden diese Gebühren im Fondsgeschäft aber letztlich von den Anlegern, da sie zulasten des Fondskapitals gehen.

»Der Weg zum Reichtum für die Leute im Finanzgeschäft besteht darin, ihre Kunden davon zu überzeugen, dass sie nicht nur zuschauen sollten, sondern aktiv werden«, brachte John Bogle seine Philosophie einmal auf den Punkt. »Aber der Weg zum Reichtum für die Kunden besteht in dem genauen Gegenteil: Tun Sie nichts, stehen Sie einfach nur da.«

In den 1950er- und 1960er-Jahren war die Zeit jedoch noch nicht reif, Bogles Ideen auch in die Praxis umzusetzen. Seinen Job bei

Wellington machte er dennoch gut und setze sich dort im Laufe der Jahre gegen die Altvorderen durch. Später durfte er sogar unter dem Dach von Wellington seinen eigenen Investmentfonds auflegen. Als Firmengründer Walter L. Morgan 1970 mit 72 Jahren seinen Schreibtisch räumte, war es dann auch John Bogle, der fortan als neuer Verwaltungspräsident die Geschicke des Unternehmens leiten sollte. Doch ausgerechnet zu diesem Zeitpunkt holte Bogle seine erste große Fehlentscheidung ein.

In den 1960er-Jahren geriet Wellington in unruhiges Fahrwasser. Fast die kompletten Kundenanlagen waren damals im Wellington Fond, der als Mischfonds sowohl in Aktien als auch in Anleihen investierte. Die frühen 1960er-Jahre waren jedoch von einem Boom an der Börse und einem schwierigen Umfeld für festverzinsliche Anleihen geprägt, in dem Zinserträge oft kaum mit der allgemeinen Preissteigerung mithalten konnten. In der Folge zogen immer mehr Sparer ihre Gelder aus dem Wellington Fond ab und investierten in aggressive Aktienfonds, die in diesen Jahren Traumrenditen erzielen konnten[5]. John Bogle erkannte das Problem und wich 1966 als Vizepräsident von seiner eigenen Philosophie ab und empfahl Morgan gegen den Widerspruch anderer leitender Wellington-Mitarbeiter einen Zusammenschluss von Wellington mit der Bostoner Investment-Firma Thorndike, Doran, Paine & Lewis. Die Bostoner waren in diesen Tagen die Glücksritter der Finanzbranche, und Bogle erhoffte sich, dass sie mit ihren aggressiven Produkten eine sinnvolle Ergänzung zum konservativen Wellington Fonds liefern könnten und Wellingtons Management frische Anlegergelder bescheren würden. Doch es kam anders.

Ab 1972 brachen die Börsenkurse in den USA wieder ein. Wellington geriet nun mit seinen neuen aggressiven Produkten und auch mit dem konservativen Wellington Fonds in Schieflage[6]. Zwischen 1965 und 1973 musste Wellington nun in Summe einen Abzug der Anlegergelder von zwei Milliarden US-Dollar auf nur noch 480 Millionen US-Dollar verzeichnen. Die Gewinne brachen ein, und der Aktienkurs von Wellington ging von 50 US-Dollar auf 4,25 US-Dollar zurück. Bogle, der damals noch als Vizepräsident den fatalen

Zusammenschluss mit Thorndike, Doran, Paine & Lewis verantwortet hatte, musste gehen. 1974 feuerte ihn der Aufsichtsrat von Wellington.

In seinen Memoiren schrieb Bogle[7]: »Das war ein herzzerreißender Moment – um genau zu sein, der bis dahin erste herzzerreißende Moment meiner gesamten beruflichen Karriere.«

Hätte John Bogle damals auf seinen Arzt gehört, hätte er sich wohl in den Ruhestand verabschieden müssen. Bereits mit 30 Jahren erlitt Bogle seinen ersten Herzinfarkt. Sein Arzt riet ihm damals, den Job an den Nagel zu hängen und sich spätestens mit 37 Jahren zur Ruhe zu setzen. Doch Bogle machte weiter und wechselte den Arzt. Fünf weitere Herzinfarkte, drei Herzschrittmacher und eine Herztransplantation im Alter von 84 Jahren sollten folgen[8].

Anstatt sich zur Ruhe zu setzen, stürzte Bogle sich in den nächsten Monaten mit frischem Elan in ein neues Projekt, dessen Folgen er damals noch nicht einmal im Traum erahnen konnte. 1974 gründete Bogle die Vanguard Company, ein eigenes Finanzunternehmen, in dem er seine Philosophie verwirklichen konnte.

Der Name Vanguard geht auf die HMS Vanguard zurück, mit der Admiral Nelson in den Napoleonischen Kriegen in der Schlacht am Nil 1798 die französische Flotte besiegte. Auch die Firmengebäude in Malvern sind nach britischen Kriegsschiffen aus dieser Periode benannt – Majestic, Goliath und Victory. Offenbar hatte John Bogle einen besonderen Spleen für diese Periode. Vielleicht wollte er mit dem Namen aber auch nur ein Band zu seinem ehemaligen Arbeitgeber herstellen, dessen Namenspatron, der Duke of Wellington, in den Napoleonischen Kriegen die Franzosen bei Waterloo an Land vernichtend geschlagen hat.

Bogles Schnapsidee

Wenn John Bogle der Vater der Indexfonds war, die heute einen Großteil der Weltwirtschaft beherrschen, muss Paul Samuelson wohl als dessen Geburtshelfer gelten. Einer breiteren Öffentlichkeit wurde der 1914 geborene Ökonom Paul Samuelson vor allem dadurch bekannt, dass er 1970 Träger des Preises für Wirtschaftswissenschaften der schwedischen Reichsbank in Gedenken an Alfred Nobel wurde – ein Preis, der in den Medien immer wieder fälschlicherweise als »Wirtschaftsnobelpreis« bezeichnet wird. Samuelson war jedoch auch Wirtschaftsberater von Kennedy und Johnson. In der wirtschaftspolitischen Debatte hat Samuelson jedoch vor allem dadurch Spuren hinterlassen, da er sich in den 1960er- und 1970er-Jahren in den Medien als großer Gegenspieler von Milton Friedman inszenierte und sich in seinen *Newsweek*-Kolumnen eine offene Schlacht um die volkswirtschaftliche Deutungshoheit lieferte.

Milton Friedman gilt neben Friedrich Augst von Hayek als der maßgebliche Wegbereiter eines Wirtschaftsliberalismus, den wir heute meist als Neoliberalismus bezeichnen. Friedman prägte die Theorie der selbstregulierenden freien Märkte, die umso besser funktionieren, je mehr Freiheiten man ihnen gibt. Staatliche Eingriffe waren für ihn Gift, und die Idee einer staatlichen Steuerung der Märkte lehnte er von Grund weg ab. Seine Ideologien wurden erstmals Mitte der 1970er-Jahre in der Pinochet-Diktatur in Chile von den sogenannten Chicago-Boys umgesetzt – einer Gruppe von chilenischen Ökonomen, die zum größten Teil bei Friedman an der University of Chicago studiert hatten und nun die Lehren ihres Spiritus Rector in die Tat umsetzten. Die Ergebnisse waren verheerend und sollten 2019 in Chile zu den größten Massenprotesten führen, die Südamerika je gesehen hat.

Das schleichende Gift von Friedmans Theorien setzte sich später unter den Friedman-Anhängern Ronald Reagan in den USA und Margaret Thatcher in Großbritannien durch und bildete auch die theoretische Grundlage von Gerhard Schröders Agenda-Politik in Deutschland. Der versprochene Effekt blieb jedoch in allen Ländern aus. Insbesondere die Theorie der selbstregulierenden Märkte stellte sich spätestens mit der Finanzkrise von 2008 als ideologische Fehllehre heraus. In einem seiner letzten Interviews[9] trat Paul Samuelson noch einmal genüsslich gegen seinen Lieblingsfeind aus: »Ich wünschte mir, dass Friedman noch leben würde und nun mit seinen eigenen Augen sehen könnte, wie sein Extremismus zur Niederlage seiner eigenen Ideen geführt hat«.

An dieser Stelle sollte jedoch nicht unterschlagen werden, dass auch Samuelson unter progressiven Ökonomen keinesfalls unumstritten ist. Er selbst bezeichnete sich als »Kaffeehaus-Keynesianer«, der einzelne Aspekte aus verschiedenen wirtschaftstheoretischen Schulen miteinander in Einklang bringen wollte. Dabei stieß er zeitlebens nicht nur auf offene Feindschaft im Lager der Neoklassiker und Libertären, sondern machte sich auch bei progressiven Ökonomen wie John Kenneth Galbraith, mit dem er sich ebenfalls in einem Dauerclinch befand, keine Freunde.

Unabhängig davon, wie man die mikro- und makroökonomische Arbeit von Samuelson bewertet, ist sein vergleichsweise simpler Beitrag zur Investmentstrategie doch weitestgehend unstrittig. »Investieren sollte eher so sein, als ob man der Farbe beim Trocknen oder dem Gras beim Wachsen zuschaut. Wenn du Unterhaltung suchst, nimm 800 Dollar und fahr' nach Las Vegas.« Was Jack Bogle bereits empirisch bei Wellington feststellte, fasste Samuelson in eine wissenschaftliche Hülle. Nur wenige Investoren schneiden langfristig besser ab als der Markt als Ganzes. Spekulanten, die ständig ihr Portfolio umschichten, sollten »lieber verschwinden und stattdessen das Klempnerhandwerk erlernen, Griechisch unterrichten oder dabei helfen, das Bruttosozialprodukt dadurch zu steigern, dass sie in Unternehmen echter Arbeit nachgehen«.

In einem Essay für das *Journal of Portfolio Management* regte Samuelson 1974 an, doch einen Investmentfonds aufzulegen, der ganz einfach die Ergebnisse des umfassenden US-Aktienindexes S&P 500 nachbildet. Ein solcher Fonds sollte günstiger als die bisherigen Fonds sein und außerdem auch höhere Gewinne einbringen. Interessanterweise wurde der Mann, der heute als Vordenker von passiven Index-Fonds gilt, dennoch mit einem aktiven Fonds reich. Laut *Wall Street Journal*[10] investierte Samuelson 1970, also in dem Jahr, in dem er von der Schwedischen Reichsbank ausgezeichnet wurde, seine persönlichen Ersparnisse in den aktiv gemanagten Berkshire Hathaway Fund der späteren Investmentlegende Warren Buffett.

1970 kostete ein Fondsanteil 44 US-Dollar. Heute notiert der Preis bei 290 000 US-Dollar. Ein aufmerksamer Leser von Samuelsons Essay war John Bogle.

Die Idee, einen Fonds aufzulegen, der sich ganz einfach am Durchschnitt aller Aktien orientiert und nicht den Anspruch erhebt, besser als der Markt zu sein, entsprach genau der Philosophie des Vanguard-Gründers. Bogle nahm Samuelson beim Wort und stellte 1976 den ersten Indexfonds der Welt vor. Als Paul Samuelson vom Fonds hörte, schrieb er in seiner Kolumne in der *Newsweek*, dass seine Gebete früher erhört wurden, als er es zu hoffen gewagt habe, und stieg als einer der ersten Investoren bei Bogle ein. Laut seinen Söhnen Paul und William investierte Samuelson seit diesem Zeitpunkt nie wieder in einzelne Aktien[11]. 2005 sollte Samuelson die Innovation von Bogle in einer Rede in eine Reihe mit der Erfindung des Rads, des Alphabets und des Buchdrucks stellen – was dann aber doch schon ein wenig übertrieben ist.

Bogles »Baby« war der Vanguard 500 Index Fund, der ganz einfach die Kundengelder dafür verwendet, die Aktien der Unternehmen, die im S&P 500 Index vertreten sind, gemäß deren Gewichtung im Index zu kaufen. Zieht man die vergleichsweise geringen Kosten für die Fondsgesellschaft und die Maklergebühren ab, sollte sich dieser Fonds dann 1:1 mit dem S&P 500 Index entwickeln.

Im August 1976 ahnte kaum jemand, dass Bogles neuer Fonds Geschichte schreiben würde. Im Gegenteil. Als der Fonds aufgelegt wurde, gehörte er zu den erfolglosesten Neuzeichnungen in der langen Geschichte der Wall Street. Statt der angepeilten 250 Millionen US-Dollar konnte Vanguard bei der Erstzeichnung lediglich Fondsanteile in Höhe von enttäuschenden 11,3 Millionen US-Dollar einsammeln und verfehlte damit sein Ziel um ganze 95 Prozent. In den ersten acht Jahren zog der Fonds im Schnitt lediglich 16 Millionen US-Dollar frisches Anlegerkapital an. In Wall-Street-Kreisen machte damals der Begriff »Bogle's Folly« (also: Bogles Schnapsidee) die Runde. An den späteren Giganten Vanguard war damals noch nicht einmal im Traum zu denken.

Die hämischen Kommentare der Wall-Street-Giganten ließen nicht lange auf sich warten. »Ich kann nicht glauben, dass die breite Masse der Investoren ein Interesse daran haben wird, sich lediglich mit einem durchschnittlichen Ergebnis zufriedenzugeben. Die Devise lautet, der Beste zu sein«, ließ der damalige Chef von Fidelity Investment arrogant verkünden. Eine Fehleinschätzung, die sich später rächen sollte. Alleine 2018 flossen laut dem Branchendienst Morningstar rund 624 Milliarden US-Dollar in passive Fonds – davon alleine 230 Milliarden US-Dollar in die Fonds von Vanguard. Den aktiven Fonds flossen hingegen lediglich 32 Milliarden US-Dollar zu. Nachdem auch die Kunden in Scharen von den aktiv gemangten Fonds von Fidelity zur passiv gemanagten Konkurrenz überliefen, platzierte das Unternehmen im letzten Jahr gleich sechs Indexfonds am Markt – zu Kampfpreisen und ohne hohe Mindestanlagesummen.

Damals bekämpfte die Finanzindustrie die Idee eines Indexfonds vehement. An ihren aktiven Fonds verdiente sie gut und hatte kein Interesse an einer günstigen Konkurrenz durch passive Fonds. Das Konzept, nur durchschnittliche Ergebnisse anzustreben, wurde gar als »unamerikanisch« gebrandmarkt.

Doch Bogles neuer Fonds erwies sich langfristig als gutes Investment. Seit seiner Gründung im Jahr 1976 konnte er im Durchschnitt[12] eine jährliche Rendite von stolzen elf Prozent erzielen. Wer John Bogle damals 12 000 US-Dollar anvertraut hatte, wäre heute – wenn man einmal die Steuern außer Acht lässt – Millionär. Aus finanzieller Sicht kann der Durchschnitt auch ziemlich sexy sein.

Bogle verstarb im Januar 2019 im Alter von 89 Jahren an den Folgen von Speiseröhrenkrebs. Medienberichten zufolge hat er seinen Nachkommen 80 Millionen US-Dollar hinterlassen. Das ist für Normalsterbliche freilich eine riesige Summe. In einer Branche, in der Stars, wie James Simons (Renaissance Technologies) oder Ray Dalio (Bridgewater Associates) Einkommensmilliardäre sind[13] und auf ein zweistelliges Milliardenvermögen geschätzt werden und auch BlackRocks Chef Larry Fink bereits in den Olymp der Milliardäre aufgestiegen ist, erscheint Bogles Nachlass geradezu bescheiden.

Vanguards Innovation – der Indexfonds

»Investiere so effizient wie möglich und nutze dafür kostengünstige Fonds, die man lebenslang halten kann. Renne nicht der Performance hinterher, sondern kaufe lieber breit aufgestellte Index- oder Anleihenfonds, bei denen der Anleihenanteil ungefähr deinem Lebensalter in Jahren entspricht.«

John Bogle[14]

Wenn normale Bürger als Kleinaktionäre ihre ersten eigenen Gehversuche an der Börse machen, merken sie meist schnell, dass der eigentliche Gewinner ihres munteren Treibens nicht sie selbst, sondern ihre Bank ist. In Deutschland bezahlt man bei typischen Online-Brokern rund fünf Euro pro Order plus einer Provision in Höhe von 0,25 Prozent des Ordervolumens. Wenn ein Kleinsparer also ein Aktienpaket für 1 000 Euro kauft und wieder verkauft, fallen automatisch schon einmal 15 Euro Gebühren an – das sind 1,5 Prozent. Das ist sicherlich zu verschmerzen, wenn man dieses Paket lange hält und die Entwicklung positiv ist. Wenn man sich aber von der Börsenberichterstattung in den klassischen und alternativen Medien anfixen lässt und sein Depot stetig umschichtet, muss man schon ein extrem glückliches Händchen haben, um überhaupt in die Gewinnzone zu kommen. Wer sein 1 000-Euro-Paket pro Quartal dreimal umschichtet, bezahlt dafür in einem Jahr stolze 180 Euro Gebühren. Er müsste also mit seinen Aktien schon 18 Prozent Gewinn machen, um überhaupt auf eine schwarze Null zu kommen. Dass viele Banken ihre Kunden nur allzu gerne auf solche Angebote aufmerksam machen, versteht sich von selbst. Die Bank gewinnt – immer. Und je aktiver ihre Kunden sind, desto größer ist der Gewinn der Bank.

Das gleiche Prinzip gilt auch für Aktienfonds. Selbstverständlich fallen für derartige Großkunden keine derart hohen Gebühren an. Eine Maklergebühr wird jedoch in jedem Fall fällig. Je aktiver ein Fonds am Markt agiert und umso nervöser er die Aktien aus seinem Portfolio umschichtet, desto höher sind die Kosten. Und diese Kosten werden letzten Endes natürlich vom Kunden getragen und bilden sich negativ in der Rendite des jeweiligen Fonds ab.

Hinzu kommt das Problem der Timing-Strategie. Wenn man sich Aktienkurse mit ihrem ewigen Auf und Ab anschaut, ist es im Nachhinein natürlich immer einfach, die richtigen Zeitpunkte herauszusuchen, an denen man in eine Aktie hätte einsteigen oder auch wieder aussteigen müssen. Doch in der Realität gelingt es nur sehr wenigen Akteuren, das richtige Timing zu finden. Und hier unterscheiden sich Kleinanleger auch nicht großartig von den bestens bezahlten Profis, die Aktienfonds managen.

Untersuchungen ergaben,[15] dass es innerhalb eines Zeitraums von zehn Jahren nur einem Zehntel der Fondsmanager gelingt, einen besseren Ertrag zu erzielen als der Aktienmarkt als Ganzes. Nach einer Auswertung des *Handelsblatts*[16] erreichten 2017 unter den aktiven deutschen Aktienfonds immerhin 39 Prozent einen niedrigeren Ertrag als der Gesamtmarkt. Mit längerer Zeitdauer steigt diese Misserfolgsquote und erreicht nach zehn Jahren etwa 75 Prozent. Noch schlechter sieht die Bilanz bei internationalen Aktienfonds aus. Dort lagen nach einem Jahr mit 54 Prozent mehr als die Hälfte unter dem Weltaktienindex MSCI World. In zehn Jahren lagen 99 Prozent aller Fonds unter dem Index. Nur jeder hundertste Fonds hat also den Index tatsächlich geschlagen. Ähnlich mager ist die Rate bei Fonds, die sich auf die USA oder auf Schwellenländer spezialisiert haben. Dort lagen nach einem Jahr 71 beziehungsweise 72 Prozent unter dem Index, während nach zehn Jahren 98 beziehungsweise 97 Prozent ein schlechteres Ergebnis lieferten als die jeweiligen Vergleichsindizes.

Auf kurze Sicht ist die Jagd, den Durchschnitt zu schlagen, ein Nullsummenspiel. Mal liegt der eine Fonds über dem Durchschnitt, mal der andere. Was immer anfällt, sind die Gebühren, die sich als Kosten negativ auf die Rendite auswirken. Langfristig schafft es daher fast kein Fondsmanager, den Durchschnitt zu schlagen. Genau hier setzt Bogles »unamerikanische Idee« an, die ganze Sache mit dem Wettkampf, wer denn wie den Durchschnitt schlagen kann, doch lieber sein zu lassen und sich stattdessen mit dem Durchschnitt zufriedenzugeben. Genau dies ist Ziel eines Indexfonds.

Ein Indexfonds kauft mit den Kundengeldern die Aktien der Unternehmen, die den Index abbilden. Und dies kapitalgewichtet, also genau in der Zusammensetzung. Wenn im Dax also der Softwarehersteller SAP mit 9,18 Prozent und die Deutsche Post mit 3,01 Prozent gewichtet sind, muss ein Indexfonds, der den Dax abbildet, genau 9,18 Prozent seiner Anlagen in SAP-Aktien und 3,01 Prozent in Aktien der Deutschen Post investieren. Ohne Blick auf die Verwaltungskosten des Fonds wird sich dessen Wert dann parallel zum Dax bewegen. Die Zusammensetzung des Fonds ändert sich in Relation nie. Aufgabe des Fondsmanagers ist es lediglich, bei zufließenden Kundengeldern kapitalgewichtet neue Aktien zu kaufen und bei abfließenden Kundengeldern diese Aktien wieder kapitalgewichtet zu verkaufen. Diese Aufgabe kann in der Praxis auch ein computergesteuerter Algorithmus übernehmen. Daher werden solche Indexfonds auch als passive beziehungsweise nicht gemanagte Fonds bezeichnet.

Bei aktiven Fonds sieht dies gänzlich anders aus. Fondsmanager gehören beileibe nicht zu den Geringverdienern der Finanzbranche, und die ganzen mal mehr mal weniger sinnvollen Analysen, welche Aktie denn nun zu welchem Zeitpunkt ge- oder verkauft werden soll, schlagen ebenfalls ins Geld. Hinzu kommen die bereits genannten Transaktionskosten sowie der Ausgabeaufschlag, und da diese Fonds meist über Vermittler wie Banken oder Finanzberater vertrieben werden, fallen auch noch teils happige Provisionen an. Summa summarum fallen bei aktiven Fonds unabhängig von den Einmalgebühren auch noch zwischen einem und drei Prozent Kosten an, die in den Prospekten der Anbieter als Gebühren kaschiert werden und jährlich fällig werden. Ein aktiver Fond, der zwei Prozent Gebühren erhebt, muss also mindestens zwei Prozent Rendite am Markt erwirtschaften, um seinem Besitzer keinen Verlust zu bringen.

Kostenlos sind Indexfonds jedoch auch nicht. Hier liegen die durchschnittlichen Kosten bei knapp 0,4 Prozent. Irgendwer muss schließlich die Mitarbeiter und Büros der Fondsgesellschaften bezahlen, und Gewinne wollen meist auch noch erzielt werden – eine 1:1-Abbildung der Indizes ist also in der Theorie so gar nicht möglich. In der Praxis fallen die Gebühren für passive Indexfonds jedoch vergleichsweise niedrig aus. Schließlich müssen keine Fondsmanager bezahlt werden, und große Transaktionskosten fallen hier auch nicht an.

Ein bisschen Aldi, ein bisschen Amazon, ein bisschen Volksbank

Heute gibt es Hunderte Anbieter von Indexfonds, dennoch machen die »großen Drei« – Vanguard, BlackRock und StateStreet – mehr als 80 Prozent des Marktanteils aus. Alleine Vanguard hat dabei einen Marktanteil von mehr als 50 Prozent. Diese Marktkonzentration ist kein Zufall, und Vanguard gibt durch sein Preismodell hier den Takt an.

Bei Indexfonds und den mit ihnen verwandten, als Aktien handelbaren ETFs gilt nämlich vor allem eins: Die Größe zählt. Betriebswirte sprechen in diesem Zusammenhang von Skaleneffekten. Was kompliziert klingt, ist eigentlich ganz einfach. Ein Großteil der Kosten eines passiven Indexfonds sind Fixkosten. Ob ein Computersystem samt der wenigen dafür nötigen Mitarbeiter nun einen Indexfonds mit einer Million oder einer Billion Euro Kundeneinlagen verwaltet, macht auf der Kostenseite keinen besonders großen Unterschied. Wenn Geld in den Fonds fließt, wird kapitalgewichtet gekauft, fließt Geld ab, wird verkauft. Das ist keine Hexerei.

Wenn die Fixkosten nahezu unabhängig vom Volumen des Fonds und die variablen Kosten eher zu vernachlässigen sind, sinken die Gesamtkosten mit steigendem Fondsvolumen. Je größer ein Indexfonds ist, desto geringer sind dessen Verwaltungskosten. Und hier kann Vanguard als Branchenpionier seine Vorteile voll ausspielen. Heute verwaltet beispielsweise der Vanguard Total Stock Market Index Fund[17] , der kapitalgewichtet in alle börsennotierten Aktien der USA investiert, gigantische 827 Milliarden US-Dollar. Seine Verwaltungskosten liegen bei 0,14 Prozent. Die Gebühren der 13 von Vanguard Europa angebotenen an den Börsen handelbaren Indexfonds (ETFs) hat das Unternehmen erst im Herbst 2019 gesenkt[18] – auf 0,07 bis 0,22 Prozent. Die Gebühren sind damit im Schnitt weniger als halb so hoch wie bei vergleichbaren Produkten von BlackRock. Für Neueinsteiger ist es schwer bis unmöglich, diese Kosten zu unterbieten. Dennoch versuchen viele Anbieter genau dies.

Der Vermögensverwalter Fidelity, dessen damaliger Chef John Bogles Idee noch arrogant als Spinnerei bezeichnete, da echte Amerikaner nun mal nicht Durchschnitt, sondern stets die Besten sein wollten, will nun sogar verlorenes Terrain mit einem Indexfonds zum Nulltarif aufholen[19]. Wie das bei einem Unternehmen funktionieren soll, das Gewinn erzielen will und dessen Überbau auch nicht zum Nulltarif arbeitet, ist ein offenes Rätsel.

Das Erfolgsrezept von Vanguard ist so im weitesten Sinne mit dem Erfolgsmodell der deutschen Einzelhandelskette Aldi vergleichbar. Über seine schiere Größe, die damit verbundene Marktmacht und die Reduktion auf das Wesentliche hat Aldi das Geschäftsmodell des Discounters erfolgreich in Deutschland eingeführt und seine Gründer zeitweise sogar zu den reichsten Männern des Landes gemacht. Auch in puncto Bescheidenheit gibt es durchaus Parallelen zu den Pfennigfuchsern aus Essen-Schuir und den Kostendrückern aus dem Gewerbegebiet von Malvern, Pennsylvania. Es gibt jedoch auch eine weitere Parallele – was für die Kunden zumindest ökonomisch durchaus von Vorteil ist, kann durch die Marktkonzentration mit all ihrer Macht für die Gesellschaft als Ganzes schnell zu einem Nachteil werden, wie wir später auch im Falle Vanguard sehen werden.

Anders als seine Konkurrenten hat sich Vanguard zudem dem Direktvertrieb seiner Finanzprodukte verschrieben. Das ist ein mutiger Schritt, werden derartige Produkte doch oft von Bankberatern oder Vermögensverwaltern – von Maschmeyers Drückerkolonnen gar nicht zu reden – vertrieben, die nicht auf fester Honorarbasis, sondern auf Provisionsbasis bezahlt werden. Dem Kunden wird dann oft nicht das Produkt verkauft, das für den Kunden am vorteilhaftesten ist, sondern an dem der Vermittler am meisten verdient.

Dass solche Provisionsberater ihren Kunden ein Produkt von Vanguard empfehlen, an dem sie selbst nichts verdienten, ist nahezu ausgeschlossen, widerspricht es doch dem Geschäftsprinzip der Provisionsberatung. In Zeiten der Vergleichsplattformen im Internet hat sich dieser Nachteil jedoch indirekt zu einem Vorteil verwandelt. Wer keine üppigen Provisionen bezahlen muss, hat einen Kostenvorteil, der die jeweiligen Finanzprodukte im Vergleich zur Konkurrenz attraktiver macht.

Damit hat das Modell Vanguard den Mittelsmann im Finanzsystem überflüssig gemacht. Das ist vergleichbar mit dem Erfolgsmodell der Internetplattform Amazon, die de facto den Einzelhandel als Mittelsmann zwischen dem Hersteller beziehungsweise Importeur und dem Endkunden ausgeschaltet hat. Während dies bei Amazon durchaus ein gesellschaftliches und gesamtwirtschaftliches Problem darstellt, fällt es vergleichsweise schwer, den oft protzig auftretenden Bankern und Finanzberatern die Solidarität auszusprechen. Vor allem, wenn man im Hinterkopf behält, dass deren Provisionen letztlich vom Kunden selbst bezahlt werden und im Falle einer privaten Altersvorsorge mit einer Einbuße der Rücklagen einhergehen.

Neben der schieren Größe und der unorthodoxen Vertriebsmethode hat Vanguard noch ein anderes Alleinstellungsmerkmal, das in der Branche ziemlich einmalig ist und das wohl kaum jemand mit dem zweitgrößten Vermögensverwalter der Welt verbinden würde – der zweitgrößte Kapitalverwahrer der Welt ist keine Kapitalgesellschaft, sondern eine Genossenschaft. Vanguard gehört weder John Bogle beziehungsweise seinen Erben oder dem heutigen Firmenchef Mortimer Buckley und auch nicht anderen institutionellen Anlegern oder Aktionären, sondern den 30 Millionen Kunden von Vanguard. Daher ist Vanguard auch nicht gezwungen, Gewinne zu erwirtschaften, die als Kosten an die Kunden weitergereicht werden. Mehr noch – wie die deutschen Genossenschaftsbanken oder eine Mietgenossenschaft arbeitet Vanguard nach dem Prinzip der Kostendeckung. Für die Kunden – oder besser Mitglieder der Genossenschaft – heißt dies, dass die Kosten so proportioniert sind, dass am Ende kein Gewinn, sondern eine schwarze Null herausspringt. Und wenn doch einmal Gewinn erwirtschaftet werden sollte, wird dieser in Form von Kostensenkungen an die Anleger weitergereicht.

Hier ähnelt das Modell Vanguard am ehesten dem in Deutschland verbreiteten Modell der Genossenschaftsbanken. Auch die gehören als Genossenschaften ihren Kunden, die gleichzeitig Mitglieder der Genossenschaft sind. Freilich endet hier bereits die Parallele, da die Volksbanken im Konkurrenzkampf eher ein Problem durch ihre zu geringe Größe haben. Diese Probleme sind dem Giganten Vanguard fern.

Es ist schon bemerkenswert – das zweitgrößte und in seinen Wachstumsraten erfolgreichste Finanzunternehmen der Welt hat die Unternehmensform eines nicht gewinnorientierten Geschäftsbetriebs. Für die Götter der Wall Street ist dies der wohl größte Affront, den man sich nur denken kann. Entsprechend vehement wird Vanguard auch aus Kreisen der Finanzindustrie bekämpft. Vanguard hat mit seinem Geschäftsmodell schließlich die gesamte Branche auf den Kopf gestellt. Wenn Kunden scharenweise von den Goldeseln der Wall Street zu den Genossen aus Malvern, Pennsylvania abwandern, ist dies nicht weniger als eine Kriegserklärung an das Establishment der Finanzbranche.

Die nächste Kriegserklärung von Vanguard galt der Branche der Finanz- und Vermögensberater. 2015 führte Vanguard in den USA seinen eigenen Robo-Advisor ein[20]. Der »Vanguard Personal Advisor« ist eine hybride Mischung aus einer auf Algorithmen basierenden Internetplattform und menschlichen Finanzberatern. Wer beispielsweise seine Altersvorsorge durch den Robo-Advisor von Vanguard managen lassen will, muss zunächst ein einmaliges Beratungsgespräch mit einem echten Finanzberater aus dem Hause Vanguard führen. Der checkt dann zusammen mit dem Kunden die persönliche finanzielle Lage, die Ziele und etwaigen Besonderheiten ab. In den USA mit ihrem im Vergleich zu einigen europäischen Ländern wie Österreich rudimentären Rentensystem, das neben Pensionsfonds voll auf die private Altersvorsorge setzt, ist dies ein keineswegs abwegiges Prinzip. Wie lange muss ich arbeiten? Wie viel muss ich in welches Finanzprodukt anlegen, um meinen Kindern oder Enkeln ihre Universitätsausbildung zu finanzieren? Wie viel darf ich als Rentner bei dem jetzigen Marktumfeld ausgeben, um mit meiner Altersversorgung bis zum 90. Lebensjahr ohne große Abstriche auszukommen?

Auf all diese Frage soll der Robo-Advisor die richtigen Antworten geben. Nach der menschlich begleiteten Einführung übernehmen die Algorithmen. Sie analysieren wie BlackRocks Aladdin das Marktumfeld und angeblich sämtliche für die Investmententscheidungen relevanten Daten und Meldungen und geben den Anlegern dann die Marschrichtung vor, die nach Ansicht der Algorithmen nötig ist, um die vorher definierten Ziele zu erreichen. So soll der Robo-Advisor beispielsweise das Problem der richtigen Timing-Strategie optimieren und dem Anleger je nach konjunkturellem Umfeld und dem Zustand der Aktien- und Anleihenmärkte zur passenden Lebenszeit stets die optimale Mischung aus Aktien- und Anleihenfonds an die Hand geben. Optimal sind für den Vanguard Personal Advisor dafür natürlich nur Produkte aus dem Hause Vanguard. Ob dies wirklich funktioniert, muss sich jedoch erst noch zeigen. Seit Start des Robo-Advisors 2015 waren die Finanzmärkte in einem relativ ruhigen Fahrwasser. Unter diesen Bedingungen ist es kein Hexenwerk, Ergebnisse zu liefern, die für die Kunden erst einmal positiv aussehen. Ob die Algorithmen einem Sturm oder gar einem Orkan standhalten und welche Auswirkungen sie auf die Finanzmarktstabilität haben, muss sich erst noch zeigen.

Allen potenziellen Risiken zum Trotz haben sich die Robo-Advisors verschiedener Finanzkonzerne und -Startups binnen weniger Jahre zu einem Erfolgsmodell entwickelt. Auch hier ist Vanguard mit großem Abstand der unangefochtene Branchen-Primus. Ende 2017 knackte der Vanguard Personal Advisor in den USA die Marke von 100 Milliarden Dollar an Kundeneinlagen und deklassierte damit die Konkurrenz von Schwab, Betterment und Wealthfront, die als zweit- bis viertgrößte Anbieter zusammen nur auf etwas mehr als 22 Milliarden US-Dollar kommen. BlackRocks Robo-Advisor mit dem Namen »Future Advisor« kam zu diesem Zeitpunkt gerade einmal auf ein Anlagevolumen von 808 Millionen US-Dollar. Auch hier kann Vanguard vor allem mit dem Preis punkten. Während bei Vanguards Robo-Advisor gestaffelt nach dem Einlagevolumen Verwaltungsgebühren zwischen 0,3 Prozent (bei 50 000 US-Dollar) und 0,05 Prozent (ab 25 Millionen US-Dollar) anfallen, liegen die Gebühren der Konkurrenz im Schnitt bei 1,08 Prozent. Als besonderes Bonbon bietet Vanguard seinen Roboter-Kunden zudem die Möglichkeit, ohne Mindesteinlage in die sogenannten Admiral-Shares zu investieren – das sind spezielle Fonds, die besonders günstig sind und eigentlich nur Kunden offen stehen, die eine bestimmte Mindesteinlage mitbringen, die nicht selten höher als 100 000 US-Dollar ist. Jedoch ist auch die Einstiegshöhe für den Robo-Advisor nicht ohne. Wer den Finanzroboter nutzen will, muss mindestens 50 000 US-Dollar mitbringen – Sparpläne oder ähnliche Investitionsmodelle, die auch Geringverdienern den Zugang zur Plattform öffnen könnten, kennen die Genossen nicht. Man sollte daher auch nicht das genossenschaftliche Modell von Vanguard mit einer wie auch immer gearteten sozialen Mission verwechseln. Man gibt sich zwar bemüht, kostengünstig das Beste für die Genossen herauszuholen. Wem jedoch die Mittel fehlen, um Genosse zu werden, der hat eben Pech gehabt.

Die dunkle Seite von Vanguard

Der amerikanische Wirtschaftsjournalist und Bogle-Vertraute Jason Zweig schrieb 2004[21]: »Bogle wird mit einer Fondsgesellschaft wohl dem Kommunismus so nah gekommen sein, wie es ein eisenharter Kapitalist nur kann. Karl Marx wollte, dass die Arbeiter die Produktionsmittel besitzen. Bogle hat aus den Investoren der Fonds die Besitzer der Fondsgesellschaften gemacht. Er wusste selbst, wie radikal diese Idee war.« Diese Bewertung geht freilich ein wenig weit und zeigt, wie wenig amerikanische Ökonomen doch von Marx, dem Sozialismus oder gar dem Kommunismus verstehen. Was gut für Investoren ist, muss schließlich noch lange nicht gut für die Allgemeinheit sein.

So genossenschaftlich Vanguard sich auch geben mag – die Renditen werden letztlich wie bei der kommerziellen Konkurrenz auch vor allem über den knallharten Renditetrieb der Unternehmen erwirtschaftet, in die Vanguard investiert. Vanguard mag sich ja selbst als Robin Hood der Branche sehen. Jedoch hinkt dieser Vergleich gewaltig. Vanguard nimmt schließlich kein Geld von den Reichen und gibt es den Armen. Man erwirtschaftet vielmehr auf dem Rücken der Armen die Gelder, mit denen die privilegierten Genossen – meist aus der oberen Mittelschicht oder gar der Oberschicht – sich ihren Ruhestand versüßen können. So radikal Bogles Ideen branchenintern auch sein mögen; gesamtgesellschaftlich ist in diesem Ansatz nichts Radikales zu entdecken.

Die geschickte Nutzung von Lücken in der Steuergesetzgebung erlaubt es den Indexfonds in den USA sogar, ihre Gewinne größtenteils steuerfrei zu erwirtschaften. Möglich macht dies eine Sonderregelung im 1940 verabschiedeten Investment Company Act, die erzielte Renditen auf Aktien steuerfrei stellt, wenn diese nicht verkauft, sondern benutzt werden, um einen abziehenden Investor auszuzahlen. Dank dieser Regelung können ETFs und Indexfonds des gleichen Unternehmens munter ihre Aktienbestände untereinander verschieben – im Branchenslang spricht man hier von »Heartbeat Trades«, sodass am Ende kein zu versteuernder Gewinn entsteht. Vanguard hat sogar ein Patent auf diese Methode der Steuervermeidung angemeldet[22], das noch bis 2023 gültig ist. Wer nach der Methode Vanguard seine Steuerlast minimieren will, muss dem Konzern also Patentgebühren zahlen. Es ist schon verrückt – ein Staat gewährt einem Finanzkonzern einen Patentschutz auf eine Methode, dank einer Gesetzeslücke die Allgemeinheit zu schädigen.

Das Hauptproblem des Modells Vanguards ist jedoch, dass es sich mit seiner schieren Größe selbst zu einer Bedrohung für die eigenen Ziele macht. Und dies sagen nicht nur Kritiker, die außerhalb des Finanzsystems stehen. Niemand anders als John Bogle selbst hat kurz vor seinem Tod vor dem Erfolg seiner eigenen Erfindung gewarnt. Angesprochen auf die Konzentration von vielen Billionen US-Dollar auf sehr wenige Anbieter und die damit einhergehende Machtverschiebung sagte er in einem späten Interview:»Ich glaube nicht, dass eine derartige Konzentration im nationalen Interesse sein kann«, und zog dabei eine bittere Bilanz über das, was aus seinem Baby geworden ist.[23] Zu den gesamtgesellschaftlichen Gefahren dieser Konzentration kommen wir noch in einem späteren Kapitel.

Zu einer Gefährdung für das Model des Indexfonds sind mittlerweile auch Spekulanten geworden, die als Hochfrequenzhändler den Fonds das Leben schwer machen. Da Indexfonds die Entwicklung der zugrunde liegenden Indizes 1:1 nachbilden müssen und im Prinzip nur neue Kundengelder anlegen und alte abziehen, wissen findige Spekulanten dank ausgefeilter Algorithmen oft schon vorher, wann welcher Investmentriese welche Aktien kaufen oder verkaufen wird. Wenn sie schnell genug sind, können sie dann diese Aktien am Markt wegkaufen und den Indexfonds zu höheren Preisen verkaufen. Dies geschieht beim Hochfrequenzhandel im Nanosekundentakt und ist für die Fonds nur sehr schwer zu umgehen. Wenn ein Indexfonds den zugrunde liegenden Index abbilden will und stets zu – wenn auch nur marginal – höheren Kursen kaufen beziehungsweise zu niedrigeren Kursen verkaufen kann, drückt auch dies auf das Gesamtergebnis und schmälert die Rendite der Anleger. In den Chefetagen von Vanguard spricht man in diesem Zusammenhang von Wegelagerern und entwickelt seine eigenen Algorithmen, um den Algorithmen der Hochfrequenzhändler ein Schnippchen zu schlagen. So überzeugend sich John Bogles Modell in der Theorie anhört, so schwer ist es, sie in einem weitestgehend deregulierten und durch Computer und Algorithmen kaum zu bändigenden Marktumfeld auch umzusetzen.

Ein weiterer Kritikpunkt an den real existierenden Indexfonds ist, dass sie ihre niedrigen Gebühren oft nur durch Zusatzgeschäfte realisieren können. Ein beliebtes und durchaus lukratives Zusatzgeschäft ist das Verleihen von Aktien an Spekulanten, die auf sinkende

Kurse wetten. Beim sogenannten gedeckten Leerverkauf leiht sich ein Spekulant eine Aktie und verpflichtet sich, sie dem Verleiher zu einem festgelegten Zeitpunkt zurückzugeben. Diese Aktie verkauft er dann und muss sie kurz vor dem Rückgabezeitpunkt am Markt wieder zurückkaufen. Wenn in der Zeitspanne zwischen Verkauf und Rückkauf der Kurs der Aktie gesunken ist, macht der Spekulant damit Gewinn. Leiht er sich beispielsweise am Montag eine Aktie der Siemens AG und verkauft sie zu einem Kurs von 100 Euro und kauft sie am Freitag für 90 Euro zurück, hat er 10 Euro Gewinn gemacht – abzüglich der Leihgebühr, die der Indexfonds kassiert. Der gewinnt nämlich immer, egal ob die Wette des Spekulanten aufgeht oder nicht.

Leerverkäufe sind beileibe kein Feld, auf dem sich kleine Amateure tummeln. Ganz im Gegenteil – zu den großen Akteuren am Markt zählen genau die aggressiven Hedgefonds, die ohnehin in der Kritik stehen. Allein im Oktober 2019 gab es am deutschen Markt über 100 Leerverkäufe, deren Volumen die Meldeschwelle von 0,5 Prozent des gesamten Aktienvolumens der betreffenden Aktie überschritten hatten und die daher nach deutschem Recht im Bundesanzeiger offengelegt werden müssen[24] – ganz vorne mit dabei ist übrigens BlackRock, unter dessen Dach sich die aggressiven Hedgefonds die Aktien ganz einfach von der eigenen »iShares«-Sparte ausleihen können.

Diese Leerverkäufe sind – vor allem in diesem Volumen – nur möglich, wenn es jemanden gibt, der eine ausreichende Menge an Papieren in seinem Portfolio hat und diese gerne gegen Gebühr verleiht. Die Indexfonds mit ihren gigantischen Aktienbeständen sind dafür prädestiniert. Leider gibt es keine Gesetzesrichtlinie, die Indexfonds derartige Zusatzgeschäfte verbieten, die allein der Spekulation dienen und das Finanzsystem in turbulenten Zeiten unsicher machen können. Hier greift die Lobbymacht der großen Fondsanbieter – wären diese Zusatzgeschäfte verboten, würde eine lukrative Einnahmequelle der Indexfonds wegfallen, ihre Renditen wären geringer, und damit würden die Kosten für die Anleger steigen. Und welcher Politiker, der die Bürger in die private Altersvorsorge getrieben hat, würde schon freiwillig die Renditen dieser Altersvorsorge durch Gesetze und Richtlinien gefährden? Die Finanzmarktstabilität spielt dabei offenbar nur eine untergeordnete Rolle. Die Märkte regulieren sich ja bekanntlich selbst. Oder etwa doch nicht?

State Street: Der Sieg der ETFs

Als BlackRock gerade eben gegründet wurde und Vanguard so langsam die ersten nennenswerten Erfolge mit seinen genossenschaftlichen Indexfonds erreichte, betrat der dritte Gigant die Bühne. Obgleich das natürlich nicht ganz korrekt ist. Schließlich ist die Bostoner Bank State Street heute das zweitälteste noch existierende Bankhaus der Vereinigten Staaten. Sein direkter Vorgänger Union Bank wurde bereits 1792, also gerade einmal sechs Jahre nach der Unabhängigkeitserklärung gegründet. 1891 nannte sich das Unternehmen in State Street Deposit & Trust Co. um und war 1924 die Bank, die sich als Verwahrstelle für den ersten Investmentfonds der USA einen Namen machte.

Heute ist State Street mit seiner Sparte State Street Global Services hinter der BNY Mellon die zweitgrößte Verwahrstelle (engl. Custodian Bank) der Welt[1] und verwahrt im Auftrag seiner Kunden Wertpapiere in einem Volumen von 31,6 Billionen US-Dollar; BNY Mellon kommt sogar auf 35,5 Billionen US-Dollar[2]. Hierzu sei jedoch angemerkt, dass es sich bei dieser Summe um eine reine Dienstleistung – vergleichbar mit einem digitalen Safe – handelt und Verwahrstellen keinen Zugriff auf die Wertpapiere ihrer Kunden haben. Auch BlackRock und Vanguard werden einen Teil der von ihnen verwalteten Vermögenswerte bei State Street und BNY Mellon verwahrt haben. Zum Vergleich: Die größte europäische Verwahrstelle ist die belgische Euroclear mit rund 28,8 Billionen Euro Einlagen[3].

State Street ist jedoch auch auf einem ganz anderen Gebiet ein Gigant. Das von der Sparte State Street Global Advisors verwaltete Kundenvermögen beträgt 2,51 Billionen US-Dollar[4] – also 2 510

Milliarden. Damit ist State Street immerhin fast halb so groß wie Vanguard. State Street kommt im gesamten *Spiegel*-Archiv übrigens nur acht Mal vor und ist damit sogar noch unbekannter als Vanguard. Dabei ist State Street Global Advisors (im Folgenden nur noch State Street genannt) an fast jedem dritten der rund 3 900 börsennotierten US-Unternehmen mit mehr als drei Prozent beteiligt. Bei fast jedem zehnten Unternehmen beträgt der Anteil mehr als fünf Prozent, und bei 13 US-Aktiengesellschaften ist State Street sogar mit mehr als zehn Prozent beteiligt[5]. Bei den Rüstungskonzernen Northrop Grumman (10,4 Prozent) und Lockheed Martin (15,6 Prozent) ist State Street sogar der größte Aktionär. Und auch in Deutschland ist State Street als fünftgrößter institutioneller Investor mit einem Anteil von rund 3,3 Prozent an den Dax-Unternehmen – wenn auch nicht in dem Maße wie in den USA – eine große Nummer.

Der Grund für die Dominanz des Bostoner Bankhauses ist eine Erfindung aus dem Jahre 1993. Damals entwickelte State Street mit dem SPDR S&P 500 Trust ETF den ersten Indexfonds, der nicht als Fondsanteil, sondern wie eine Aktie an den Börsen handelbar ist. Die Idee eines ETFs ist dabei jedoch zumindest aus Anlegersicht im Kern erstaunlich simpel. Wie ein Indexfonds bildet auch ein ETF einen beliebigen Finanzindex ab. Das können die klassischen großen Aktienindizes wie der S&P 500, der die größten 500 amerikanischen Aktiengesellschaften abbildet, sein oder auch der DAX, der die größten 30 deutschen Aktiengesellschaften umfasst. Das können aber auch kleinere Indizes sein, die entweder den Aktienmarkt in Schwellen- und Entwicklungsländern abbilden oder bestimmte Branchen und Sektoren umfassen.

So bildet der 640 Millionen US-Dollar schwere »World Water UCITS ETF« des französischen Anbieters Lyxor beispielsweise den »World Water CW Net Total Return Index« ab, der die Aktienkurse der 30 größten Unternehmen aus dem Bereich Wasserversorgung, Wasserinfrastruktur und Abwasserentsorgung umfasst. Der Fantasie sind hier keine Grenzen gesetzt. Ein ETF namens »L&G Pharma Breakthrough UCITS« bildet zum Beispiel den »Solactive Pharma

Breakthrough Value Index« ab – einen recht exotischen Index, in den Unternehmen aufgenommen werden, die sich besonders stark im Bereich Pharmazieprodukte für Säuglinge spezialisiert haben. Und wenn es den passenden Index nicht gibt, erfindet man halt einen. So soll der »WisdomTree India Quality UCITS ETF« einen Index namens »WisdomTree India Quality Index« nachbilden, der angeblich nach einem unbekannten Schlüssel die besten indischen Unternehmen umfassen soll. Dass dieser Index einem anderen Ziel dient, als von dem ETF aus dem gleichen Hause nachgebildet zu werden, ist unwahrscheinlich.

Es geht jedoch keinesfalls nur um Aktien. ETFs wie der »State Streets SPDR Bloomberg Barclays Global Aggregate Bond ETF« bilden stattdessen einen Index ab, der wiederum den Kurs von Anleihen – hier global – abbildet. Und auch hier gibt es kaum Grenzen. Der von der Allianz-Tochter herausgegebene »PIMCO 0-5 Year High Yield Corporate Bond Index Fund« soll einen Index namens »BofA Merrill Lynch 0-5 Year US High Yield Constrained Index« abbilden, der die Kurse von US-Unternehmensanleihen mit eher schlechter Bonität umfasst, die eine Laufzeit von weniger als fünf Jahren haben. Die magischen Produkte, die die Finanzwelt während der Finanzkrise an den Rand der Krise gebracht haben, lassen grüßen. Nur dass man nun keine bayerische Großbank mehr sein muss, um sich Schrottanleihen ins Haus zu holen. Das geht heutzutage ganz bequem vom Smartphone aus.

Wer will, kann sogar mit ETFs in Rohstoffe investieren. Wobei die meisten Rohstoff-ETFs stattdessen doch lieber in Aktien investieren, die irgendwas mit dem Thema zu tun haben. Der »ComStage NYSE Arca Gold BUGS UCITS ETF I« von Lyxor bezieht sich beispielsweise auf den »NYSE Arca Gold BUGS Index«, der goldfördernde Unternehmen umfasst, die sich nicht mit Termingeschäften gegen Preisänderungen abgesichert haben. Der »Market Access RICI-Agriculture Index ETF« soll wiederum den »Rogers International Agricultural Commodities Index«, den Weltmarktpreis für Agrargüter wie Mais oder Soja, abbilden. Noch nie war es so einfach, auf Lebensmittelpreise zu spekulieren. Und auch das ist eine Nebenwirkung, die mit dem Siegeszug der ETFs einhergeht. Waren früher komplexe Spekulationen auf Dinge wie Rohstoff- und Immobilienpreise, die Zinsentwicklung oder Währungskursschwankungen nur professionellen Anlegern oder Wohlhabenden mit einem ausgebildeten Vermögensberater zugänglich, so kann jetzt auch Oma Erna aus Wanne-Eickel mit dem Homebanking-Account ihrer Sparkasse die Segnungen der Finanzalchemie genießen – mit allen Risiken und Nebenwirkungen, die auf einem Produktblatt stehen, das man geschwind wegklicken kann. Doch diese exotischen ETFs sind zumindest vom Volumen her eher die Ausnahme. Die großen ETFs, die das Anlagevolumen der Giganten am Markt dominieren, sind in der Regel an den Börsen handelbare Indexfonds auf die großen Aktienindizes. Die Funktionsweise dieser Papiere ist dabei den Indexfonds sehr ähnlich; nur dass hier der Anleger die Anteile nicht über die Fondsgesellschaft, sondern über die Börse kaufen und verkaufen kann. Unter der Motorhaube sind diese Finanzprodukte jedoch gar nicht so simpel. Die Nachbildung der Indizes wird von sogenannten Kurspflegern vorgenommen – meist sind dies Banken oder große Brokerhäuser. Vereinfacht sieht dies dann folgendermaßen aus: Wie bei einem Indexfonds muss auch der ETF – zumindest bei den normalen ETF-Modellen – mit dem Geld der Anleger, die Aktien kaufen, die den Index bilden, den der ETF abbilden soll. Verkauft der Anleger seine ETF-Anteile, muss der ETF spiegelbildlich diese Aktien wieder verkaufen.

Die Vorteile für den Anleger gegenüber traditionellen Indexfonds liegen auf der Hand. ETFs sind – zumindest in der Theorie – immer handelbar, und es fallen auf der Kostenseite lediglich die üblichen Handelsgebühren des Instituts an, bei dem der Kunde sein Depot führt. Der oft hohe Ausgabeaufschlag, der bei traditionellen Fonds von der Fondsgesellschaft erhoben wird, entfällt, und auch die laufenden Kosten sind gering. Kosten aktiv gemanagte Aktienfonds den Kunden im Schnitt 1,6 Prozent pro Jahr, so betragen die Kosten für ETFs auf Aktienindizes im Schnitt nur 0,37 Prozent, wobei die großen ETFs auf die Standardindizes meist noch günstiger sind. Black-

Rocks »iShares Pfandbriefe UCITS ETF«, der Pfandbriefe deutscher Banken abbildet, kostet beispielsweise nur 0,1 Prozent Gebühren. Dieser Kostenvorteil ist gerade bei Anleihen in der heutigen Niedrigzinsphase ein entscheidendes Verkaufsargument. Ein weiterer Vorteil von ETFs ist deren flexible Stückelung. Die Preise für einen ETF liegen bei den meisten Papieren unter 100 Euro, und zahlreiche ETFs sind zudem sparplanfähig – das heißt, Kleinanleger können pro Monat über ihre Bank einen bestimmten Betrag in diese Papiere anlegen und bekommen dafür dann auch eine »krumme« Summe auf ihr Depot gutgeschrieben. Mindesteinlagen wie bei vielen Indexfonds gibt es nicht.

State Street war auf dem US-Markt für ETFs einer der Pioniere und konnte sich damit eine Pole Position im Rennen um die Kundeneinlagen ergattern. 2005 hatte der Markt für ETFs noch ein Volumen von 400 Millionen US-Dollar. Heute sind es über sechs Billionen US-Dollar und er ist fest in der Hand der großen Anbieter. Die fünf größten Anbieter von ETFs haben heute einen Marktanteil von rund 75 Prozent[6]. In den USA kommen die drei Giganten BlackRock, Vanguard und State Street sogar auf einen Marktanteil von mehr als 80 Prozent[7]. Hatte State Street den Markt bis ins Jahr 2000 mit einem Marktanteil von über 90 Prozent dominiert, ist es heute – wenn auch in einem stark wachsenden Markt – mit einem Marktanteil von kaum mehr über 10 Prozent der kleinste der drei Giganten. Federn lassen musste State Street dabei vor allem nach dem Einstieg des Indexfonds-Giganten Vanguard in den ETF-Markt im Jahre 2001. Unternehmensgründer John Bogle hatte sich stets gegen die Einführung von ETFs in seinem Haus ausgesprochen und verließ nach der Entscheidung seines Nachfolgers sogar aus Protest den Aufsichtsrat. Die unangefochtene Nummer eins im Markt mit ETFs ist jedoch ein alter Bekannter: BlackRock.

BlackRock wird zum Giganten

Während sich der Rest der Wall Street im Jahre 2009 noch die Wunden leckte und erst einmal zusah, die entstandenen Buchverluste durch frisches Eigenkapital abzufedern, ging BlackRock als einer der wenigen großen Gewinner aus den Krisenjahren 2007 und 2008 hervor. Nun nutzte man die Gunst der Stunde und die prekäre Situation der Branche für eine Shoppingtour der ganz besonderen Art auf dem alten Kontinent.

Zumindest auf dem Papier ist die altehrwürdige britische Bank Barclays das genaue Gegenteil von BlackRock. Die Geschichte von Barclays reicht bis in das Jahr 1690 zurück, als der Quäker John Freame zusammen mit Thomas Gould an der Lombard Street in London eine »Goldschmied-Bank« gründete. Der Bürgerkrieg und die Wirren der Glorious Revolution hatten London zu einem unsicheren Pflaster für die ansässigen Goldschmiede gemacht. Die verlangten nun nach einem sicheren Verwahrungsort für ihre güldenen Preziosen, und dies übernahmen die »Goldschmied-Banker« aus der Lombard Street. Schon bald weiteten sie ihr Geschäft auf die Vergabe von Krediten und die Ausstellung von Wechseln aus. Die britische Krone sah dies mit großer Skepsis und fürchtete – vollkommen zu Recht –, dass im Herzen der Hauptstadt nun ein neues Machtzentrum außerhalb ihres direkten Einflussbereichs entstehen könnte.

Um die Macht der »Goldschmied-Banker« wieder zu begrenzen, gab der Schatzkanzler festverzinsliche und von der Krone garantierte Schatzanleihen im Wert von zwei Millionen britischen Pfund aus, die als eine Art gedeckter und staatlich garantierter Schuldschein das florierende Anleihen- und Wechsel-Geschäft der neuen

Banken regulieren und letztlich verdrängen sollte[1]. Nichts davon geschah. Am Ende landeten fast alle diese Schuldscheine in den Händen der neuen Banken und stärkten deren Macht sogar, da die Krone ja nun direkt bei ihnen verschuldet war. Aber daran hat sich ja bis heute nichts geändert.

Es kam jedoch noch schlimmer: Da Großbritannien zu dieser Zeit weltweit in Kriege verstrickt war und die Krone stetig frisches Geld benötigte, sah sie sich genötigt, den Besitzern der Schuldscheine, also den Banken, das Privileg zu verleihen, ihre eigene Zentralbank zu gründen. Fortan durfte die Bank of England unter parlamentarischer Kontrolle die Krone finanzieren und dafür ihre eigenen Wechsel ausgeben, deren Rückzahlung von der Krone garantiert wurde. Auf diesen zunächst handgeschrieben Wechseln stand der Satz »I promise to pay the bearer on demand the sum of … pounds« (Ich gelobe, dem Inhaber auf Verlangen einen Betrag in Höhe von … Pfund auszuzahlen) – das Papiergeld hatte Großbritannien erreicht, und es waren die Banken, die die Regeln dafür bestimmten. Auch daran sollte sich bis heute nichts ändern.

1736 wurde dann Freames Schwiegersohn James Barclay Partner der Bank und gab ihr kurze Zeit später seinen Namen. Barclays Aufstieg begann, und man kann wahrlich nicht behaupten, dass diese Bank eine Zierde für die Branche war. Man verdiente Geld am Sklavenhandel[2], war bei der Ausbeutung der Kolonien besonders aktiv, und 1941 war es die Pariser Filiale von Barclays, die den deutschen Besatzern half, die Konten und Einlagen ihrer jüdischen Kunden zu akquirieren. Man unterstützte das südafrikanische Apartheidregime und machte auch ansonsten Geschäfte mit so ziemlich jedem Potentaten – Hauptsache, die Kasse stimmte.

Aber Barclays hat auch echte Innovationen hervorgebracht. So brachte man 1966 die erste Kreditkarte Großbritanniens auf den Markt und eroberte sich in diesem Segment binnen weniger Jahre ein Monopol. Am 27. Juni 1967 nahm Barclays in Enfield sogar den ersten Geldautomaten der Welt in Betrieb. 2009, als die »Innovationen« des US-Bankensystems die Welt fast in den Abgrund gestürzt hatten, sagte der ehemalige FED-Chef 2009 Paul Volcker: »Der Geldautomat ist die einzige sinnvolle Innovation, die das Bankensystem in den letzten 20 Jahren hervorgebracht hat.« Das ist sicherlich richtig. Aber wusste Volcker nicht, dass Barclays die Welt schon 40 Jahre vor der Finanzkrise mit dieser Innovation beglückt hatte?

Die Krise trifft Großbritannien

Die Finanzkrise brachte auch die Bilanzen von Barclays ordentlich durcheinander. Man hatte selbst toxische Papiere in Milliardenhöhe in seinen Büchern, und die britische Regierung wollte einen Zusammenbruch der Londoner Finanzdistrikts verhindern, indem man die heimischen Banken nonchalant zwang, sich entweder auf dem Markt frisches Eigenkapital zu besorgen oder – wenn das nicht gelingt – den Staat über eine Kapitalerhöhung als Miteigentümer ins Boot zu holen. Die Banken selbst waren vom Angebot der Teilverstaatlichung jedoch verständlicherweise nicht gerade begeistert. HSBC und die Standard Chartered Bank buchten fleißig Eigenkapital aus ihren weltweiten Beteiligungen in die britischen Mutterhäuser um. Bei anderen Banken reichte dies nicht.

Die schwer angeschlagene HBOS Halifax Bank Of Scotland fusionierte eilends mit der nicht minder angeschlagenen Großbank Lloyds TSB zur Lloyds Banking Group, die dann den Staat mit 43 Prozent als Miteigentümer ins Boot holen musste. Noch ärger traf es die Royal Bank of Scotland, die vor der Krise noch die zweitgrößte Bank des Landes war. Man war jedoch zu schnell und zu aggressiv gewachsen und hatte dabei die Eigenkapitalquote vernachlässigt und stattdessen gemäß der »Ackermann-Methode« auf einen riesigen Hebel gesetzt. Dummerweise war die Bank dann auch noch einer der aktivsten Aussteller von verbrieften Kreditausfallversicherungen, die nun reihenweise platzten. Nach einem 45 Milliarden-Pfund-Verlust war das Eigenkapital dann endlich aufgebraucht, und man sah sich gezwungen, das Kapital aufzustocken und den britischen Staat mit einem Anteil 84 Prozent zum mit Abstand größten Aktionär der Bank zu machen.

Wer nun denkt, dass die Royal Bank of Scotland als nahezu komplett verstaatlichte Bank zu einem nachhaltigeren und vorbildlicheren Geschäftsmodell überging, täuscht sich jedoch gewaltig. 2009 wurde bekannt, dass der ehemalige RBS-Chef Sir Fred Goodwin, dessen Größenwahn den britischen Steuerzahler gemäß der praktizierten Rettungslogik mehr als 50 Milliarden Pfund kosten sollte, mit einem goldenen Fallschirm aus der teilverstaatlichten Bank verabschiedet wurde und eine jährliche Rente von 700 000 Pfund kassierte. Die öffentliche Wut war grenzenlos, und selbst die Queen war so gar nicht »amused«. 2012 entzog sie Sir Fred die Ritterschaft – die Bedeutung und das Ausmaß seiner Tätigkeit als CEO der Royal Bank of Scotland hätten diesen Schritt nötig gemacht. Aus Sir Fred wurde nun wieder ein gewöhnlicher Mr. Goodwin.

Doch das war noch lange nicht alles. Im gleichen Jahr wurde bekannt, dass die RBS tief in den LIBOR-Skandal verwickelt war und jahrelang den Referenzzinssatz LIBOR zum Schaden ihrer Kunden manipuliert hatte. Es folgte eine 612-Millionen-Dollar-Strafe durch die EU-Kommission. 2013 wurde die Bank dann wegen jahrelanger Umgehung der Außenhandelssanktionen gegen den Iran, Burma, Sudan und Kuba von den USA zu einer Strafzahlung von 100 Millionen US-Dollar verdonnert. 2019 folgte eine Strafe durch die EU-Kommission wegen illegaler Absprachen beim Devisenhandel. Diesmal musste die RBS 249 Millionen Euro Strafe zahlen.

2016 kam in Folge von Recherchen von BuzzFeed[3] und der BBC auch noch heraus, dass die Royal Bank of Scotland Tausende von britischen Kleinunternehmen systematisch ruiniert und damit zusätzliche Gewinne in Milliardenhöhe erzielt hat. Man hat in einem »Cash for Dash« genannten Schema Angestellten Boni gezahlt, um Firmen zu finden, die leicht unter Druck gesetzt werden konnten. Diesen Unternehmen spendierte man dann Gebührenerhöhungen, Strafzahlungen und Zinserhöhungen und kündigte deren Kreditlinie, sodass man sich deren Sicherheiten günstig unter den Nagel reißen und teuer weiterverkaufen konnte. Der britische Staat hat heute endgültig genug von der Bank und würde sich gerne wieder von den Anteilen trennen, findet aber noch keinen Käufer.

Dagegen erging es Barclays vergleichsweise gut. Auch Barclays geriet 2007 in Liquiditätsnöte und musste das Kreditfenster der Bank of England in Anspruch nehmen. Später brach der Aktienkurs der Bank ein, als erste Gerüchte die Runde machten, man sei in einem gehörigen Umfang in toxische Papieren aus den USA involviert. Doch Barclays wollte auf Teufel komm raus unabhängig bleiben und plante zudem, sich die Überreste der kollabierten Lehman Brothers einzuverleiben. Diese Überreste bestanden vor allem aus einem schicken, aber rund eine Milliarde US-Dollar teuren, Wolkenkratzer im Herzen von Manhattan. Barclays brauchte Geld und das nicht zu knapp.

Zur Hilfe kamen zunächst die japanische Sumitomo Mitsui Banking Corporation, die China Development Bank und die Qatar Investment Authority, die als neue Großaktionäre eine erste Kapitalerhöhung mitstemmten. Bei einer zweiten Kapitalerhöhung kamen Investoren aus Abu Dhabi und Katar zum Zuge. Doch das reichte immer noch nicht, um gleichzeitig die Verluste auszugleichen und sich außerdem noch das schicke Lehman Building zu leisten, das zusammen mit ein paar anderen Immobilien der ehemaligen Investmentbank nun 1,35 Milliarden US-Dollar kosten sollte. Also entschloss man sich, sein Familiensilber zu verkaufen. Und dieses Familiensilber war die Vermögensverwaltungssparte Barclays Global Investors, die mit einem verwalteten Vermögen von 1,5 Billionen US-Dollar und seinen 3 000 institutionellen Kunden damals einer der größten Vermögensverwalter der Welt war – größer sogar als BlackRock.

Barclays Global Investors mit Sitz in San Francisco verwaltete 2008 939 Milliarden US-Dollar in Indexfonds, dem Fachgebiet von Vanguard, und 231 Milliarden US-Dollar in aktiv gemanagten Investment-Fonds, einem Gebiet, auf dem vor allem spezialisierte Fondsgesellschaften wie Fidelity, T. Rowe Price, die Capital Group oder Franklin Tempelton aktiv sind. Aber Barclays Global Investors hatte auch eine ganz besondere Perle in seinem Portfolio – die ETF-Sparte iShares, die seit dem Jahr 2000 mit großem Marketingeinsatz in den USA beworben wurde und 2008 mit einem Marktanteil von mehr als

50 Prozent der 400-Pfund-Gorilla auf dem schnell expandierenden Markt der börsengehandelten Indexfonds war.

Im Krisenjahr 2008 machte Barclays Global Investors zudem mit 595 Millionen Pfund einen netten Gewinn und war damals wohl die einzige Cashcow im großen Barclays-Reich. Was Barclays überhaupt dazu trieb, seine erfolgreichste Sparte zu verkaufen, um sich einen Wolkenkratzer in Manhattan zu kaufen, bleibt wohl für immer das Geheimnis von Bob Diamond, der das Unternehmen 2012 wegen des LIBOR-Skandals, in den auch Barclays verwickelt war, verlassen musste. Wahrscheinlich lautet die Antwort schlicht Größenwahn.

Mit dem Verkauf von Barclays Global Investors sollten Barclays Finanznöte erst einmal beseitigt sein, und als Kirsche auf der Sahnehaube könnte man sogar in das Lehman Building in der 7th Avenue umziehen. Der freudige Käufer war das Unternehmen, das nun erstmals der größte Vermögensverwalter der Welt war. Dafür musste BlackRock aber auch sehr tief in die Taschen greifen und 15,3 Milliarden US-Dollar bezahlen – die Summe wurde zur Hälfte in eigenen Aktien bezahlt, sodass Barclays nun größter Aktionär von BlackRock wurde. Hatte BlackRock 2008 noch 1 307 Milliarden US-Dollar unter eigener Verwaltung, waren es 2009 nach der Übernahme von Barclays Global Investors mit seiner iShares-Sparte bereits 3 346 Milliarden US-Dollar. Das Unternehmen, das wenige Jahre zuvor in einem untervermieteten Büroraum entstanden ist, war nun an der Spitze angekommen.

Für Barclays erwies sich der Verkauf als ein schwerer Fehler. 2012 musste man die ersten Verluste vermelden, trennte sich von zahlreichen Tochterunternehmen und verkündete 2014 schließlich, 19 000 Stellen abbauen zu müssen. Seine Anteile an BlackRock musste Barclays mittlerweile verkaufen. Bob Diamond gründete nach seinem nicht ganz so freiwilligen Abgang bei Barclays sein eigenes Finanzunternehmen – Atlas Mara Limited, das sich von seinem Sitz in der Steueroase Virgin Islands an Banken in Afrika beteiligen sollte. Man ging an die Börse und verkaufte die Aktien für mehr als 12 US-Dollar das Stück. Zurzeit notiert die Aktie von Atlas Mara bei 1,20 US-Dollar.

Volkskapitalismus

Wie soll Otto Normalverbraucher privat für sein Alter vorsorgen? Die staatlichen Rentensysteme wurden systematisch sabotiert, die Börsen mit ihrem ewigen Auf und Ab bergen vor allem für Privatanleger unkalkulierbare Risiken, und Sparzinsen gibt es schon lange nicht mehr. Spätestens seitdem sich allgemein herumgesprochen hat, dass die von den Regierungen propagierten privaten Altersvorsorgemodelle wie die Riester-Rente oder kapitalgedeckte Lebensversicherungen vor allem den Finanzinstituten fette Renditen bescheren, nicht aber ihren Kunden, wirkten die Anlageformen, die von BlackRock, Vanguard, State Street und Co. angeboten werden, nun als attraktive Alternativen. Ein Freund sagte mir mal, wenn die Politik schon alles tut, um die großen Konzerne zu füttern, müsse man halt die Seite wechseln und nicht Kunde, sondern Mitbesitzer der Konzerne werden – und das geht für Otto Normalverbraucher nun mal am einfachsten und wohl auch effektivsten über Indexfonds und ETFs. Aber ist es wirklich so einfach? Hat es die Finanzbranche tatsächlich geschafft, das Risiko vom Zins zu trennen?

Glaubt man der Finanzlobby handelt es sich bei den ETFs um eine moderne Form des »Volkskapitalismus«. Solange die Anlagestrategie und die Mischung stimmt, könne da kaum etwas schiefgehen. Die Main Street beteiligt sich an der Wall Street und profitiert von den unglaublichen Renditen der großen Konzerne. Marx meets Hayek. Aber was passiert, wenn aus Renditen Verluste werden, das Finanzsystem sich einmal mehr verzockt und es zur nächsten Finanzkrise kommt, die einmal mehr die Realwirtschaft mit sich nach unten zieht?

Strukturell gehören Indexfonds und ETFs zu den vergleichsweise gut abgesicherten Anlageformen. Rechtlich gesehen handelt es sich bei diesen Fonds um ein Sondervermögen. Juristen nennen dies eine »nicht rechtsfähige Vermögensmasse, der eine eigene Rechtspersönlichkeit fehlt und die daher selbst keine Rechte oder Pflichten eingeht«. Das klingt kompliziert und ist es auch. Letztendlich bedeutet dies aber nichts anderes, als dass das Sondervermögen insolvenzrechtlich nicht für die Verbindlichkeiten der Verwaltungsgesellschaft herangezogen werden kann und zudem getrennt von der Verwaltungsgesellschaft bilanziert werden muss. Das ist aber immer noch sehr theoretisch. Wie kann man sich das in der Praxis vorstellen?

Der »Vanguard 500 Index Fund« verwaltet beispielsweise zurzeit die gigantische Summe von 494 Milliarden US-Dollar. Dieses Geld repräsentiert die Einlagen der Anleger und ist in Aktien angelegt, die im S&P 500 Index gelistet sind. So hält der Fonds beispielsweise[1] 45,5 Millionen Aktien von Facebook, die zum Bilanzstichtag am 31. Dezember 2018 fast sechs Milliarden US-Dollar wert waren, 24,1 Millionen Aktien des Kleidungskonzerns Nike im Wert von 1,8 Milliarden US-Dollar oder 80,2 Millionen Aktien des Ölkonzerns ExxonMobil, die 5,5 Milliarden US-Dollar wert sind. Diese Aktien verwaltet der Fonds für seine Anleger, sie gehören ihm aber nicht. Die Anleger sind vielmehr – im Verhältnis zu ihren Fondsanteilen – im schuldrechtlichen Sinn die Miteigentümer der Unternehmen, deren Aktien im Fondsvermögen lagern.

Bei Indexfonds und ETFs, die nicht in Aktien, sondern in Anleihen investieren, besteht das Fondsvermögen in direkten Ansprüchen, die sich aus den jeweiligen Anleihen herleiten. Der Vanguard EUR Corporate Bond UCITS hält beispielsweise festverzinsliche Anleihen von Daimler, Renault, der ING Gruppe, BNP Paribas und der UBS. Diese Anleihen bilden das Fondsvermögen, das wie bei den Aktien von der Fondsgesellschaft verwaltet wird, aber letztlich den Anlegern gehört. Wenn Sie sich also diesen ETF in Ihr Portfolio legen, schuldet Ihnen – zumindest indirekt – Daimler Geld. Aber denken Sie nur nicht, dass Sie deshalb nun Ihr neues Auto billiger bekommen.

Sollte ein Vermögensverwalter wie Vanguard finanzielle Probleme bekommen, kann das Fondsvermögen daher auch nicht von den Gläubigern gepfändet werden. Man kann dies vielleicht am ehesten mit einer Hausverwaltung vergleichen. Die managt im Auftrag des oder der Hausbesitzer die entsprechende Immobilie, verwaltet die Mietverträge, kassiert die Mieten und leitet sie an den oder die Hausbesitzer weiter. Das Haus gehört aber nicht der Hausverwaltungsgesellschaft, sie kassiert lediglich Geld für ihre Dienstleistungen. Und sollte die Hausverwaltungsgesellschaft pleitegehen, gehört dem oder den Hausbesitzern das Haus natürlich immer noch.

Ähnlich verhält es sich bei besagten Fonds und ETFs. Eine klassische Einlagensicherung, wie sie bei Banken üblich ist, entfällt dadurch. In diesem Punkt unterscheiden diese Anlageformen sich diametral von Anlagen, die schuldrechtlich eine Schuldverschreibung darstellen. Dazu zählen Anleihen und forderungsbesicherte Wertpapiere. Aber auch Omas gutes Sparbuch, Festgeld und sogar Girokonten sind eine besondere Form der Schuldverschreibung. Die Bank schuldet Ihnen das Geld, das Sie als Sichteinlage auf Ihrem Girokonto haben. Diese Sichteinlage ist aber nicht schuldrechtlich abgesichert oder gedeckt. Wenn die Bank pleitegeht, können Sie sich zusammen mit den anderen Gläubigern anstellen.

Im Falle von normalen Giro- und Sparkonten ist dieses Risiko jedoch durch andere Maßnahmen gedeckt. So sind die Banken gezwungen, einen Einlagensicherungsfonds zu unterhalten. Sparkassen und Genossenschaftsbanken haben sich zudem noch über zusätzliche Garantiefonds abgesichert. Doch diese Einlagensicherungsfonds stellen keinen Rechtsanspruch dar und haben nicht einmal im Ansatz das nötige Volumen, um im Falle eines Falles die Kundeneinlagen der Banken voll abzusichern. So hat der Rettungstopf der deutschen Banken gerade einmal ein Volumen von 5,6 Milliarden Euro[2]. Damit sollen 2 405 Milliarden Euro abgesichert werden, die sich als Sichteinlagen, Terminanlagen und Spareinlagen auf den Konten befinden[3]. Man muss kein Schwarzmaler sein, um hier ernsthafte Zweifel zu bekommen.

Keine besondere Absicherung gibt es indes bei direkten Schuldverschreibungen, wie sie beispielsweise Anleihen darstellen. Wer als Anleger eine Anleihe erwirbt, hat dem Aussteller dieser Anleihe schuldrechtlich Geld geliehen. Und wenn der Aussteller dieses Geld nicht zurückzahlen kann, gehört man leider zur Masse der Gläubiger, deren Ansprüche dann im Rahmen eines Insolvenz- oder Konkursverfahrens abgewickelt werden.

Noch prekärer sieht es mit den schuldrechtlichen Ansprüchen bei »Finanzinnovationen« wie Zertifikaten aus. Die stellen nämlich nachrangige Schuldverschreibungen dar, die im Fall einer Insolvenz des ausstellenden Instituts schnell komplett wertlos werden, da bei der Abwicklung zunächst vorrangige Ansprüche bedient werden. Besitzer von Zertifikaten gehen da schnell leer aus. Davon können Tausende deutscher Kleinanleger ein Lied singen, die sich vor der Finanzkrise von ihren Bankberatern Zertifikate der Lehman Brothers haben aufschwatzen lassen.

Sind also die Indexfonds und ETFs der großen Vermögensverwalter eine eierlegende Wollmilchsau, die niedrige Kosten und hohe Rendite bei einem minimalen Risiko gewährleistet? Nicht unbedingt, denn den untrennbaren Zusammenhang zwischen Zins und Risiko können auch diese Produkte nicht sprengen. So sicher diese Papiere aus schuldrechtlicher Sicht sind, so hoch kann das Risiko sein, dass der Wert dieser Papiere in den Keller geht. Und daran sind die Finanzmagier der Wall Street nicht ganz unschuldig.

Toxische Innovationen

Wenn wir bislang von ETFs gesprochen haben, dann ging es stets um Fonds, die tatsächlich die Wertpapiere kaufen, deren Index sie abzubilden versuchen. In der Fachsprache handelt es sich hierbei um »vollreplizierende« ETFs. Bei ihnen ergibt sich der Wert durch den Gesamtwert der gehaltenen Papiere, geteilt durch die Anzahl der Fondsanteile. Dieses Modell ist bei den großen Fonds, die dann mit einem sehr hohen Fondsvermögen einen bekannten Aktien-

und Anleihenindex nachbilden, die Regel. Vor allem bei kleineren Anbietern oder Fonds und ETFs mit einem geringeren Fondsvermögen ist dies jedoch in dieser Form nicht möglich.

Will ein neuer Fonds beispielsweise einen Indexfonds anbieten, der über den MSCI World die Entwicklung der wichtigsten Aktienmärkte in den Industrieländern nachbildet, müsste er Aktien von 1 650 Aktiengesellschaften aus 23 Industrieländern erwerben – und dies auch noch kapitalgewichtet, also genau in dem Verhältnis, in dem diese Aktien in den MSCI World eingehen. Andere Indizes, wie der »Wilshire 5000«, bilden sogar den kompletten Aktienmarkt ab. Im Wilshire 5000 sind zurzeit 3 530 Aktiengesellschaften aus den USA gelistet[4]. Für kleinere Fonds ist es zwar nicht vollkommen unmöglich, derart umfassende Indizes wirklich 1:1 durch einen kapitalgewichteten Besitz der im Index gelisteten Aktien abzubilden. Dies wäre aber aufgrund des unverhältnismäßig hohen Aufwands für die Kurspflege sehr teuer, und der Kostendruck durch die Konkurrenz der Großen ist hoch. Diese Fonds und ETFs suchen sich dann aus dem Index einen Teil der gelisteten Aktien aus und hoffen, mit ihnen den gesamten Index abzubilden – das kann gelingen, das kann aber auch in die Hose gehen.

Wirklich problematisch sind jedoch synthetische ETFs, die nur versprechen, einen Index abzubilden, dessen zugrunde liegende Aktien oder Anleihen aber gar nicht halten. Bei diesen sogenannten Swap-ETFs schließt der ETF einen Tauschvertrag mit einem anderen Finanzinstitut ab. Der zum Reich der Deutschen Bank gehörende »ETF Xtrackers II Global Aggregate Bond Swap UCITS« verspricht seinen Anlegern beispielsweise die Abbildung des »Bloomberg Barclays Global Aggregate Bond Index«, der die Entwicklung ausgesuchter festverzinslicher Anleihen aus 24 Währungsräumen abbildet. Anders als »BlackRocks iShares Core Global Aggregate Bond UCITS ETF« besitzt der Xtrackers-ETF der Deutschen Bank diese Anleihen aber überhaupt nicht. Stattdessen schließt er mit einem Finanzinstitut, das in diesem Fall sicherlich die Deutsche Bank ist, einen Tauschvertrag ab. Die Deutsche Bank garantiert, Xtrackers zu einem bestimmten Stichtag einen Betrag zu überweisen, der die

Entwicklung dieses Anleihen-Index widerspiegelt. Im Gegenzug steckt Xtrackers das Geld seiner Kunden in ein sogenanntes Trägerportfolio und überweist der Deutschen Bank zum Stichtag die Rendite, die man mit diesem Trägerportfolio erzielt hat. Ein Tausch, Englisch »Swap«.

Dabei steht es Xtrackers frei, welche Papiere überhaupt in diesem Trägerportfolio gehalten werden. Das können Anleihen sein, das können aber auch Aktien oder sonstige Finanzinstrumente sein. Und hier lauert das erste große Risiko. Was passiert, wenn der zugrunde liegende Index sich nach oben bewegt, das Trägerportfolio aber Verluste erzielt? Eine Abbildung des Index ist dann gar nicht möglich. Und dieser Fall ist keinesfalls konstruiert oder exotisch. In einer Krise steigt in der Regel der Kurs von Anleihen, da deren Ausfallrisiko ebenfalls steigt. Aktienkurse fallen jedoch in der Regel in Krisen. Wenn man also einen Anleihenindex mit einem Trägerportfolio aus Aktien abbilden will, wird dies in diesem Falle zu deutlichen Verlusten führen. Diese Verluste trägt der Anleger, nicht aber der ETF-Herausgeber oder gar dessen Vertragspartner. Der kassiert in jedem Fall die Gebühren, die er für ein solches Swap-Geschäft veranschlagt. Kein Wunder, dass vor allem die Deutsche Bank und die Commerzbank im Geschäft mit swapbasierten ETFs sehr aktiv sind. Die Rechnung dafür könnte am Ende der Anleger bezahlen.

Ebenso riskant für den Anleger ist bei dieser Konstruktion das sogenannte Kontrahentenrisiko. Was passiert mit dem Swap, wenn der Vertragspartner in der Zwischenzeit insolvent ist? Die Forderungen des ETF wären dann de facto null und nichtig. Zwar geben die beteiligten ETF-Herausgeber an, man hätte sich gegen solche Risiken schon abgesichert. Aber wie viel diese Sicherheiten im Krisenfall wert sind, hat man ja während der Finanzkrise gesehen.

Neben den durchaus seriösen ETFs mit klarer und transparenter Struktur hat sich so im Laufe der letzten Jahre schon wieder ein wahrer Dschungel von synthetischen und gehebelten ETF-Produkten gebildet, die jedes Zockerherz beglücken. Man kann auf steigende oder fallende Börsenkurse in der Türkei wetten. Man kann – auch via BlackRock – von der Eurokrise profitieren, indem man auf steigende Zinsen für italienische Staatsanleihen wettet, oder man kann darauf wetten, dass der Immobilienmarkt in China bald kollabiert[5]. Ist man besonders risikofreudig, findet man zu den meisten Indizes auch Hebelprodukte, mit denen man Gewinn und Verlust multiplizieren kann. Mit dem »Lyxor ETF Daily Shortdax x2« kann man beispielsweise mit einem 2:1-Hebel auf Verluste beim deutschen Dax wetten, mit dem »LCOR WisdomTree Corn 2x Daily Leveraged« kann man mit dem gleichen Hebel auf steigende Mais-Preise wetten. Alles rein synthetisch über Swaps versteht sich. Willkommen im Finanzcasino.

Risiken im System

Am Mittag des 6. Mai 2010 sah es zunächst noch so aus, als würde dieser Donnerstag an der Wall Street ein ganz normaler, wenig aufregender Arbeitstag werden. Doch dann fielen ohne erkennbaren Grund um 14.32 Uhr New Yorker Zeit die Kurse ins Bodenlose. Binnen weniger Minuten brach der Dow Jones um rund neun Prozent ein – das wäre hinter dem Schwarzen Dienstag von 1987 und dem Schwarzen Donnerstag von 1929 der größte historische Verlust in der Geschichte der Wall Street gewesen. Zehn Minuten später war der Spuk jedoch wieder vorbei. Wie von magischer Hand gesteuert, stiegen die Kurse genauso schnell, wie sie zuvor gefallen waren, um am Ende des Handelstages mit einem nur leichten Kursverlust den turbulenten Handelstag zu beenden.

Während dieses »Flash Crashs« herrschte jedoch Panik pur. Über eine Billion US-Dollar waren zwischenzeitlich »vernichtet«, zahlreiche Aktien markierten absurd niedrige Werte, die bis zu 99 Prozent unter dem Wert lagen, zu dem sie Minuten zuvor noch gehandelt wurden. Paradoxerweise notierte die Aktie des Auktionshauses Sotheby's, die zuvor mit 34 US-Dollar bewertet wurde, während des Trubels zeitweise bei 100 000 US-Dollar[6], und damit war Sotheby's für ein paar Sekunden mit einer Marktkapitalisierung von mehr als sechs Billionen US-Dollar das wertvollste Unternehmen der Welt.

Während des Flash Crashs wurden beinahe 1,3 Milliarden Aktien gehandelt – sechsmal so viel wie in normalen Zeiten. Lange Zeit rätselten die Aufsichtsbehörden, wie es zu diesen dramatischen Bewegungen kommen konnte, und mehr als vier Jahre später präsentierte man endlich einen Schuldigen – Navinder Singh Sarao, ein zum Tatzeitpunkt 31 Jahre alter Hobbytrader, der von seinem Zimmer im elterlichen Haus in einem Londoner Vorort ein computergesteuertes Handelsprogramm entwickelt hatte, das die Wall Street an den Rand des Exitus brachte.

Sarao täuschte Verkaufsorder in großem Stil vor und ließ diese Order den Bruchteil einer Sekunde später wieder annullieren. Die Handelssysteme der Börsen registrierten jedoch nur eine plötzlich einsetzende Verkaufswelle und korrigierten die Kurse der betreffenden Aktien dementsprechend niedriger. Nun kaufte Sarao zum künstlich nach unten manipulierten Kurs und verkaufte die Papiere wieder, wenn sich die Lage wieder geklärt hatte und die Kurse wieder auf dem alten Niveau waren. Mit dieser Methode soll der junge Brite nach Angaben der US-Justiz binnen fünf Jahren stolze 50 Millionen US-Dollar verdient haben[7]. Später sollten seine Anwälte behaupten, dass es bei ihm nichts zu holen gebe, da er sein gesamtes Geld später in »schlechten Investments« wieder verloren habe. Sarao wurde von der US-Justiz in 22 Punkten angeklagt, jedoch am Ende auf Bewährung auf freien Fuß gesetzt. Dafür wurde ihm auf Lebzeiten verboten, mit Wertpapieren zu handeln, und ansonsten sollte sich der Vater künftig besser um seinen Jungen kümmern.

Ob Sarao nun wirklich der Verantwortliche für den Flash Crash war, ist jedoch höchst umstritten. Schließlich hatte er mit dieser Methode, die keinesfalls unbekannt und verboten ist, Hunderte Male an verschiedenen Börsen die Kurse manipuliert, ohne dass es zu Turbulenzen kam. Dass ein junger Hobbytrader ausgerechnet die New York Stock Exchange, die bei Weitem größte Börse der Welt, lahmgelegt haben soll, wird wohl eher eine Ausrede sein, mit der man einen Schuldigen gefunden hat, der außerhalb des Systems steht. Hauptsache, niemand zweifelt an der Unfehlbarkeit des Handelssystems und stellt den Aufsichtsbehörden unbequeme Fragen.

Besonders bemerkenswert war am Flash Crash von 2010 ein damals nur am Rande notiertes Phänomen – zahlreiche ETFs, die den Aktienindex nachbilden sollten, notierten während des Crashs um bis zu 60 Prozent unter dem Wert, den sie eigentlich laut ihrer Zusammensetzung zu diesem Zeitpunkt haben sollten. Ein ähnliches Phänomen konnte schon – wenn auch in viel kleinerem Ausmaß – beim Crash 2008 beobachtet werden, als die Kurse für ETFs um fünf bis acht Prozent unter dem Wert markierten, den sie eigentlich auf Basis der zugrunde liegenden Werte haben müssten.

Die zuständigen Behörden untersuchten den Flash Crash von 2010 und führten einige neue Regelungen ein, die ein ähnliches Szenario in der Zukunft verhindern sollten. Doch gerade in Bezug auf die ETFs verschlimmbesserte man damit die Lage und trug so zu einen Teil dazu bei, dass es fünf Jahre später abermals zu einem Komplettversagen der ETFs kam.

Run for the Exit

Am Sonntag, den 23. August 2015, erreichten schlechte Meldungen aus China die Wall Street. Der Shanghaier Aktienindex gab um einige Punkte nach, und die hypernervösen Finanzmagier an den Börsen befürchteten schon das Schlimmste. In diesem Sommer hatten die Hedgefonds-Manager Kyle Bass und Paul Singer in ihrer unsagbaren Weisheit vorhergesagt, dass es nur eine Frage der Zeit sein würde, bis China in eine schwere Krise rutscht, die die Finanzkrise der USA locker in den Schatten stellt[8]. Als auch noch die Kurse an den europäischen Börsen nachgaben, herrschte an der Wall Street am Montagmorgen erst einmal Panik.

Wer am Montagmorgen eigentlich Aktien kaufen wollte, strich seine Order, und besonders clevere Händler wetteten nun auf fallende Kurse[9]. Dazu liehen sie sich – wie bereits beschrieben – von Indexfonds Aktien aus, die sie dann gleich verkauften, um sie später wieder für weniger Geld zurückzukaufen und den Indexfonds zurückzugeben. Noch bevor die Börse überhaupt ihre Toren öffnete, gab es also fast keine Kauf-, dafür umso mehr Verkaufsorder im System.

Nun wurde auch die Börsenaufsicht unruhig. Da es für viele der gehandelten Aktien nur Verkaufs-, aber keine Kauforder gab, konnte zum Börsenstart auch deren Kurs nicht ermittelt werden. Dieses Problem wurde nun auch noch dadurch verschärft, dass die New Yorker Börse ihre »Regel 48« gezogen und sämtliche Preishinweise vor Börseneröffnung ausgesetzt hatte. Die Händler stocherten im Nebel. Als die Börse dann um 9.45 Uhr den Handel eröffnete, waren mehr als ein Drittel der gelisteten Aktien noch gar nicht zum Handel freigegeben. Es kam, wie es kommen musste. In schierer Panik folgten die Schafe dem Herdentrieb und verkauften, was das Zeug hält. Binnen fünf Minuten gab der Dow Jones um 1 100 Punkte, also rund sieben Prozent nach.

Dieses Schema ist keinesfalls unbekannt und wird als Liquiditätsproblem bezeichnet. Wenn alle Marktteilnehmer möglichst schnell aus dem Markt rauswollen (engl. Run for the exit) und es fast niemanden gibt, der noch kaufen will, gibt es keine Liquidität im Markt, und die Kurse fallen weiter, und mit jedem weiteren Verlust sind mehr Marktteilnehmer gezwungen, sich der flüchtenden Herde anzuschließen und ebenfalls ihre Verkaufsorder zu platzieren.

Glaubt man den Lobbyisten der ETF-Anbieter, wirken börsengehandelte Indexfonds in dieser Situation stabilisierend, da sie so groß sind, dass sie anders als einzelne Aktien stets liquide sein sollen. Eine Fehleinschätzung, wie es sich am 24. August 2015 besonders eindrücklich herausstellte. Denn welchen Wert soll ein ETF abbilden, wenn die Einzelwerte des dazugehörigen Index nicht vorliegen? Die meisten ETFs verzeichneten nun Wertverluste, die deutlich größer als die Verluste der zugrunde liegenden Papiere waren – falsche Preise, die später wieder korrigiert wurden. Und dies waren nicht die synthetischen ETFs der Finanzmagier, sondern die milliardenschweren, als besonders sicher geltenden ETFs von BlackRock und Co.

Und dann kam auch noch eine Regelung mit dem Namen »Limit up, Limit down« zum Einsatz, mit der die Börsenaufsicht eigentlich einen weiteren Flash Crash verhindern wollte. Wenn die Verluste eines gehandelten Papiers zu hoch werden, setzt die Börse den Handel mit diesem Papier automatisch aus. Was folgte, waren über 1 000 Handelsaussetzungen bei ETFs, die die panische Herde noch verrückter machten.

Der große Kladderadatsch war da und führte bei vielen ETF-Kunden zu teils dramatischen Verlusten. Diese hatten auf ihrem ETF-Portfolio nämlich sogenannte Stop-Loss-Order eingerichtet. Sie hatten also im Börsensystem Anweisungen hinterlassen, ihre ETFs automatisiert zum »besten Kurs« zu verkaufen, wenn der Wert eine bestimmte Schwelle unterschreitet. Vor allem bei Vermögensverwaltern, die eine ausgeklügelte Strategie aus Ertragschancen und Risikominimierung durch die Begrenzung der Verluste verfolgen, ist dieses Vorgehen keinesfalls unüblich.

Am 24. August 2015 wirkten diese Vorkehrungen zur Vermeidung von Verlusten jedoch als Brandbeschleuniger und führten zu genau jenen Verlusten, die sie eigentlich vermeiden sollten. Nach einem Bericht der Börsenaufsicht SEC notierten an diesem Tag 19 Prozent der gehandelten ETFs um mehr als 20 Prozent weniger als am Vortag. Und dies bei einem Aktienmarkt, der selbst »nur« um 7,2 Prozent niedriger notierte. Die ETFs notierten niedriger als die Aktien, deren Entwicklung sie widerspiegeln sollten. Besonders dramatisch war dieser »falsche Preis« dabei offenbar bei einigen Produkten aus dem Hause BlackRock. So soll der »iShares Select Dividend ETF« um 9.42 Uhr um mehr als 35 Prozent verloren haben, während die zugrunde liegenden Aktien nur um zwei bis vier Prozent niedriger notierten[10].

Diese anfänglichen Kursverluste führten dazu, dass bei zahlreichen BlackRock-Kunden die Stop-Loss-Order ausgelöst wurde und ihre Anteile an den betreffenden ETFs automatisiert verkauft wurden. Diese Verkaufsorder trafen jedoch auf einen illiquiden Markt, an dem es – auch wegen der Kursaussetzungen – keine Käufer gab. In Folge gaben die Kurse noch weiter nach, und da die Verkaufsorder ja zum »besten Kurs« lautete, wurden sie dann zu einem mehr als 30 Prozent zu niedrigen Preis automatisiert an die ersten Käufer verkauft.

Im Laufe des Handelstages konnten die Kurse sich wieder fangen, und am Ende schloss der Dow Jones mit einem Verlust von 3,6 Prozent, der in den nächsten Tagen aber wieder ausgeglichen werden konnte. Es handelte sich also einmal mehr um einen Flash Crash. Das half den BlackRock-Kunden aber auch nicht, die durch die »falschen Preise« und die automatisierte Verlustabsicherung teils mehr als 30 Prozent ihres Ersparten verloren hatten. In Folge kam es zu einer Sammelklage, die unter dem Aktenzeichen CGC-16-552567[11] am 16. Juni 2016 am Superior Court des Staates Kalifornien in San Francisco eingereicht wurde – BlackRock vs. BlackRock, die Kunden von BlackRock ETF gegen die BlackRock Inc., iShares Trust und deren Tochterfirmen.

Ein Urteil in diesem Fall steht noch aus. Es geht um einen besonders delikaten Fall von Anlegertäuschung. In seinen Verkaufsunterlagen hatte BlackRock die ETFs damit beworben, dass sie vor allem in Zeiten von Marktturbulenzen durch ihre strukturbedingte Liquidität Angebot und Nachfrage ausbalancieren könnten. Wörtlich bewarb man die Papiere damit, eine Art »Notbremse in einem Fahrstuhl zu sein, bei dem die Tragseile gerissen sind«. Am 24. August 2015 waren sie das genaue Gegenteil.

Kurze Zeit später kündigte die Wertpapieraufsicht SEC an, »das gesamte ETF-Ökosystem erneut zu überprüfen«. Ob dies überhaupt ergebnisoffen möglich sein wird, darf jedoch getrost bezweifelt werden. Die Schattenregierung BlackRock hat schließlich beste Verbindungen zur Politik und schaffte es bislang, jeden Ansatz, der auf eine schärfere Regulierung hinausläuft, bereits im Keim zu ersticken.

Nach dem Crash ist vor dem Crash

Derartige Flash Crashs sind immer wieder möglich und liegen sogar in der Natur des Systems. Am 5. Februar 2018 brach der Dow Jones einmal mehr innerhalb von wenigen Minuten dramatisch ein und konnte sich dann wieder halbwegs erholen. Diesmal lag der zeitweilige Verlust bei 1 597 Punkten, der – zumindest in absoluten Zahlen – größte Verlust der Geschichte und wieder traf es zeitweilig die ETFs in einem besonderen Maße.

Das größte Problem der Indexfonds und ETFs ist jedoch – so paradox es klingen mag – deren großer Erfolg. Heute ist der Markt für Indexfonds und ETFs sechs Billionen US-Dollar groß und wächst weiterhin unaufhörlich. BlackRock prognostiziert bereits eine Verdreifachung des Marktes in den nächsten fünf Jahren[12]. Der Hauptanteil dieser Fonds bildet die großen Aktienindizes ab und muss die Kundengelder in die Aktien anlegen, die den jeweiligen Index bilden. Dies erfolgt dann kapitalgewichtet. Ein Indexfonds, der den S&P 500 abbildet, muss also 4,08 Prozent der Kundeneinlagen in Aktien von Apple investieren, 3,29 Prozent in Microsoft, 3,92 Prozent in Amazon und so weiter.

Diese »Gießkannenmethode« führt dazu, dass vor allem die Aktien der im Index hoch gewichteten Unternehmen immer stärker nachgefragt werden und sich alleine schon wegen dieser steten zusätzlichen Nachfrage im Preis steigern. Steigt der Preis, steigt die Marktkapitalisierung des Unternehmens und dies in Relation zu den anderen im Index vertretenen Unternehmen. Damit werden Apple, Microsoft, Amazon und Co. durch die verstärkte Nachfrage nach Indexfonds immer wertvoller, ohne dass diese Wertsteigerung etwas mit deren unternehmerischen Tätigkeiten zu tun hat. Sie gewinnen an Wert, weil sie ohnehin schon wertvoll sind und Indexfonds ihre Aktien kaufen müssen, um den Index nachzubilden.

Da sollte man sich schon die Frage stellen, ob der Börsenwert dieser Unternehmen überhaupt gerechtfertigt ist. Ist Apple wirklich 1 160 Milliarden US-Dollar, Microsoft 1 100 Milliarden US-Dollar und Amazon 887 Milliarden US-Dollar wert? Oder ist dieser Wert bereits heute massiv verzerrt und überbewertet, weil die Indexfonds als stetige Käufer den Aktienpreis nach oben katapultieren?

Und was für die ganz Großen zutrifft, gilt natürlich für alle Unternehmen, die in den populären Indizes gelistet sind. Eigentlich besagt ja die Theorie, dass der Markt – wer auch immer das konkret sein soll – Aktien von Unternehmen kauft, die besonders vielversprechend sind, gut gemanagt werden oder schlicht unterbewertet sind, und Aktien von Unternehmen verkauft, die auf dem absteigenden Ast sind, schlecht gemanagt oder überbewertet sind. Nun gibt es am Markt aber einen riesigen Akteur, dem solche Dinge komplett egal sein müssen. Indexfonds kaufen schließlich gerade eben nicht selektiv, sondern fahren auf Autopilot und kaufen blind, wie es der Index vorgibt.

Eine Studie des »European Systemic Risk Boards«[13] kommt zu dem Ergebnis, dass heute an den Börsen der USA bereits jeder dritte Handel direkt oder indirekt mit den ETFs zu tun hat. Bei einer stetig steigenden Nachfrage nach ETFs bedeutet dies auch, dass die ETFs eine stetige Nachfrage nach diesen Aktien ausüben.

Woran liegt es, dass der S&P 500 in den letzten drei Jahren um eigentlich unvorstellbare 47,6 Prozent gestiegen ist, obwohl sowohl die Welt- als auch die US-Konjunktur eher vor sich hindümpeln? Waren die Unternehmen, die den S&P 500 bilden, besonders ertragsstark? Werden sie so genial gemanagt? Oder liegt der maßgebliche Grund für den anhaltenden Bullenmarkt nicht vielmehr darin begründet, dass ihm stetig neue Gelder zugeführt werden, die den Aktienkurs auf der Nachfrageseite stimulieren? Wenn dies so ist, dann ist der heutige Aktienkurs aller in diesen Indizes vertretenen Unternehmen durch die künstliche und nicht selektive Nachfrage seitens der Indexfonds und ETFs deutlich überbewertet. Die entscheidende Frage ist, wie lange das gutgehen kann. Wie lange können Aktienkurse abgekoppelt von den Fundamentaldaten der Unternehmen steigen? Ohne es zu wissen, könnten wir uns bereits jetzt in einer gigantischen Finanzblase befinden. Und sollten die Prognosen von BlackRock eintreten – und das ist keinesfalls unwahrscheinlich –, könnte der Aktienmarkt auf die Mutter aller Blasen zusteuern.

Einen problematischen Einfluss auf die Blasenbildung haben dabei vor allem Indexfonds, die sich auf bestimmte Nischen konzentriert haben. Na klar, jeder Anleger will möglichst früh dabei sein, wenn eine Nische so richtig profitabel wird. Das Problem dabei ist, dass diese Nischen eigentlich viel zu klein sind, um das massenhaft über die Fonds einströmende Geld sinnvoll aufzunehmen. Schon heute sind bei den Technologie-, Immobilien- und Versorgeraktien mehr als zehn Prozent der kursierenden Aktien in den Händen von ETFs.

Wer beispielsweise meint, dass die Digitalisierung das nächste große Ding ist, für den hat BlackRock den »iShares Digitalisation UCITS ETF«[14] im Angebot. Der bezieht sich auf einen entsprechenden Index des Schweizer Indexerstellers Stoxx, einer Tochter der Deutschen Börse AG. Das Schwergewicht in diesem Index ist der brasilianische Onlinehändler B2W. Aufgelegt wurde das 570 Millionen US-Dollar schwere ETF aus dem Hause BlackRock im September 2016. Zu diesem Zeitpunkt war die Aktie von B2W, die seit 2014 stark an Wert verloren hatte, rund zehn brasilianische Real wert. Seit der Auflegung des BlackRock-ETFs verfünffachte sich jedoch der Wert, und im November 2019 notiert das Papier bei über 52 brasilianischen Real. Gemessen an diesem Kurs ist B2W heute mehr als 5,6 Milliarden US-Dollar wert. Warum ist der Wert von B2W in diesen drei Jahren derart rasant gestiegen? An den Geschäftszahlen kann es nicht liegen. Das Unternehmen erwirtschaftet seit Jahren Verluste[15], und der Umsatz ist im Vergleich zu 2016 um rund ein Viertel gesunken. Alle Renditeziele des Vorstands wurden in den letzten Geschäftsjahren krachend verfehlt. Dennoch hat sich der Aktienkurs verfünffacht. Hier liegt der Verdacht auf der Hand, dass die Aktie schlichtweg steigt, weil der Großanleger BlackRock durch die ETF-Struktur gezwungen ist, permanent Aktien dieses Unternehmens zu kaufen, und B2W ist natürlich nicht nur im Portfolio dieses ETF. Unter den größten Aktionären des Unternehmens finden sich auch die Namen Vanguard, das mit gleich zwei Indexfonds bei B2W aktiv ist, Wells Fargo und zahlreiche andere Anbieter von Indexfonds.

Ein besonders schillerndes Beispiel ist der Elektrofahrzeughersteller Tesla. Auch Tesla schreibt seit Ewigkeiten rote Zahlen, ist jedoch auf Basis der Aktien 57,5 Milliarden US-Dollar wert. Das ist in etwa so viel wie der deutsche Automobilkonzern Daimler und fast 20 Prozent mehr als BMW. Der Umsatz von Daimler ist jedoch achtmal so hoch wie der Umsatz von Tesla, und während Tesla von Jahr zu Jahr seine Verluste anhäuft, ist Daimler profitabel. Dafür ist Tesla in so ziemlich jedem Technologieindex, wie dem Nasdaq oder dem US Tech 100, und auch in sehr vielen Indizes prominent präsent, die Unternehmen aus den Bereichen Nachhaltigkeit oder Elektromobilität abbilden. In Summe werden zurzeit fast 63 Prozent der Tesla-Aktien von sogenannten institutionellen Investoren gehalten – ganz vorne mit dabei BlackRock und Vanguard. Das Gesicht des Unternehmens, Elon Musk, hält nur ein Viertel der Aktien des Unternehmens.

Abschreckendes Beispiel: Deutschlands Energiewende

Wozu es führen kann, wenn eine überbordende Nachfrage an Aktien aus einem bestimmten Segment auf einen Markt trifft, der viel zu klein für diese Nachfrage ist, lässt sich an der in den Sand gesetzten Energiewende in Deutschland zeigen. Mitte des letzten Jahrzehnts wurden regenerative Energien als das nächste große Ding gesehen. Im Jahre 2007 legte die Deutsche Börse mit viel Tamtam und noch mehr Optimismus den Öko-Dax auf, einen Index, der deutsche Unternehmen abbilden sollte, die ausschließlich aus der Branche der erneuerbaren Energien stammten und im Index in etwa gleichwertig vertreten sein sollten. Dumm nur, dass es zu diesem Zeitpunkt gar nicht so viele Unternehmen gab, die diese Kriterien erfüllten und ein tragfähiges Geschäftsmodell hatten. Man drückte beide Augen zu und fand schließlich zehn Unternehmen, die man dann zu den Gründungsmitgliedern des Öko-Dax machte.

Kaum war der Öko-Dax aufgelegt, kreierten Banken Finanzinstrumente, die sich an diesem Index orientieren, doch schon zwei Jahre später legten die Träume vom deutschen Öko-Wunder an der Börse eine Bruchlandung hin. Die Bundesregierung kassierte die bislang recht ordentlichen Einspeisevergütungen für Strom aus Photovoltaik, und plötzlich brach der Markt für deutsche Solarenergie-Firmen zusammen. Im schrumpfenden Markt begann ein desaströser Wettbewerb um Preismargen, den am Ende asiatische Hersteller für sich gewinnen konnten. Die meisten deutschen Solarenergie-Firmen meldeten daraufhin Konkurs an oder wurden von der Konkurrenz aus Asien übernommen. Schließlich kollabierte mit den Solarenergie-Firmen auch der Öko-Dax.

Von den Gründungsmitgliedern existiert heute nur noch der Biokraftstoffhersteller CropEnergies und der Windenergiekonzern Nordex. Nach jeder Pleite oder Übernahme wurden neue Unternehmen in den Index aufgenommen. Auch die hatten jedoch kein tragfähiges Geschäftsmodell und gingen ebenfalls pleite. Was folgte, war ein jäher Absturz des Index, der schließlich zum Exitus ab dem Jahr 2012 führte. Markierte der Öko-Dax am 16. Juli 2007 noch mit 837 Punkten, konnte er ab 2012 nie wieder die Marke von 100 Punkten überschreiten. Zurzeit markiert der Index bei rund 20 Punkten. Das ist jedoch im Grunde uninteressant, da er seit Jahren von der Deutschen Börse nicht mehr gepflegt und mittlerweile sogar ganz aus dem Angebot genommen wurde. Auch die ehemaligen Leuchttürme des Index wie die Conergy AG, die Solon SE oder die Q-Cells SE sind mittlerweile Geschichte – genau wie die Gelder der Anleger, die sich direkt oder indirekt über am Öko-Dax ausgerichtete Finanzinstrumente an den Unternehmen beteiligt haben.

Finanzblasen haben nun einmal leider die unschöne Eigenschaft, dass sie irgendwann platzen. Der Öko-Dax kann in diesem Kontext jedoch sogar als positives Beispiel gelten. Hier waren die Geschäftsmodelle der Unternehmen schließlich derart halbseiden, dass die Blase schon sehr schnell platzte. Der Schaden konnte zudem dadurch begrenzt werden, dass der Markt so klein war, dass es nicht einmal gelang, mehr als zehn Unternehmen in den Index aufzunehmen, und damit bei größeren Indexfonds von vorn herein ausschied. Große ETFs für dieses Branchenspektrum sind damals wie heute viel breiter gestreut. BlackRocks »iShares Global Clean Energy UCITS ETF« bildet beispielsweise den S&P Global Clean Energy Index ab, der immerhin 30 größere Unternehmen aus der gesamten Welt beinhaltet, die in diesem Segment tätig sind. Doch auch das konnte den Index nicht davor bewahren, von 2010 bis 2013 zwei Drittel seines Wertes zu verlieren. Seitdem bewegt er sich seitwärts – und das, obwohl die gelisteten Unternehmen größtenteils Verluste einfahren.

Aber das ist kein Wunder, schließlich versuchen neben dem BlackRock-ETF noch 460 weitere ETFs unterschiedlicher Anbieter, diesen Index abzubilden. Milliarden US-Dollar, die auf diesem Weg die Kurse der gelisteten Unternehmen in die Höhe treiben. Eines der Schwergewichte im Index ist der US-Solarkonzern First Solar, bei dem institutionelle Anleger fast 90 Prozent der umlaufenden Aktien halten – alleine die drei größten davon, BlackRock, Vanguard und Wellington, halten mehr als 20 Prozent der Aktien. Der Konzern ist dadurch mehr als 5,5 Milliarden US-Dollar wert, obgleich sich sein Umsatz in den letzten vier Jahren fast halbiert hat und er in den letzten drei Jahren fast eine halbe Milliarde US-Dollar Verlust gemacht hat.

Wie nachhaltig es sein kann, wenn der Wert eines Unternehmens sich dauerhaft von dessen Geschäftszahlen abkoppelt, wird die Zukunft zeigen. Die Gefahr, dass ETFs diesen Trend verstärken und so zu vielen kleinen und vielleicht sogar zu einer sehr, sehr großen Finanzblase beitragen, ist jedoch sehr real. Umso erstaunlicher ist, dass nur sehr wenige Finanzmarktexperten diese Gefahr überhaupt thematisieren. Aber das war im Vorfeld der Finanzkrise ja nicht anders. So lange die Party läuft, musst du mittanzen. BlackRock steht am DJ-Pult und heizt die Stimmung an. Der billionenschwere Markt für Indexfonds und ETFs ist mittlerweile eine rauschende Party, die den Verstand der Tänzer schon mächtig eingenebelt hat. Aber keine Party dauert ewig und jeder weiß, dass der Kater am nächsten Morgen umso größer ist, je exzessiver man gefeiert hat. Doch wer mahnend den Finger erhebt, gilt in der Branche schnell als Spaßbremse.

Ein Paradox, dass eine dieser Spaßbremsen niemand anderer war als der Mann, der den Grundstein für die aktuelle Party gelegt hat – John Bogle, der Investmentgenosse, der auf dem Gebiet der Indexfonds als Pionier in die Geschichte einging. Für Spekulanten und Glücksritter hatte Bogle nämlich nichts übrig. Sein Ideal war der Anleger, der seine Ersparnisse in einen breit gestreuten und kostengünstigen Indexfonds anlegt, sich dann zurücklehnt und viele Jahre später die Renditen dieses Fonds nutzt, um im Alter ein besseres Leben zu führen. ETFs entsprächen, so Bogle, aber allein schon vom Charakter her nicht dieser Philosophie. Sie seien strukturell eher ein Spielball der Glücksjäger und darauf ausgerichtet, möglichst häufig gehandelt zu werden. Daran verdienen jedoch vor allem die Banken und Spekulanten und nicht etwa die Kleinanleger, für die diese Papiere von Bogle eigentlich konzipiert waren.

Eurokrise: Europa unterwirft sich

Mit der Übernahme von Barclays Global Investor und deren iShares-Sparte hatte BlackRock nun auch seinen Fuß nachdrücklich auf den europäischen Kontinent gesetzt. Über die Beteiligungen von iShares war der Gigant aus New York nun auch mit vielen Milliarden US-Dollar an europäischen Unternehmen und vor allem an den Banken der alten Welt beteiligt. Beim britischen Bankriesen HSBC, den spanischen Banken Bilbao und Santander, der italienischen Banco Intesa und der Deutschen Bank war BlackRock nun größter oder zweitgrößter Aktionär. Dummerweise kam nun Stück für Stück ans Licht, dass auch die europäischen Banken ihre Bilanzen in einem unvorstellbaren Maße mit den Schrottpapieren der Wall Street vollgepumpt hatten. Der Anteil toxischer Papiere in den Bilanzen europäischer Banken übertraf in vielen Fällen sogar das amerikanische Bankensystem. Das ist freilich kein Zufall und an dieser Stelle sollte man mit einem weitverbreiteten Irrtum aufräumen, der nicht zuletzt auch sehr gerne in den Schlagzeilen deutscher Medien verbreitet und von Institutionen wie dem IWF befeuert wird.

So titelte die *FAZ* beispielsweise am 21. April 2009[1]: »FINANZKRISE: IWF schätzt Verluste auf 4 Billionen Dollar«. Mit solchen Aussagen wird suggeriert, dass sinkende Kurse auf Wertpapiere tatsächliche Verluste seien. Jedem Kaufmann, der sich mal mit den Grundsätzen ordnungsmäßiger Buchführung beschäftigt hat, rollen sich da jedoch die Zehennägel hoch. Dazu ein kleines Rechenspiel aus meinem Buch *Wem gehört Deutschland*: Ihnen gehört ein kleines Stück Land mit einem Schrebergarten, wofür Sie einmal 10 000 Euro bezahlt haben. Beim Anlegen eines Gemüsebeets stoßen Sie auf einen goldfarbenen Klumpen Metall. Ihr Fund spricht sich schnell herum, und schon am nächsten Tag stehen mehrere Geschäftsleute vor Ihrer Tür, die Ihnen für Ihren Garten eine Million Euro bieten. Sie wollen jedoch abwarten und den Metallklumpen untersuchen lassen. Eine Woche später bekommen Sie das Gutachten, das Sie als glücklichen Besitzer eines Grundstücks mit einer Pyritader (im Volksmund Katzen- oder Narrengold) ausweist. Niemand ist nun mehr an ihrem Grundstück interessiert, und der Verkehrswert beträgt wieder 10 000 Euro – wie ehedem. Haben Sie nun tatsächlich 990 000 Euro verloren? Natürlich nicht, denn der Wert von einer Million Euro war nie real, sondern nur ein Erwartungswert, der auf falschen Prognosen beruhte.

Ähnlich verhält es sich mit den hochgejazzten Preisen für die Wertpapiere, die vor der Finanzkrise ebenfalls auf falschen Prognosen basierten. Dies führte zu zwischenzeitlichen Buchgewinnen, aus denen dann Buchverluste wurden. Echte Gewinne und Verluste sind aber nur die Gewinne und Verluste, die auch realisiert wurden. Davon gab es während der Finanzkrise selbstverständlich auch mehr als genug. Aber anders als bei den Buchgewinnen und Buchverlusten sind die realisierten Gewinne und Verluste streng genommen ein Nullsummenspiel. Oder um es mit einem Aphorismus des Bankers Amschel Meyer Rothschild zu sagen: »Ihr Geld ist nicht weg, mein Freund, es hat nur ein anderer.«

Und während der Finanzkrise wurde einiges an Geld umverteilt. Betrachtet man die Finanzkrise gemäß der Spieltheorie als eine Black Box, dann kamen in die Black Box unter anderem auf der einen Seite die Spargroschen deutscher Rentner mit Lehman-Zertifikaten rein und auf der anderen Seite die Porsches und Ferraris der Hypothekenhändler in den USA wieder heraus. Leider sind die realen Geldströme ein sehr komplexes Feld, und eine belastbare Übersicht, wie viel Geld durch die Krise von welchen Akteuren zu welchen Akteuren geflossen ist, gibt es nicht. Lässt man aber Buchgewinne und Buchverluste heraus und fokussiert sich auf die realen Geldströme, dürfte Wall Street jedoch der Akteur sein, der nach der Krise ziemlich viel Geld von anderen Akteuren bekommen hat. Eine riesige Umverteilung. Die Verlierer waren – wie sich später herausstellen sollte – zu einem großen Teil die Steuerzahler in Europa.

Ging es während der Krise noch um die Abwicklung einiger privater Banken wie der IKB und der Hypo Real Estate und Landesbanken wie der WestLB entwickelte sich die Finanzkrise trotz verschiedener Unterstützungsmaßnahmen der Zentralbanken 2010 zu einer massiven europäischen Bankenkrise. Nun kam heraus, was vorher in Finanz- und Bankenkreisen ein offenes Geheimnis war – die Banken hatten Buchgewinne mit realisierten Gewinnen verwechselt und auf Basis falscher Prognosen für die Werthaltigkeit ihrer Aktiva gewirtschaftet. Analog zum Beispiel mit der Goldader im Schrebergarten hatten sie sich also erst einmal kräftig verschuldet und eine große Party geschmissen. Sie hatten Kredite vergeben, Boni und Dividenden ausgeschüttet und sind Rückkaufvereinbarungen (Repos) eingegangen, die sie mit Papieren zum Buchwert abgesichert hatten. Kaum löste sich der Buchwert in Luft auf, stand der Passivseite der Bilanz nun kein Eigenkapital mehr entgegen. Die Banken waren durch die Reihe weg unterkapitalisiert und es war anscheinend nur eine Frage der Zeit, bis sie ein negatives Eigenkapital vermelden würden, also umgangssprachlich pleite waren. Nun riefen die Banken plötzlich nach dem Staat. Getreu dem Motto, Gewinne müssen privatisiert und Verluste sozialisiert werden, sollte die Allgemeinheit die Rechnung für die realisierten Verluste der Banken präsentiert bekommen. Und um diesen, wie Sahra Wagenknecht es einmal nannte[2], »Bankensozialismus« umzusetzen, brauchten Politik und Banken Zahlen. Und niemand anderes als BlackRock lieferte die gewünschten Zahlen.

Der keltische Tiger taumelt

Als erster Dominostein sollte Irland fallen. Die grüne Insel hatte sich bereits Ende der 1990er-Jahre in den viel zitierten »keltischen Tiger« verwandelt, der durch niedrige Unternehmenssteuern vor allem amerikanische Konzerne anzog, die ihre Europa-Filialen in die schnell wachsenden neuen Geschäftsvierteln von Dublin und Cork verlagerten. Die Wirtschaft der Insel dürstete nach Krediten, doch die heimischen Banken waren zu klein für die große Aufgabe, den Tiger zu füttern. Also deregulierte man das Bankensystem und nahm es auch mit der Bankenaufsicht nicht so genau. Von 2003 bis 2007 stieg die Auslandsverschuldung der sechs großen irischen Banken (Bank of Ireland, Allied Irish Banks, Anglo Irish Bank, Irish Life & Permanent, Irish Nationwide Building Society und Educational Building Society) von 16 auf rund 100 Milliarden Euro und übertraf damit sogar das irische Bruttoinlandsprodukt[3]. Eine derart hohe Verschuldung wies ansonsten nur das isländische Bankensystem auf, das im Kielwasser der Finanzkrise ebenfalls kollabierte. Und wer lieh den irischen Banken so viel Geld? Allen voran deutsche Banken, die vor britischen, spanischen und französischen Banken vor der Finanzkrise die größten Gläubiger des irischen Finanzsystems waren[4]. Abgesichert waren die Anleihen der irischen Banken mit toxischen Papieren der Wall Street und verbrieften Hypothekenkrediten aus Irland. Spätestens seit dem Platzen der irischen Immobilienblase im Jahre 2007 – die Immobilienpreise in Irland sollten sich in den folgenden fünf Jahren halbieren[5] – hatten die irischen Banken nun ein massives Problem. Ihnen fehlte Eigenkapital.

Nun sprang der irische Staat in die Bresche und stellte in einem ersten »Rettungspaket« den beiden sieben Milliarden Euro für die beiden größten Banken des Landes zur Verfügung. Doch dieses Paket war schneller abgefrühstückt als eine Schale Porridge, und nun meldeten auch noch zwei weitere Banken akuten Kapitalbedarf an. Schnell war klar, dass Irland seine Banken aus eigener Kraft nicht retten kann. Daher wandte man sich im Dezember 2010 an die Europäische Union. Schließlich waren die irischen Banken ja vor allem bei deutschen, spanischen und französischen Banken verschuldet, und ein Zusammenbruch des irischen Bankensystems würde eine Kettenreaktion auslösen. In Brüssel stieß man daher auch auf offene Ohren, aber so ganz geheuer war den anderen Eurostaaten die irische Anfrage nicht. So etwas wie einen europäischen Rettungsschirm gab es zu dieser Zeit noch nicht, und allen voran Deutschland war nicht gerade begeistert von der Idee, Irland einen Milliardenkredit zu geben, den man womöglich nie wieder zurückbekommen würde. Also holte man sich einen großen Partner ins Boot – den Internationalen Währungsfonds IWF. Der erklärte sich auch schnell dazu bereit, zusammen mit den Eurostaaten ein 50-Milliarden-Euro-Paket zur Rekapitalisierung der irischen Banken zu schnüren, stellte aber eine Bedingung: Bevor man Geld zur Verfügung stellt, müsse die irische Zentralbank das Bankensystem durch eine »unabhängige« Stelle prüfen lassen, die mit derlei Aufgaben vertraut ist und zuvor nicht für irische Banken als Berater in Erscheinung getreten ist.

Prinzipiell kamen da nur zwei Unternehmen in Frage – Oliver Wyman und BlackRock. Die amerikanische Bankenberaterfirma Oliver Wyman hatte eine gewisse Expertise auf diesem Gebiet vorzuweisen – so empfahl man 2005 nach einem Bericht der *Financial Times*[6] der Citigroup auf Basis einer angefertigten Strategieanalyse, sich stärker auf das profitable Geschäft mit Kreditderivaten und Kreditausfallversicherungen zu konzentrieren. Im selben Jahr empfahl man der Schweizer UBS eine ähnliche Strategie[7]. Später mussten Citigroup und UBS wegen Verlusten mit eben jenen Papieren vom US-amerikanischen und Schweizer Steuerzahler gerettet werden. Das war für den IWF freilich kein Ausschlusskriterium. Oliver Wyman war jedoch zuvor für die Banken tätig, die nun überprüft werden sollten. Im Vorjahr hatte man die Bilanzen der Bank of Ireland Group im Auftrag der Bank unter die Lupe genommen und prognostiziert, dass die Verluste sich binnen drei Jahren auf rund sechs Milliarden Euro summieren würden[8]. Dumm nur, dass die Verluste der Bank bereits wenige Monate nach der Wyman-Expertise die Marke von sieben Milliarden Euro überschritten. Im Krisenjahr 2007 pries Oliver Wyman die Anglo Irish Bank, die zwei Jahre später einen Verlust in Höhe von 12,7 Milliarden Euro vermelden sollte, auf dem Weltwirtschaftsforum in Davos als die »beste Bank der Welt«. Es waren jedoch nicht diese – im Nachhinein skurrilen – Fehlprognosen, die Oliver Wyman von der

Überprüfung des irischen Bankensystems ausschlossen, sondern der Auftrag der Bank of Ireland Group im Jahr zuvor. Dies verstieß gegen die Auswahlkriterien des IWF, und daher blieb nur ein möglicher Kandidat übrig: BlackRock. Als Larry Fink von diesem Auftrag erfuhr, jubelte er. Das sei ein »gigantischer Auftrag«. Doch was genau war an diesem Auftrag so gigantisch? Nach Recherchen des Brüsseler *EUobserver*[9] kassierte BlackRock für seine Dienstleistungen in Irland gerade einmal 30 Millionen Euro – viel Geld, aber für den Billionen-Giganten Black-Rock kaum mehr als ein kleiner Imbiss am Wegesrand. Gigantisch war der Auftrag der irischen Zentralbank aus einem ganz anderen Grund. Dank der Aufträge der FED und des US-Finanzministeriums, in deren Auftrag BlackRock die Portfolios zahlreicher Banken überprüfte und die Problempapiere von Bear Stearns, Fanny Mae, Freddie Mac und des Versicherungsgiganten AIF abwickelte, hatte man einen äußerst privilegierten Einblick in das amerikanische Bankensystem. Für BlackRock sind diese Informationen Gold wert. Schließlich konkurriert man selbst als Fondsgesellschaft und Vermögensverwalter mit diesen Unternehmen und – was noch wichtiger ist – tritt in dieser Funktion auch als Käufer von Papieren in Erscheinung, die Finanztitel eben jener Banken beinhalten, über die man nun Herrschafts- und Insiderkenntnisse hatte. Der Auftrag der Iren erlaubte BlackRock nun auch einen detaillierten Blick in das europäische Bankensystem. Außerdem hatte man jetzt den Fuß in der Tür und konnte auf Folgeaufträge hoffen. Die Journalisten Harald Schumann und Elisa Simantke vom Recherchekollektiv Investigate Europe hatten die genauen Querverbindungen am 8. Mai 2018 in einem äußerst lesenswerten Dossier im *Berliner Tagesspiegel*[10] nachgezeichnet.

Irland erwies sich als echter Glücksgriff für BlackRock. In den Jahren 2012 und 2013 sollten zwei Folgeaufträge in Dublin folgen. Am 4. November 2013 – die Banken wurden ja nun mit den Geldern des IWF und der Eurostaaten stabilisiert – beteiligte man sich an den irischen Banken, die man zuvor gleich drei Mal auf Herz und Nieren überprüft hatte. Man stieg mit drei Prozent bei der Bank of Ireland

Group ein und meldete, dass man nun Wertpapiere in Höhe von 162 Milliarden Euro in Irland halte[11].

Umgekehrt war BlackRock jedoch kein Glücksgriff für Irland. Recherchen des *EUobservers*[12] ergaben im Jahre 2013, dass die Ergebnisse des von BlackRock durchgeführten Stresstests das Papier nicht wert waren, auf dem sie standen. So prognostizierte BlackRock beispielsweise in einem Worst-Case-Szenario, dass die irischen Banken mit ihren sonstigen Geschäftstätigkeiten in Folgejahren von 2011 bis 2013 1,9 Milliarden Euro Gewinn machen würden. Stattdessen erzielten sie jedoch nur einen mageren Gewinn in Höhe von 400 Millionen Euro, also nur rund ein Fünftel des von BlackRock angenommen Worst Case.

Insgesamt hat die Bankenrettung den irischen Steuerzahler nach offiziellen Angaben[13] 41,7 Milliarden Euro gekostet. Auch hier gilt: Das Geld ist nicht weg, es hat nur ein anderer. Und zu den Gewinnern der Bankenrettung zählen auch BlackRock und die US-Finanzunternehmen, die den irischen Banken die faulen Papiere verkauft, sowie die deutschen Banken, die den Iren diese Spekulationen finanziert haben. So wanderten Paddys Steuergroschen in eine Black Box, an deren anderem Ende die Aktionäre der Deutschen Bank und natürlich die Kunden von BlackRock ihre Hände aufhielten.

Am Vorabend der Krise war der irische Staat lediglich 19,8 Prozent seines Bruttoinlandprodukts verschuldet. 2013 betrug die Schuldenquote inklusive der Garantien für den Bankensektor 113 Prozent. Die Zinsen für die irischen Staatsanleihen stiegen auf 5,9 Prozent. Darum wiederum profitierten vor allem die Gläubiger des irischen Staates, also die Banken, Fonds und Vermögensverwalter wie BlackRock. Was später in Deutschland als »Staatsschuldenkrise« bezeichnet wurde, war nichts weiter als eine gigantische Umverteilung von Geld – vom europäischen Steuerzahler in die Kassen der Banken, Fonds und Vermögensverwalter.

Flächenbrand

BlackRock hatte sich nun in Europa etabliert und musste nur auf den nächsten Dominostein warten, der gemäß der europäischen »Rettungslogik« schon bald umfallen musste. Dieser Dominostein war, was kaum überraschen konnte, Griechenland. Das Land war nur durch tatkräftige Mithilfe der Finanztrickser von Goldman Sachs[14] in den Euroraum aufgenommen worden und war zugleich dessen erstes Opfer. Eine Gemeinschaftswährung zusammen mit dem auf Exportstärke fokussierten Deutschland bot dem Land keine Chance auf eine eigentlich nötige Abwertung der eigenen Währung und eine damit verbundene Erhöhung der Wettbewerbsfähigkeit. Das ökonomisch starke Deutschland hatte den Zwerg an der europäischen Südperipherie schlichtweg plattgemacht.

Um den Bürgern des Landes dennoch Normalität vorzugaukeln, hatten die seit Jahrzehnten regierenden Parteien PASOK und Nea Dimokratia einen Staatshaushalt, der bis an die Grenzen der Bilanztrickserei auf Kante genäht war und entgegen der Stabilitätsvorgaben von EU und Eurogruppe keinerlei Reserven bot. Das mag in Zeiten des wirtschaftlichen Aufschwungs eine Zeit lang gutgehen. Nun brach aber, ausgelöst durch die Finanzkrise in ganz Europa, die Konjunktur ein. Auch in Griechenland sanken die Steuereinnahmen, und das ohnehin schon großzügig kalkulierte Defizit im Staatshaushalt wuchs und wuchs. Im Oktober 2009 meldete die Regierung in Athen, dass wohl eine Neuverschuldung in Höhe von 12,9 Prozent des Bruttoinlandprodukts nötig sein würde – erlaubt waren laut Vertrag aber nur 3,0 Prozent. Die Mächtigen der Eurozone, allen voran die deutsche Kanzlerin Angela Merkel, zeigten sich pikiert. In den folgenden Tagen sanken die Ratings für griechische Staatsanleihen, und spiegelbildlich schnellten die Zinsen für diese Papiere in die Höhe. Statt fünf Prozent Zinsen musste Griechenland nun für neu ausgegebene Staatsanleihen schon sieben Prozent Zinsen bezahlen. Für ein Land wie Griechenland, das schon vor der Krise mit mehr als 100 Prozent des Bruttoinlandprodukts verschuldet war, standen nun die Zeichen auf Sturm.

Nach Vorgaben aus Brüssel setzte die griechische Regierung zwei Austeritätspakete um, mit denen unter anderem die Renten gekürzt und die Mehrwertsteuern erhöht wurden, und verschlimmbesserten damit die konjunkturelle Lage abermals. Es wurde weniger nachgefragt, die Unternehmen meldeten Umsatzrückgänge, Mitarbeiter wurden entlassen, die Nachfrage sank weiter, die Steuereinnahmen gingen zurück, die Staatsausgaben stiegen, es mussten neue Staatsanleihen ausgegeben werden und die Zinsen stiegen unaufhörlich. Nun musste Griechenland schon zwölf Prozent anbieten, dass die Banken und Fonds die Anleihen überhaupt noch zeichneten, und ein Ausweg aus der Abwärtsspirale war nicht in Sicht. So sah sich der griechische Premier Giorgos Papandreou am 23. April 2010 gezwungen, die Europäische Union, die Europäische Zentralbank und den Internationalen Währungsfonds um Hilfe zu bitten. Eine Woche später stand das erste Rettungspaket mit einem Volumen von 110 Milliarden Euro. Doch die gab es nicht kostenlos. Die drei Institutionen zwangen Griechenland, die bereits begonnene Austeritätspolitik zu forcieren. Es folgten fünf weitere Austeritätspakete, und die griechische Volkswirtschaft brach komplett zusammen.

Griechenlands Gläubiger kamen mit einem blauen Auge davon. Stück für Stück wurden von August 2010 bis August 2014 81 Prozent[15] der griechischen Staatsschulden vom privaten Sektor, also den Banken, Versicherungen und Fonds, auf den öffentlichen Sektor übertragen, also die Eurostaaten, die EZB und den IWF. Zwar gab es im Oktober 2011 einen Schuldenschnitt, doch der bezog sich auf den Nennwert der griechischen Anleihen und nicht auf den viel niedrigeren Buchwert. Vor allem die deutschen und französischen Banken, die in großem Volumen diese Papiere gekauft hatten, konnten so ihre Anleihen an den Rettungsschirm weiterreichen und bekamen im Austausch sichere Anleihen des Rettungsschirms, die von den Eurostaaten, der EZB und dem IWF garantiert waren.

Weitaus härter traf es die griechischen Banken. Die mussten zwar ebenfalls leichte Wertkorrekturen bei den Anleihen vornehmen, ächzten nun aber unter den Kreditausfällen aus der Realwirtschaft, die unter dem Joch der Austeritätspolitik ihre Kredite nicht mehr bedienen konnte. Nun meldeten auch die griechischen Banken dringenden Bedarf nach einer Kapitalerhöhung an, und die Troika aus Eurogruppe, EZB und IWF verlangte nach einer »unabhängigen« Prüfung der Bilanzen des griechischen Bankensektors. Und wer käme dafür schon besser in Frage als BlackRock? Schon 2011 hatten die Griechen BlackRock mehrfach und ohne öffentliche Ausschreibung für die Prüfung der Bankbilanzen unter Vertrag genommen. Dies wurde für BlackRock jedoch nun zu einem Problem. Hätte man auch in Griechenland wie ein Jahr zuvor in Irland Beratungsunternehmen ausgeschlossen, die schon einmal im Auftrag der Banken deren Bücher überprüft hatten, wäre BlackRock erst gar nicht zum Zuge gekommen. Um dies zu verhindern, änderte der IWF seine Vergabepraxis und ließ den betreffenden Passus ganz einfach unter den Tisch fallen.

Operation »Solar«

2012 kochte in Griechenland die Volksseele. Um die BlackRock-Mitarbeiter nicht in Gefahr zu bringen, wurden sie, getarnt als Mitarbeiter einer Solarfirma, in einem schäbigen Athener Viertel untergebracht und prüften dort, wie Harald Schuman es im *Tagesspiegel* formulierte[16], »umgeben von Strip-Clubs und ausgebrannten Ruinen« die Bücher aller 18 griechischen Banken. Und für den Fall der Fälle hatte man Finks Männern gleich noch eine Truppe bewaffneter Personenschützer an die Seite gestellt. Auf Basis der Black-Rock-Analyse wurden aus den 18 griechischen Banken vier Großbanken geschmiedet, die im Folgejahr abermals von BlackRock auf Herz und Nieren überprüft wurden.

BlackRock kannte nun nicht nur sämtliche Bestandteile der Bilanzen des kompletten griechischen Bankensystems, sondern hatte auch Zugang zu den Kreditakten und den Kundendaten. Zeitgleich traten die Fonds von BlackRock als potenzielle Käufer für die Aktien eben jener Banken in Erscheinung. »Am Nachmittag gingen wir zu BlackRock, um ihnen unsere Aktien zu verkaufen; und zur gleichen

Zeit kamen einige andere Jungs von Blackrock, um unsere Bücher zu überprüfen«, berichtete Michael Masourakis, der frühere Chefökonom der griechischen Alpha Bank dem Rechercheportal Investigate Europe. Wie schon zuvor bei den BlackRock-Aufträgen in den USA und in Irland war der Interessenkonflikt förmlich greifbar. Aber es gab ja die legendären »Chinese Walls«, die ein Überspringen der Informationen von einem BlackRock-Mitarbeiter zu einem anderen BlackRock-Mitarbeiter verhindern sollen. Kontrolliert werden diese »Chinese Walls« natürlich von BlackRock selbst. Man muss schon sehr naiv sein, um wirklich an die Wirksamkeit dieser Mauern zu glauben.

Die griechische Zentralbank hatte mittlerweile eingeräumt, dass es einen Interessenkonflikt geben könne, da BlackRock eine solche Trennung nicht garantieren kann. Für den im Jahre 2015 durchgeführten Stresstest für die fünf griechischen Großbanken habe man, so ein Sprecher der Zentralbank, die Berater von BlackRock explizit »wegen potenzieller Interessenkonflikte« von der Beteiligung ausgeschlossen.

Welche Geschäfte BlackRock genau seinerzeit in Griechenland tätigte, ist nicht bekannt. Informationen dazu kamen nur stückchenweise an die Öffentlichkeit. So hatte sich ein Aktienhändler von BlackRock in einem Interview mit einem amerikanischen Finanzsender verplappert, als er zugab, dass BlackRock kurz vor einer folgenden Vereinbarung zwischen Griechenland und seinen Gläubigern griechische Staatsanleihen gekauft hatte. Durch die Vereinbarung sank das Ausfallrisiko für diese Papiere, die Kurse stiegen, BlackRock machte fette Gewinne. Zufall? Oder gab es doch vielleicht Löcher in der »Chinese Wall«?

Dann investierte BlackRock in ein griechisches Immobilienunternehmen, das massiv von der erzwungenen Privatisierung des Staatsbesitzes profitierte. Organisiert wurde die Privatisierung vom staatlichen »Hellenic Republic Asset Development Fund«. Geleitet wurde diese Einrichtung zu diesem Zeitpunkt von Paschalis Bouchoris,[17] der nach dem Wahlsieg der linken Syriza fristlos entlassen wurde.[18] Seitdem leitet er die griechische Vertretung von Black-

Rock[19] und koordiniert die Beratertätigkeiten des Unternehmens in Süd- und Osteuropa. All dies fand wohlgemerkt direkt unter den Augen der Vertreter der Eurogruppe, der EZB und des IWF statt. Anzeichen für eine Interessenkollision sahen die jedoch nicht. Es gäbe ja schließlich Verträge, die eine klare Trennung der Informationen innerhalb des Unternehmens garantieren. Die Konditionen der Verträge sind jedoch durchweg geheim. Es handele sich »um vertrauliche Informationen der Finanzaufsicht«, erklärte ein Zentralbanksprecher ganz ohne Ironie.

Rückschläge in Spanien, Portugal und Zypern

Doch nach den Aufträgen in Irland und Griechenland musste Black-Rock erst einmal ein paar unschöne Rückschläge hinnehmen. Der nächste Dominostein war Spanien, wo die Banken und eine aufgeblähte Bau- und Immobilienwirtschaft eine Blase am dortigen Immobilienmarkt geschaffen hatten, die nun zu platzen drohte. Auch Spanien hatte für die Überprüfung seines Bankensystems eigentlich BlackRock vorgesehen. Doch dann kam es zu Protesten im Cortes Generales, dem spanischen Parlament. Schließlich sah sich die ohnehin schon im Kreuzfeuer der Kritik stehende christdemokratische Regierung Rajoy gezwungen, einzulenken. Wirtschaftsminister Luis de Guindos erkannte nun plötzlich auch potenzielle Interessenkonflikte und entzog BlackRock den eigentlich schon zugesagten Auftrag wieder. Larry Fink soll vor Wut getobt haben, als er davon erfuhr[20].

Die Interessenkonflikte waren auch in Spanien mit den Händen zu greifen. BlackRock ist dort an den vier größten Immobilienentwicklern und den sechs größten Banken beteiligt. Insgesamt hat Black-Rock 5,1 Milliarden Euro in spanische Unternehmen investiert und hatte durch die gewonnenen Herrschafts- und Insiderinformationen einen wichtigen Vorteil für seine geschäftlichen Aktivitäten. In Spanien kamen nun die in Irland über die Vertragsvergaberichtlinien ausgesperrte US-Firma Oliver Wyman und das deutsche Beratungsunternehmen Roland Berger zum Zuge. Die gehören zwar auch zum zwielichtigen Klub der Hochfinanz, sind aber zumindest nicht gleichzeitig als Fondsanbieter oder Vermögensverwalter tätig. Die gleiche Combo kam kurze Zeit später auch in Portugal zum Einsatz.

In Zypern kam es ebenfalls zu Problemen. Dort holte die nationale Zentralbank statt BlackRock die Allianz-Tochter Pimco ins Boot. Doch offenbar passten den zypriotischen Banken die Ergebnisse von Pimco nicht. Also beauftragte Zentralbankchef Demetriades nun BlackRock, um die Ergebnisse von Pimco zu überprüfen. Black-Rock kam dann zu dem gewünschten Ergebnis, dass Pimco zu pessimistisch kalkuliert habe – so hoch sei der Finanzbedarf der Banken gar nicht, und eine erweiterte Finanzspritze durch die Troika sei gar nicht nötig. Die zypriotischen Banken, deren Geschäftsmodell es damals war, die versteckten Milliarden russischer und ukrainischer Oligarchen an der Steuer vorbei in so rentable Papiere wie griechische Staats- und Bankenanleihen zu investieren, wollten dies unter allen Umständen vermeiden, fürchteten sie doch, dass die Troika ihr lukratives, aber auch dubioses Geschäftsmodell beenden würde. Doch BlackRocks freundlichere Prognose kam (angeblich) zu spät. Die Troika entwickelte auf Basis von Pimcos Zahlen einen Rettungsplan, der jedoch nichts mehr am Untergang des zypriotischen Bankensektors ausrichten konnte. Man zerschlug die Bank of Cyprus und wickelte die Laiki Bank komplett ab.

Offenbar waren BlackRocks optimistische Prognosen mal wieder ihr Geld nicht wert. Die Troika hingegen machte eleganterweise von der Obergrenze der Einlagensicherung Gebrauch und entschädigte die Kunden nur bis zum Maximalbetrag von 100 000 Euro. So legte man einen großen Teil der Kosten für den Rettungsschirm auf die russischen und ukrainischen Oligarchen um, die sich aufgrund der dubiosen Herkunft ihrer Gelder noch nicht einmal beschweren konnten. Für BlackRock war das Kapitel Zypern also in doppelter Hinsicht ein Reinfall.

Mehr Erfolg hatte man dagegen in den Niederlanden. Dort bekam man 2012 und 2013 gleich zweimal den Auftrag, die Kredit-

und Immobilienportfolios der niederländischen Banken genauer unter die Lupe zu nehmen. Parlamentarischen Widerstand gab es auch in Den Haag. Schließlich war BlackRock damals gleichzeitig größter Aktionär der größten Bank des Landes, der ING-Gruppe. Doch nicht nur das – eine Tochter der ING ist auch ein umsatzstarker Vertriebskanal für BlackRock-Fonds. Der zuständige Finanzminister konnte die Kritik jedoch nicht nachvollziehen und sah keinen Interessenkonflikt. Schließlich gäbe es eine »Chinese Wall« zwischen den Beratern und den Fondsmanagern[21]. Ironischerweise hatte die niederländische Zentralbank 2007 BlackRock die Verwaltung ihres eigenen Pensionsfonds entzogen – wegen möglicher Interessenkonflikte, wie es hieß.

Niederländischer Finanzminister war zu diesem Zeitpunkt Jeroen Dijsselbloem, der zugleich Chef der Eurogruppe war und es bis 2018 bleiben sollte. Chefin des IWF, der BlackRock erst ins Boot geholt hat, war übrigens damals Christine Lagarde, die heute die EZB anführt und Mario Draghi beerbt, der nicht nur als ehemaliger Goldman-Sachs-Mann bestens mit Larry Fink vernetzt ist, sondern mit ihm zusammen auch in den illustren Lobbygruppen G30 und dem World Economic Forum sitzt. Man kennt sich halt.

Die Schattenzentralbank

Den Ritterschlag der europäischen Krisenmanager erhielt Black-Rock jedoch erst zwei Jahre später. Durch die nicht immer freiwilligen Kapitalerhöhungen und die neuen Bilanzvorschriften hatte man den Bankensektor zwar erst einmal vor dem Zusammenbruch gerettet, die Banken waren nun jedoch vor allem darauf fokussiert, ihre eigene Eigenkapitalquote wieder in den grünen Bereich zu manövrieren und womöglich kurze Zeit später schon als riskant eingestufte Kredite an die Realwirtschaft herunterzufahren. Die Konjunktur kam nicht mehr so recht in Gang, und das Lieblingsinstrument der Zentralbanker, die Zinssenkung, war fast komplett ausgereizt – der Leitzins wurde im September 2014 auf 0,05 Prozent abgesenkt, der Einlagesatz, also der Zinssatz für Banken, die ihr Geld bei der EZB parken, war schon im Juni zum ersten Mal in der Geschichte der EZB in den negativen Bereich gesenkt worden. Banken bekamen nun keine Zinsen mehr auf ihre Einlagen bei der EZB, sondern mussten im Gegenteil Geld dafür bezahlen. Doch all diese traditionellen Maßnahmen griffen nicht. Die Banken gaben auch weiterhin zu wenig Kredite an die Realwirtschaft aus.

An dieser Stelle muss jedoch auch die Frage gestellt werden, warum dies so ist. Haben die Banken nur deshalb keine Kredite vergeben, weil sie ihre Bilanzen sanieren mussten und die Vergabe an Krediten an die Realwirtschaft da möglicherweise konterproduktiv war? Wenn dem so wäre, würde in der Tat eine Senkung der Leitzinsen auf null oder sogar darunter einen gewissen Anreiz verschaffen, doch mehr Kredite zu vergeben. Es gibt jedoch auch einen alternativen Erklärungsansatz. Wenn die Nachfrage lahmt und die Wirtschaft nicht mit Auftragszuwächsen rechnet, hat sie auch keinen Anreiz großartig zu investieren. Und Investitionen sind nun einmal nach wie vor ein Hauptmotiv für die Inanspruchnahme eines Kredits. So hat die Austeritätspolitik der letzten Jahre direkt zu dem Problem geführt, auf das die Zentralbanker nun keine zufriedenstellende Antwort haben.

Hinzu kommt ein Wandel im Finanzsektor. International tätige große Unternehmen haben oft eher das Problem, dass sie zu hohe Rücklagen haben, und haben daher oft keinen Bedarf an Krediten. Im Gegenteil, sie treten auf dem Markt immer häufiger als Kreditgeber auf. Möglich machen dies die Dark Pools der Schattenbanken. Die größte Schattenbank der Welt ist BlackRock, und unter dem Zauberbegriff »Private Credit« beziehungsweise »Private Debt« ist BlackRock heute der Marktführer in der Vermittlung solcher Kredite aus der Schattenwelt. Schattenbanken wie BlackRock unterliegen jedoch nicht der Bankenaufsicht, obgleich die Vermittlung von Krediten ein originärer Geschäftsbereich des klassischen Bankgeschäfts ist.

Ob diese alternativen Erklärungsansätze im Kopf von EZB-Chef Mario Draghi eine Rolle spielten, ist unbekannt. Dass er sich in ei-

ner Sackgasse befand, war ihm aber durchaus bewusst. Der ehemalige Goldman-Sachs-Investmentbanker wollte jedoch nicht aus
dem eingeengten Horizont des Bankensystems ausbrechen und versuchte es nun mit einer neuen Zauberwaffe – er wollte den Banken
ihre teils nicht sonderlich liquiden besicherten Wertpapiere abnehmen und hoffte dadurch, den Banken den bilanztechnischen Spiel-
raum zu verschaffen, um doch mehr Kredite an die Realwirtschaft
zu vergeben. In der Bankersprache heißt dieser Ansatz »quantitative Lockerung« (engl. Quantitative Easing). Vier Jahre später ist
die Kreditvergabe immer noch nicht in Gang gekommen. Aber wie
sollte sie auch, wenn mit oder ohne Zauberwaffe diese Kredite ganz
einfach zu wenig nachgefragt werden?

Dennoch war Mario Draghi von seinem Plan überzeugt. Was
fehlte, war ein Konzept, wie die EZB besicherte Wertpapiere von
den Banken aufkaufen sollte. Welche Papiere kommen in Frage?
Welche Banken dürfen dieses Instrument nutzen? Und vor allem:
Wie viel zahlt die EZB den Banken für ihre Papiere? Dies sind Fragen, die äußerst delikat sind und enormes Konfliktpotenzial haben.
Schließlich geht es dabei um milliardenschwere Subventionen, die
je nach Gestaltung des Aufkaufmodells sehr selektiv an die Banken
der Eurozone ausgeschüttet werden – ohne parlamentarische Kontrolle, ja überhaupt ohne politisches Mandat.

Und wen suchte Mario Draghi aus, um für die EZB ein Konzept für
dieses umstrittene Programm zu entwickeln? Den Finanzkonzern,
der nicht nur an fast allen großen Banken der Eurozone maßgeblich
beteiligt ist, sondern auch noch in gigantischem Umfang selbst mit
den Asset Backed Securities Handel treibt, die nun von der EZB auf-
gekauft werden sollten – BlackRock. Der EZB-Präsident suchte für
die Umsetzung also ausgerechnet bei jenen Leuten Hilfe, die für das
ganze Schlamassel mitverantwortlich waren – den Vertretern von
Banken und Investmentgesellschaften.

Nun hatte BlackRock auch in Europa gleich einen doppelten Interessenkonflikt. Zunächst einmal durfte die Beratersparte des Unternehmens der Investmentsparte keine Informationen weiterreichen,
mit denen der Konzern Profite zulasten der Allgemeinheit hätte er-

zielen können. Und dann durfte die Beratersparte auch noch ein riesiges Aufkaufprogramm für die Papiere entwickeln, mit denen die Investmentsparte selbst in großem Umfang handelt. Wie hätte BlackRock verhindern sollen, dass Draghis Aufkaufprogramm vor allem für das Portfolio von BlackRock günstig ist? Eigentlich ist dies ein Ding der Unmöglichkeit.

Erschreckend hilflos fielen dementsprechend auch die Erklärungsversuche derer aus, die dem Verhalten der EZB irgendetwas Positives abgewinnen wollten. So zitierte die *WELT*[22] in diesem Zusammenhang Martin Hellmich, seines Zeichens Professor an der Frankfurt School of Finance & Management: »Gerade für die Analyse des wenig transparenten ABS-Marktes ist eine Kompetenz notwendig, die eine Zentralbank einfach nicht hat.« Wenn eine Zentralbank nicht die Kompetenz hat, ein solches Modell zu entwickeln, wie sollte sie dann die Kompetenz haben, zu überprüfen, wem das von BlackRock entwickelte Modell am Ende nützt? Die Vergabe an BlackRock war so gesehen nichts anderes als die hilflose Kapitulation der obersten Finanzaufseher. BlackRock war nun de facto die Schattenzentralbank der Eurozone.

Stresstest

Zwei Jahre später vollzog die Europäische Zentralbank dann den endgültigen Kotau vor den Finanzkonzernen. Vor dem Jahr 2014 war die Bankenaufsicht in der Eurozone Ländersache. Die Finanzkrise und deren Spätfolgen für das europäische Bankensystem hatten jedoch gezeigt, dass dieses System auf ganzer Ebene versagt hatte. Nun sollte die Aufsicht über die als systemrelevant angesehenen Banken einer zentralen, europäischen Behörde übertragen werden. Dies geht auf die Empfehlungen eines Komitees mit dem unbescheidenen Namen »Rat der Weisen zur Zukunft Europas«[23] zurück, in den unter anderem der ehemalige italienische Ministerpräsident und Goldman-Sachs-Berater Mario Monti berufen wurde. Am Ende dieses Prozesses standen dann die Bankenunion und der einheitliche Bankenaufsichtsmechanismus, der der EZB die Aufsicht über Banken in der Eurozone, deren Bilanzsumme über 30 Milliarden Euro oder 20 Prozent der Wirtschaftsleistung eines Landes ausmacht, überträgt. Die Europäische Zentralbank war jedoch bis zu diesem Zeitpunkt eine reine Notenbank, die überhaupt keine Kompetenzen im Bereich der Bankenaufsicht hatte. Also holte man sich Unterstützung von externen Beratern, und da es offenbar keine Kompetenzen außerhalb der Finanzkonzerne gab, beauftragte man die Konzerne, die man regulieren und beaufsichtigen sollte, mit der Konzeption der Aufsichtsmechanismen. Das ist in etwa so, als würde das Bundeskriminalamt die organisierte Kriminalität zurate ziehen, um Konzepte zu entwerfen, wie man den Drogen- und Menschhandel besser bekämpfen könne – die Mafiosi seien auf diesem Gebiet einfach kompetenter als die Polizei.

Ein ordentliches Stück vom Kuchen fiel dabei einmal mehr für BlackRock ab. Die Konzepte für die Bankenaufsicht der EZB sahen es vor, die als systemrelevant eingeordneten Banken regelmäßig sogenannten »Stresstests« zu unterziehen. Einen ersten Stresstest nahm die EZB bereits im Herbst 2014 vor. Dafür verpflichtete man das amerikanische Beratungsunternehmen Oliver Wyman, das ja bereits durch seine (Fehl)Prognosen bei der Bank of Ireland und den nationalen Stresstests in Spanien und Portugal zum Zuge kam. Wyman lieferte ein »Toolkit«, das jedoch kaum geeignet war, die Risiken im Bankensystem aufzudecken, sondern das vom Auftraggeber EZB offensichtlich eher dafür gedacht war, die Allgemeinheit zu beruhigen.

Was sollte mit diesem Stresstest erreicht werden? Um es vereinfacht auszudrücken, stellen die Banken bei einem solchen Test ihre sämtlichen Aktivitäten in einer Datenbank zusammen, in der auch zusätzliche Parameter abgespeichert werden, die zuvor festgelegt wurden. Dann simuliert man eine »Krise« und gibt den Banken Vorgaben, wie sie ihre Datenbank dem Krisenszenario anpassen sollen. Ein solches Szenario kann zum Beispiel folgendermaßen aussehen: Die Wirtschaft in Land XYZ bricht um zehn Prozent ein, dadurch fallen im Laufe eines Quartals 20 Prozent aller Kredite an kleinere und mittlere Unternehmen mit hoher Risikobewertung aus. Die Banken müssen also Abschreibungen vornehmen, und wenn am Ende des Tests die sogenannte Kernkapitalquote der Bank einen vorher festgelegten Wert unterschreitet, die Verluste also nicht mehr ausreichend durch das Eigenkapital gedeckt sind, ist die Bank durch den Stresstest durchgefallen. Reicht der Kapitalpuffer aus, hat sie bestanden.

Unverständlicherweise fand der erste Stresstest jedoch auf Einzelbankbasis statt und nicht als Simulation im gesamten Bankensystem. Daher konnte dieser Test auch keine Aussagen zu Abhängigkeiten, Interdependenzen, Rückkoppelungen und dynamischen Prozessen geben. Was passiert beispielsweise, wenn gleich mehrere Banken bestimmte Wertpapiere verkaufen müssen, um Verluste zu kompensieren? In diesem Fall würde es auf den Märkten zu einem rapiden Kurssturz kommen, da es zahlreiche Akteure gibt, die gezwungen sind zu verkaufen, während aber aufgrund der Krise die Käufer ausfallen. Solche dynamischen Prozesse waren hauptverantwortlich für die Finanzkrise. Ein derartiger Stresstest hätte im Sommer 2007 jedoch kein Risiko angezeigt.

Die Einstufung der Risiken wurde zudem von den Banken selbst vorgenommen und von der EZB nicht näher überprüft. Bei Bilanzposten, deren Bewertung von Ratingagenturen festgelegt wurde, sah die Sache kaum besser aus. Vor der Eurokrise hatten auch griechische, italienische und spanische Staatsanleihen beste Risikobewertungen, und vor der Subprimekrise wurden sogar gebündelte Hypothekenverbriefungen mit der Topnote AAA versehen. Eine realistische Risikobewertung war auf Basis dieser Angaben nicht möglich. Auch in diesem Punkt hätte ein Stresstest im Sommer 2007 versagt. Wer falsch misst, kommt natürlich auch zu falschen Ergebnissen. Das Erstaunlichste am Stresstest aus dem Jahre 2014 war daher eher, dass trotz des bankenfreundlichen Designs 25 der 130 Großbanken der Eurozone durchfielen. Intern war man sich jedoch darüber klar, dass die Ergebnisse nicht sonderlich aussagekräftig waren.

Der erste umfassendere Stresstest sollte 2016, also zwei Jahre später durchgeführt werden. Nun hätte man ja die Zeit und das Geld –

das hat man bei der Zentralbank immer – gehabt, um in diesem Zeitraum die nötigen Kompetenzen im eigenen Haus aufzubauen; wofür sonst wurde der EZB von der Politik die Funktion der Bankenaufsicht für die systemrelevanten Banken übertragen? Genau das machte man jedoch nicht, sondern holte sich lieber für mehrere Monate ein Team von BlackRock ins Haus. Die Berater wirkten so an der Aufsicht all der Banken mit, an denen ihr Arbeitgeber selbst große Aktienpakete hält, und entwarfen ein Konzept, wie man Finanztitel in der Funktion einer Bankenaufsicht bewertet, die vom eigenen Konzept vertrieben und gehandelt werden. Dabei bekam BlackRock mitgeteilt, welche Kredite die Institute vergeben hatten und wie viel davon wahrscheinlich nicht zurückgezahlt werden.

Aus diesem exklusiven Zugang zu Europas höchster Bankenaufsichtsbehörde erwuchs BlackRock »ein enormer strategischer Vorteil gegenüber allen Wettbewerbern«, wie es Hans-Peter Burghof, Professor für Bankwirtschaft an der Universität Hohenheim, 2018 gegenüber dem *Tagesspiegel* erklärte[24]. BlackRock hatte nun einen intimen Einblick in die Portfolios der größten Banken der Eurozone, an denen es nicht nur selbst beteiligt war und ist, sondern mit denen es auch in nicht geringem Umfang Geschäfte tätigt. So bekam der Konzern noch mehr Einfluss auf die betroffenen Banken und konnte dort auch den Verkauf von BlackRock-Fonds befördern. Da werde »einem privaten Unternehmen eine hoheitliche Aufgabe anvertraut, das ist grundsätzlich falsch«, mahnte der Bankökonom Martin Hellwig, ehemals Chef der Monopolkommission und Leiter des Max-Planck-Instituts für Gemeinschaftsgüter.

Eine echte Ausschreibung für diesen Auftrag gab es wohlweislich nicht. Die Auftragsvergabe sei im Rahmen der allgemeinen Beschaffungsregeln für die EZB durchgeführt wurden, erklärte der Vorsitzende des Aufsichtsgremiums der Europäischen Zentralbank, Danièle Nouy, in einer Antwort auf eine parlamentarische Anfrage[25] des FDP-Abgeordneten Frank Schäffler lapidar. Das ist höchst bemerkenswert. Jede Kommune muss den Bau eines Kindergartens in einem transparenten Verfahren europaweit ausschreiben – der diesbezügliche Schwellenwert beträgt für das Auftragsvolumen

750 000 Euro. Geht es jedoch um einen Auftrag in zweistelliger Millionenhöhe – die genauen Zahlen sind Verschlusssache –, und die hoheitliche Aufsichtsfunktion über ein viele Billionen Euro schweres Bankensystem, dann gelten plötzlich hausinterne Beschaffungsregeln, und noch nicht einmal Parlamentarier bekommen Einblick in die Rahmenverträge.

Dabei hätte die EZB nur einmal beim US-Senator Charles E. Grassley nachfragen müssen. Der kritisierte bereits 2009 die Vertragsvergaben an BlackRock im Rahmen der Finanzmarktprogramme der FED und der Abwicklung der toxischen Papiere von Bear Stearns, AIG und der Citigroup scharf[26]: »Sie bekommen Zugang zu Informationen, wann die Federal Reserve diese Papiere verkauft und welchen Preis sie dafür akzeptiert. Und gleichzeitig haben sie verzwickte Verbindungen zu allen möglichen Personen auf der Welt. Der Interessenkonflikt ist unübersehbar und ein Missbrauch nur sehr schwer zu kontrollieren.« Derartige Kritik war auf europäischer Ebene nicht zu vernehmen.

Der Vertrag der EZB mit BlackRock hat eine Laufzeit von vier Jahren und Interessenkonflikte könne die EZB nicht erkennen. Schließlich sei BlackRock ja vertraglich verpflichtet, die gewonnenen Informationen intern nicht weiterzugeben. »An der Durchführung von Stresstests beteiligte externe Dienstleister sind verpflichtet, eine strikte Trennung zwischen dem Team, das die Durchführung der Stresstests unterstützt, und anderen Teams, die große Finanzinstitute oder Anleger beraten, zu gewährleisten« – so Danièle Nouy. Auch die EZB glaubt an die berühmten »Chinese Walls«. Die oberste europäische Bankenaufsichtsbehörde *glaubt* also daran, dass die Finanzkonzerne schon ihre Versprechungen halten. Eine Kontrolle ist nicht nötig. Kann man das Versagen der Kontrollfunktion besser zusammenfassen?

Am 10. September 2018 veröffentlichte die EZB übrigens einen Sonderbericht zu den systemischen Risiken der Schattenbanken[27]. Wenige Tage später bezeichnete der IWF die Schattenbanken in seinem Bericht[28] zur globalen Finanzstabilität als eine der größten Gefahren für das weltweite Finanzsystem. Der Name der größten Schattenbank taucht in keinem dieser Berichte auf.

Lobbyismus: Bestens vernetzt

Es ist schon erstaunlich. Während Banken, wie die zum Volks- und Raiffeisenbank-Verband gehörende deutsche DZ Bank oder die französische Genossenschaftsbank Crédit Mutuel nach den Definitionen der Europäischen Bankenunion EBA als »global systemrelevant« gelten[1], taucht keiner der hier im Buch genannten Namen der gigantischen Vermögensverwalter auf dieser Liste auf. Auch auf der Liste global systemrelevanter Banken des »Financial Stability Boards«[2], einer von der Gruppe der 20 wichtigsten Industrie- und Schwellenländer (G20) ins Leben gerufenen Organisation, die das globale Finanzsystem überwachen soll, sucht man die Namen BlackRock, Vanguard und State Street vergebens. Das Fehlen hat einen ganz einfachen Grund: Die Vermögensverwalter haben es mit einem gewaltigen Lobbyaufwand geschafft, dass ihre Konzerne aufsichtsrechtlich nicht als Banken gelten. So haben wir die absurde Situation, dass die Raiffeisenbank Gammesfeld mit einem Einlagevolumen von 30 Millionen Euro von der Finanzaufsicht schärfer überwacht wird als die Nummer eins im globalen Finanzsystem, BlackRock, mit einem Einlagevolumen, das mehr als zweihunderttausend Mal so hoch ist.

Da sind die USA schon ein ganzes Stück weiter. Um aus den Erfahrungen der Finanzkrise zu lernen, hat man mit dem Dodd-Frank Act die Definition von Systemrelevanz auch auf »Nicht-Banken« und erstmals auch auf Schattenbanken ausgeweitet. Aber auch hier steckt der Teufel im Detail, und die Details wurden einmal mehr von findigen Lobbyisten aufgeweicht. So stellt der Dodd-Frank Act paradoxerweise nur die Vermögensverwalter unter die Kontrolle der

US-Finanzaufsicht SEC, die mit »nicht für den öffentlichen Vertrieb in den USA zugelassenen Anlagefonds« Geld machen. Daher gelten die Finanzkonzerne Goldman Sachs, Morgan Stanley und State Street in den USA zumindest auf nationaler Ebene als system-relevant[3] und müssen sich regelmäßig den Stresstests der Federal Reserve unterziehen. Die ungleich größeren Finanzkonzerne Black-Rock und Vanguard unterlaufen jedoch jede weitergehende Regulierung durch die Finanzbehörden, da deren Produkte nun einmal für den öffentlichen Vertrieb zugelassen sind; als ob das in puncto Systemrelevanz einen Unterschied machen würde. Auch die später wertlosen Lehman-Zertifikate waren für den öffentlichen Vertrieb zugelassen.

BlackRocks größter Lobbyerfolg ist es, nach wie vor im regulatorischen Schatten zu agieren. Aber die Lobbyanstrengungen von BlackRock und Co. gehen weit über Regulationsfragen hinaus. Um zu verstehen, wie es diese gigantischen Finanzkonzerne geschafft haben, die Gesetze und Regulierungsvorschriften nach ihren Gunsten auszurichten, lohnt sich ein Blick auf die Netzwerke, die spätestens seit der Finanzkrise aktiv gesponnen wurden – die Old Boy Networks hinter den Kulissen, die Klubs, Gruppen und hochrangigen aber stets intransparenten privaten Treffen und Gesprächsrunden, in denen man sich auf allerhöchster Ebene austauscht und gegenseitig intellektuell befruchtet. Zusammengehalten werden diese Netzwerke durch »Super-Hubs«, wie sie die in den USA lebende Finanzexpertin Sandra Navidi in ihrem gleichnamigen Buch[4] nennt; multipel vernetzte Strippenzieher. Navidi ist übrigens selbst Mitglied einiger dieser exklusiven Networking-Plattformen der globalen Super-Elite.

Man kennt sich, man trifft sich. Hinter den Kulissen bei exklusiven, oft feuchtfröhlichen, privaten Zusammenkünften – Navidi nennt sie »Schattenkonferenzen« – im Umfeld der regelmäßig stattfinden Konferenzen des IWF oder des Weltwirtschaftsforum im Schweizer Wintersportort Davos. Zu den Teilnehmern gehören die Superreichen und eben die »Super-Hubs«, ein Kreis von 50 bis 100 bestens vernetzten Personen aus dem Finanzsystem – Chefs der globalen Geschäftsbanken und milliardenschwere Hedgefonds-Manager auf der einen und Notenbanker auf der anderen Seite. Wenn die Weltelite in Davos tagt, gibt es auf der Rollfläche des nahe gelegenen Flughafens Zürich einen Stau. Während einer Woche landen und starten dort 1 500 Privatjets[5]. BlackRock ist »strategischer Partner« und damit einer der Geldgeber des World Economic Forums, Larry Fink dort seit vielen Jahren Dauergast, und es wäre interessant zu erfahren, was er dort abends in den »Schattenkonferenzen« in den Separees der dortigen Fünfsternehotels mit Staats- und Regierungschefs, Konzernlenkern und Notenbankern so beredet. Erfahren werden wir es wohl nie. Eine demokratische Kontrolle findet nicht statt, der normale Bürger ist wortwörtlich ohnmächtig.

Was sich auf den Treffen des World Economic Forums, der Bilderberg Gruppe, der Trilateralen Kommission oder des Council on Foreign Relations hinter den Kulissen abspielt, ist nicht nur Gegenstand teils dubioser Verschwörungstheorien, sondern auch deutlicher Kritik seitens der Wissenschaft. Der Münchener Mediensoziologe und Publizist Rudolf Stumberger macht beispielsweise »Tendenzen der Re-Feudalisierung« aus[6], die inoffiziellen Strukturen selbst ernannter Eliten gewännen gegenüber den offiziellen demokratischen Strukturen zunehmend wieder an Gewicht. Was bereits auf der »normalen« politischen Ebene auszumachen ist, hat auf der Ebene der Finanzmarktpolitik ein extremes Ausmaß angenommen.

Das liegt natürlich auch an den Machtstrukturen. Die großen Notenbanken, die nicht nur die oberste Bankenaufsicht innehaben, sondern mit ihren Zinsentscheidungen und dem noch recht jungen Instrumentarium der quantitativen Lockerung den maßgeblichen Einfluss auf die Strukturen der Finanzmärkte und die Rahmenbedingungen für die großen Finanzkonzerne haben, sind unabhängig. Das heißt, sie entziehen sich schon strukturell dem, was Politologen so gerne als das Primat der Politik bezeichnen. Die Regeln für das globale Finanzsystem werden zwar von der Politik formuliert; auf ausführender Ebene sind es jedoch die unabhängigen Notenbanken, denen die Details der Finanzmarktregulierung unterstehen.

Nicht der Finanzausschuss des Bundestages entscheidet, ob die EZB über ihre Offenmarktgeschäfte den großen Banken Papiere im Wert von 689 Milliarden Euro (Stand September 2019) und damit fast das Doppelte des Bundeshaushalts abkauft, sondern der EZB-Rat, ein Gremium, das ausschließlich aus Notenbankern besteht. Und die lassen sich dabei dann auch noch von Finanzkonzernen beraten, die selbst mit diesen Papieren handeln.

Und wenn es auf politischer Ebene Richtungsentscheidungen gibt, dann werden sie auf internationaler Ebene getroffen – auf den G7- oder G20-Gipfeln, vorher ausgearbeitet von einem kleinen Kreis eingeweihter Spitzenbeamter aus den Finanzministerien und Notenbanken, die wiederum bestens mit der Finanzbranche vernetzt sind. Es gibt wohl keinen anderen Bereich, in dem die Politik so unbedeutend ist und sämtliche demokratischen oder parlamentarischen Rechte derart systematisch ausgehebelt werden, wie den Bereich der Hochfinanz, des globalen Finanzsystems.

Über die Querverbindungen und Netzwerke zwischen Politik und Hochfinanz ist schon viel geschrieben und gesendet wurden. Empfehlenswert sind hier beispielsweise die Bücher *Die Unersättlichen*, in dem der Goldman-Sachs-Banker Greg Smith mit seinem ehemaligen Arbeitgeber abrechnet[7], oder Dirk Laabs *Bad Bank: Aufstieg und Fall der Deutschen Bank*[8] und sämtliche Bücher des US-Finanzjournalisten Michael Lewis. In den alternativen Medien genießt die »Tafelnummer« des Kabarettisten Erwin Pelzig aus der ZDF-Sendung »Neues aus der Anstalt« vom 13. November 2012 einen Kultstatus. Die Netzwerke von BlackRock sind hingegen weitestgehend unbeachtet – wenn man einmal Heike Buchters lesenswertes Buch *BlackRock: Eine heimliche Weltmacht greift nach unserem Geld*[9] herauslässt. Sehr wenig öffentliche Beachtung genießt auch die Group of Thirty (G30), ein exklusiver, privater Klub, in dem sich die aktuellen und ehemaligen Größen aus der Finanzwelt und der Welt der Zentralbanken zusammengeschlossen haben. Die G30 ist sozusagen das Bilderberg-Treffen der Hochfinanz, und einige seiner 30 Mitglieder gehören zu den 50 bis 100 Super-Hubs, die die Regeln für das weltweite Finanzsystem bestimmen.

G30 – wo sich die Bankenelite dezent mit ihren Aufsehern trifft

BlackRocks Vertreter in der G30 ist Philipp Hildebrand. Der Schweizer legte schon früh eine Bilderbuchkarriere hin. Als Spross aus »gutem Hause« studierte er in Toronto, Genf, Florenz und Harvard und promovierte an der Universität Oxford. Nach der Promotion stieg er in die Geschäftsleitung des Weltwirtschaftsforums (WEF) in Davos ein, wo er für den Bereich Finanzdienstleistungen zuständig war. Danach wechselte er zu einem New Yorker Hedgefonds und von dort in den Vorstand der noblen Schweizer Privatbank Vontobel, über die unter anderem der ehemalige FC-Bayern-Präsident Uli Hoeneß seine steueroptimierten Börsengeschäfte abwickelte. Kurze Zeit später ging er dann zur Schweizerischen Nationalbank, deren Präsident er 2009 werden sollte.

Hildebrand gilt als Netzwerker der Extraklasse und saß als oberster Schweizer Nationalbanker in so ziemlich jedem nur vorstellbaren Gremium. Netzwerken ist jedoch zeitintensiv, und so übersah Hildebrand vor lauter Beziehungspflege anscheinend, dass seine Frau im August 2011 vom gemeinsamen Schweizer Konto die läppische Summe von 400 000 Schweizer Franken in US-Dollar umtauschte; wenige Tage später sollte Hildebrand dann einen Mindestkurs für den Franken von 1,20 Euro verkünden. Nun stellte sich das private Devisengeschäft seiner Frau als verdammt gut getimte Investition heraus, und es kam auch noch ans Licht, dass Hildebrand im Vorfeld seiner geldpolitischen Entscheidung eben noch ein paar private Aktiengeschäfte getätigt hatte, für die seine Währungspolitik nicht unbedingt unvorteilhaft war[10]. Dumm nur, dass die Kontoauszüge der Hildebrands dem Schweizer Rechtspopulisten Christoph Blocher zugespielt wurden, der aus der familiären Kommunikationspanne einen Insiderhandel machte, der in der Schweiz zu Staatsaffäre wurde.

Hildebrand trat zurück, wurde von seinem »Davos-Freund« Larry Fink mit Kusshand aufgenommen und ist seitdem stellvertretender Chairman von BlackRock mit Zuständigkeit für Großkunden in Europa, dem Nahen Osten, Afrika und Asien sowie den Pazifikraum – EMEA, wie es in der Finanzbranche genannt wird; Großbritannien gehört übrigens nicht dazu. Auch privat ging Hildebrand nun »profitablere« Wege, trennte sich von seiner Frau und heiratete die Milliardärswitwe Margarita Louis-Dreyfus, geborene Margarita Olegowna Bogdanow, die mit einem geschätzten Vermögen von 7,1 Milliarden US-Dollar die Nummer zwei auf der Schweizer Forbes-Liste ist. Hildebrand hatte Louis-Dreyfus, wo auch sonst, auf der Weltwirtschaftsforum in Davos kennen und lieben gelernt.

Hildebrands wichtigste Aufgabe für BlackRock ist jedoch weniger das Großkundengeschäft, sondern vor allem die politische oder besser geldpolitische Landschaftspflege. Und hier verfügt er über einen ganz besonderen Aktivposten. Er ist Mitglied der exklusiven Group of Thirty (G30). Die G30 wurde 1978 auf Initiative der Rockefeller-Stiftung gegründet. Man trifft sich zweimal im Jahr in vertraulicher Runde unter Ausschluss der Öffentlichkeit. Hauptzweck ist das Zusammenbringen von Zentralbankern und Geschäftsbankern. Ideologisch vertritt die G30 dabei Kernpositionen, die man heute gerne als neoliberal bezeichnet: Liberalisierung der Finanzmärkte, Austeritätspolitik als Weg aus der Finanzkrise, mehr Flexibilität im Arbeitsmarkt und Selbstregulierung der Banken. Ihre Positionen stimmen dabei 1:1 mit den Interessen des privaten Bankensektors überein und beeinflussen national sowie global die praktische Umsetzung der Bankenregulierung und -überwachung intensiv. Besonders praktisch: Durch die mächtigen Positionen der Mitglieder der G30 können sie ihre Vorschläge sogar weitgehend selbst umsetzen.

Die sonst üblichen Regeln der Zentralbanken zu Transparenz und Korruptionsvermeidung gelten hier nicht, und die Vita der meisten Mitglieder zeigt zudem, welche aktiven Drehtüreffekte es in der Branche gibt. Investment- und Geschäftsbanker wechseln in die Chefpositionen der öffentlichen Zentralbanken. Ehemalige Zentralbanker bekleiden äußerst lukrative Jobs bei Investment- und Geschäftsbanken. Daraus resultiert ein großes Problem: Während Zentralbanker eigentlich die Interessen der Öffentlichkeit vertreten sollten, haben sie selbst einen ökonomischen Anreiz, eine Geldpolitik zu verfolgen, die im Interesse der Finanzunternehmen ist, bei denen sie nach dem Ausscheiden aus dem Amt extrem lukrativ dotierte Jobs bekommen können. Ebenso problematisch ist ein offensichtlicher Interessenkonflikt, der sich aus der Funktion vieler Zentralbanken als oberste Bankenaufsicht für systemrelevante Banken ergibt. Wenn die Aufseher ein privates ökonomisches Interesse daran haben, sich mit denen gutzustellen, die sie hoheitlich im Namen der Allgemeinheit überwachen sollten, ist dies – freundlich ausgedrückt – eine suboptimale Situation.

Geleitet wird die illustre Runde der G30 von Jacob Frenkel, bis zum 28. Oktober 2019 Chairman von JPMorgan Chase International. Zuvor war Frenkel unter anderem Chairman von Merrill Lynch International und langjähriger Chef der israelischen Notenbank. Auch ansonsten ist er bestens vernetzt. Er ist Mitglied der Trilateralen Kommission und Vorstandsmitglied des Aspen Instituts, dem auch der deutsche Cheflobbyist von BlackRock, Friedrich Merz, angehört. Von 2004 bis 2009 war er übrigens auch stellvertretender Chairman des kollabierten Versicherungskonzerns AIG.

Den Vorstand der G30 komplettieren:

- Tharman Shanmugaratnam, ehemals Finanzminister und stellvertretender Ministerpräsident des wirtschaftsliberalen Bankenstadtstaates Singapur und heute dessen Zentralbankchef und oberster Bankenaufseher.
- Guillermo Ortiz Martinez, ehemals Chef der mexikanischen Zentralbank.
- Jean-Claude Trichet, ehemals Chef der EZB, heute Chairman der Trilateralen Kommission und Vorstand der Denkfabrik Bruegel, bei der das Who's Who des Finanzwesens Mitglied ist.
- Paul Volcker, 30 Jahre lang Chef der US-Notenbank Federal Reserve, ehemaliger Direktor des Council of Foreign Relations und der Trilateralen Kommission und Leiter des Beratergremiums, das US-Präsident Obama ins Leben rief, um Maßnahmen zu ersinnen, mit denen die Folgen der Finanzkrise abgepuffert werden

können. Volker ist die graue Eminenz der US-Finanzpolitik und bestens vernetzt mit so ziemlich jedem hochrangigen Mitarbeiter der FED oder des Finanzministeriums.

Nicht minder gut vernetzt im Finanzsystem sind die »normalen« Mitglieder, zu denen unter anderem folgende Personen gehören:

- Mark Carney, Chef der britischen Zentralbank und oberster britischer Bankenregulierer. Ehemals Chef des Financial Stability Boards, einer der Bank für Internationalen Zahlungsausgleich (auch: Zentralbank der Zentralbanken) angeschlossenen G20-Organisation, die als oberste Behörde zur Regulierung des internationalen Finanzsystems gilt. Carney ist ehemaliger Mitarbeiter von Goldman Sachs.

- Agustín Carstens, Chef der Bank für Internationalen Zahlungsausgleich, ehemals Notenbankchef und Finanzminister Mexikos.

- Jaime Caruana, ehemaliger Chef der Bank für Internationalen Zahlungsausgleich, der spanischen Notenbank und des Basler Ausschusses, einer Einrichtung zur Koordination der internationalen Bankenaufsicht.

- Mario Draghi, ehemaliger Vice Chairman und Managing Director von Goldman Sachs, dann Chef der italienischen Zentralbank und schließlich Präsident der Europäischen Zentralbank EZB. Die EU-Bürgerbeauftragte Emily O'Reilly forderte die EZB auf, dass Mario Draghi aus der G30 austreten solle. »Eine derart institutionelle Nähe des Chefs der Europäischen Zentralbank zur Finanzlobby untergrabe die Integrität der mächtigen geldpolitischen Institution«, so O'Reilly in ihrem Schreiben[11]. Draghis Mitgliedschaft in einer Lobbygruppe wie der G30 verletze das Regelwerk der EZB. O'Reilly sprach in diesem Zusammenhang von »Maladministration« (auf Deutsch in etwa »Fehlverhalten im Amt«). Die EZB ignorierte die Beschwerde[12]. »Ich hatte gehofft, dass die EZB in diesen herausfordernden Zeiten für die EU die Gelegenheit nutzt, Führungsstärke zu zeigen, indem sie nicht die geringste Vermutung aufkommen lässt, dass es zu engen Beziehungen zwischen Bankaufsehern und Banken gibt«, resümierte O'Reilly später bitter[13].

- William Dudley, ehemals Partner und Managing Director bei Goldman Sachs sowie für ein Jahrzehnt deren US-Chef-Volkswirt. Später war er mehr als zehn Jahre lang Chef der mächtigen New Yorker FED.
- Roger Ferguson, Vorstandsmitglied bei Alphabet/Google. Zuvor Vorstandsmitglied und stellvertretender Vorsitzender der US-Notenbank Federal Reserve. Ehemals Partner bei McKinsey & Company.
- Stanley Fischer, ehemals Gouverneur der israelischen Zentralbank und stellvertretender Vorsitzender der Federal Reserve. Mehrfacher Teilnehmer der Bilderberg-Konferenz und heute Senior Adviser von BlackRock.
- Arminio Fraga, ehemals Chef der brasilianischen Notenbank und Partner bei George Soros Quantum Fund. Mitglied des Council on Foreign Relations.
- Timothy Geithner, heute Chef des Private-Equity-Unternehmens Warburg Pincus. Zuvor US-Finanzminister, Chef der US-Notenbank Federal Reserve und deren New Yorker Ableger. Geithner war während der Finanzkrise oberster Krisenmanager in Sachen Finanzkrise und ist bestens mit BlackRock-Chef Larry Fink vernetzt. Mitglied des Council on Foreign Relations.
- Gerd Häusler, ehemals Mitglied des Direktoriums und des Zentralbankrates des Deutschen Bundesbank, dann zurück in die Privatwirtschaft zur Dresdner Bank, dann der nächsten Seitenwechsel zum IWF und von dort zurück zur Investmentbank Larzard und zur Heuschrecke RHJ International. Von dort aus ging es zur Bayerischen Landesbank und letztlich in den Aufsichtsrat der Versicherungsriesen Münchner Rück.
- Mervyn King, Baron King of Lothbury, ehemals Gouverneur der Bank of England und danach einer der Cheflobbyisten für den Finanzplatz London. King war auf EU-Ebene einer der schärfsten Gegner der Einführung einer Finanztransaktionssteuer, die bis heute nicht eingeführt wurde.

- Christian Noyer, ehemals Vizechef der EZB, der Bank für Internationalen Zahlungsausgleich und Gouverneur der französischen Zentralbank.
- Kenneth Rogoff, ehemaliger Chefökonom des IWF. Zusammen mit seiner Kollegin Carmen Reinhart lieferte er den »wissenschaftlichen Überbau« für die Austeritätspolitik: Bei Staatsschuldenquoten von mehr als 90 Prozent leide das Wachstum. Später kam heraus, dass die beiden sich in ihrer Excel-Tabelle »verrechnet« hatten[14] und es keinen Zusammenhang zwischen der Staatsschuldenquote und dem Wachstum gibt.
- Lawrence Summers, ehemals Chefökonom der Weltbank und dann unter Bill Clinton US-Finanzminister, der die Trennung von Investment- und Geschäftsbanken aus dem Glass-Steagall Act aufgehoben hatte – eine der Ursachen der Finanzkrise. Später wurde er Präsident der Harvard University, beriet Obama in Sachen Wirtschaftspolitik und sicherte seine eigenen wirtschaftlichen Verhältnisse mit einem Nebenjob (einmal die Woche) als Berater des Finanzunternehmens D. E. Shaw & Company, der mit 5,3 Millionen US-Dollar dotiert war. Bevor er Obama in Sachen Finanzkrise beriet, kassierte er 2,8 Millionen US-Dollar[15] für Vorträge bei Goldman Sachs, JPMorgan Chase, Citigroup, Merrill Lynch und den Lehman Brothers.
- Tidjane Thiam, Vorstandsvorsitzender der Credit Suisse, Mitglied des International Business Councils des the World Economic Forum.
- Adair Turner, Baron Turner of Ecchinswell, Mitglied des britischen House of Lords und früherer stellvertretender Vorstandsvorsitzender von Merrill Lynch Europe. Später wurde er Chef der britischen Finanzmarktaufsichtsbehörde Financial Services Authority und Vorsitzender der britischen Kommission für Niedriglöhne (Low Pay Commission) sowie der Pensions Commission, einer unabhängigen Regierungsinstitution, die den britischen Arbeitsminister in Fragen der Altersvorsorge und langfristigen Sparanlagen berät. Man könnte ihn also einen britischen Peter Hartz mit Lordtitel nennen.

- Axel Weber, ehemals Wirtschaftsweiser und Chef der Deutschen Bundesbank sowie Mitglied des Rates der Europäischen Zentralbank, Verwaltungsratsmitglied der Bank für Internationalen Zahlungsausgleich und Gouverneur des Internationalen Währungsfonds. Nach seinem Abgang von der Bundesbank wurde er Cheflobbyist des Swiss Finance Council und Verwaltungsratspräsident der Schweizer Großbank UBS Group AG.
- Janet Yellen, ehemalige Präsidentin der US-Notenbank Federal Reserve und oberste Wirtschaftsberaterin von Bill Clinton.

Auch der Kreis der Ehemaligen ist bemerkenswert. So waren Josef Ackermann (Deutsche Bank), Ben Bernanke (FED), Alan Greenspan (FED) und Karl Otto Pöhl (Bundesbank) auch schon Mitglied der G30. Was wir hier haben, ist das Who's Who der Welt der Notenbanken, das in Personalunion auch die wichtigsten und größten Finanzkonzerne repräsentiert – ein Netzwerk, das vor allem auch aufzeigt, wie rege man mittlerweile durch die Drehtür zwischen dem öffentlichen und dem privaten Sektor wechselt.

Schaut man sich einmal das Gehaltsgefälle zwischen Notenbankern und dem Top-Management der privaten Finanzkonzerne an, wird das dahinterliegende Problem offensichtlich. So kommen selbst Top-Notenbanker wie Bundesbankchef Jens Weidmann (362 000 Euro)[16] oder der ehemalige EZB-Chef Mario Draghi (390 000 Euro) »nur« auf Jahresgehälter, die in der Branche eher auf Kreisliganiveau sind. Der Chef der EZB bekommt weniger Geld als die beiden Vorstände der Kreissparkasse Wiedenbrück[17]. In der Ersten Liga sind die Gehälter schon ein wenig höher. So bekommt der ehemalige Bundesbankchef Axel Weber für seine Tätigkeit als Präsident der Verwaltungsrat der Schweizer UBS ein Jahressalär in Höhe von zwei Millionen Franken und bekam als kleines Einstiegsleckerli gleich erst mal 200 000 Aktien des Unternehmens im Wert von damals rund drei Millionen Franken. Und man darf nicht vergessen – Weber ist bei der UBS nicht im Vorstand, sondern im Verwaltungsrat, einer Position, die mit dem deutschen Aufsichtsrat vergleichbar, also nicht unbedingt tagfüllend ist. Der Vorstand der UBS, Sergio

Ermotti kommt sogar auf 13,9 Millionen US-Dollar[18]. Das ist dann schon das obere Drittel der Ersten Liga.

Noch größer sind die Unterschiede in den USA. Dort bekommt der neue Chef der Federal Reserve, Jerome Powell, umgerechnet 164 000 Euro pro Jahr[19]. Das ist ungefähr so viel, wie Goldman Sachs in den USA seinen Mitarbeitern mit zwei Jahren Berufserfahrung bezahlt[20] – selbstverständlich ohne Boni. Die Champions League der Wall Street zahlt ganz andere Summen. So kommt Goldman Sachs Chef Lloyd Blankfein beispielsweise auf ein Jahresgehalt von 173,5 Millionen US-Dollar, Jamie Dimon von JP Morgan Chase auf unglaubliche 191,9 Millionen US-Dollar; er bekommt pro Monat also zehnmal mehr als sein oberster Aufseher pro Jahr. Noch verrückter sind die Gehälter nur noch im Hedgefonds-Geschäft. David Tepper von Appaloosa Management kam beispielsweise einmal auf 9,6 Millionen US-Dollar – aber nicht pro Jahr, sondern pro Tag![21] Da kann man schon mal was zurücklegen. Aktuell wird sein Vermögen auf 11,6 Milliarden US-Dollar geschätzt.

So lange es derart abartige Gehälter in der Finanzbranche gibt, die ja – ganz nebenbei erwähnt – letztlich von den Kunden, also uns, bezahlt werden, wird es für Finanzpolitiker und vor allem Notenbanker immer die latente Versuchung geben, irgendwann einmal die Seiten zu wechseln. Und solange die Notenbanker keiner parlamentarischen Kontrolle unterliegen, ist die Gefahr, dass sie sich mit ihren Entscheidungen bei ihren künftigen – und teils ja sogar ehemaligen – Arbeitgebern in ein besseres Licht bringen wollen, geradezu mit den Händen zu greifen.

Neue Lobbyhorizonte

Während die exzessive Lobbypolitik des Finanzkonzerns Goldman Sachs heute schon fast legendär ist und während der 1990er- und 2000er-Jahren maßgeblich dazu beitrug, das Finanzsystem zu deregulieren, war BlackRock lange Jahre eher für eine indirekte Lobbyarbeit bekannt, die vor allem auf persönlicher Ebene stattfand.

Larry Fink hatte die Telefonnummern von Entscheidern wie Timothy Geithner und »Super-Hubs« wie Larry Summers auf seiner Kurzwahlliste. Man tauschte sich aus, man verstand sich. Das hat auch bis zur Finanzkrise relativ reibungslos funktioniert. Die Folgen der Finanzkrise waren jedoch nicht nur für die Finanzbranche, sondern auch für die Realwirtschaft und nicht zuletzt für den Staatshaushalt derart schwerwiegend, dass sich nun auch die Medien und die Politik rührten. Sogar Entscheider wie Geithner standen nun unter verschärfter Beobachtung, und die berühmten »Checks & Balances«, ein komplexes System aus Repräsentantenhaus und Senat samt der Ausschüsse beider Kammern, versuchte, das Primat der Politik über das Finanzsystem zurückzuerobern.

Die Finanzkonzerne waren gezwungen, ihre Lobbying-Strategie zu erweitern und gezielt Einfluss auf die Politiker zu nehmen, die im Rahmen dieser Checks & Balances Einfluss auf die gesetzlichen und regulatorischen Rahmenbedingungen haben. Alleine in den USA nahm BlackRock nun nach Rechercheergebnissen der unabhängigen Nichtregierungsorganisation Campaign for Accountability[22] 84 ehemalige Regierungsbeamte unter Vertrag und veranstaltete über 400 offizielle Treffen mit politischen Entscheidern – die Dunkelziffer dürfte wesentlich höher sein.

Im Jahre 2009 nahm man die einschlägig bekannte PR-Firma Quinn Gillespie & Associates unter Vertrag, die neben BlackRock auch Kunden wie die Cayman Islands Financial Services Association, den Alkoholmulti Diageo oder den Verband amerikanischer Immobilienmakler bei ihrer Lobbyarbeit unterstützt. BlackRocks Interessen wurden nun unter anderem von Bill Clintons ehemaligen Rechtsberater Jack Quinn und David Hoppe wahrgenommen, der neben seiner Lobbytätigkeiten bis zum Januar 2019 als Stabschef des Sprechers des Repräsentantenhauses, Paul Ryan, tätig war.

Zusätzlich verpflichtete man den PR- und Lobbying-Spezialisten Rich Feuer Group, der auch für Amazon, JP Morgan Chase und zahlreiche weitere Finanzkonzerne tätig ist. Seit einigen Jahren beteiligt sich BlackRock auch immer aktiver an sogenannten Branchenverbänden wie dem Investment Company Institute (ICI), einer Lobbygruppe, die die gemeinsamen Interessen der Fondsgesellschaften in den USA vertritt. Neben BlackRock sind dort auch so ziemlich alle Branchenriesen wie State Street und Vanguard vertreten. BlackRock unterstützt die Arbeit des ICI finanziell und personell. So hat BlackRocks Chef-Lobbyistin Barbara Novick für das ICI zahlreiche Projektgruppen geleitet und sitzt auch im Vorstand der Lobbygruppe. Das ICI gibt jährlich im Schnitt alleine fünf Millionen US-Dollar dafür aus, die Kontakte zur Regierung in Washington zu pflegen, und zählt damit neben der Waffenlobby NRA und den Lobbyverbänden der Ölkonzerne zu den einflussreichsten Lobbygruppen des Landes.

Da man sich aber nicht nur auf externe Lobbyfirmen verlassen wollte, startete BlackRock im Januar 2010 den Aufbau einer hauseigenen Lobbyabteilung. Geleitet wird sie von Barbara Novick, einer Fink-Vertrauten, die schon 1988 zu seinem Team gehörte, als das Unternehmen noch eine Tochterfirma von Blackstone war. Heute besteht BlackRocks hausinterne Lobbyabteilung hauptsächlich aus ehemaligen Regierungsbeamten. Elf der achtzehn registrierten Lobbyisten in Washington waren zuvor für die Regierung tätig – unter anderem bei der Finanzaufsichtsbehörde SEC, dem US-Finanzministerium, dem Finanzausschuss des Repräsentantenhauses und dem Bankenausschuss des Senats. Leider sind die Bezüge dieser Lobbyisten nicht einsehbar. Man darf jedoch davon ausgehen, dass sich der Seitenwechsel für sie finanziell durchaus gelohnt hat und dass BlackRock sicher keine ehemaligen Beamten einstellt, die den geschäftlichen Interessen des Konzerns zuwidergehandelt haben. Die Lektion für aktive Beamte: Wer mit dem Strom der Finanzkonzerne schwimmt, hat finanziell ausgesorgt und findet immer eine lukrative »Anschlussverwendung«.

Besonders lukrativ dürfte der Seitenwechsel für Cheryl Mills gewesen sein. Mills gehörte während der Präsidentschaftskampagne 2008 zu Hillary Clintons Beraterstab – einer prominent besetzten nur aus Frauen bestehenden Gruppe, dem »Hillaryland«, die medial einiges an Aufmerksamkeit auf sich zog. Bekanntermaßen unterlag Clinton bereits in den Vorwahlen dem späteren US-Präsidenten Barack Obama. Der ernannte seine Konkurrentin später zur Außenministerin, und Cheryl Mills wurde von Clinton zu ihrer Stabschefin im Außenministerium befördert. Heute sitzt Mills im Vorstand von BlackRock und leitet die Investmentfirma BlackIvy, die sich auf Immobilien- und Infrastrukturprojekte in Schwarzafrika spezialisiert hat.

Auf politischer Ebene unterscheiden sich BlackRocks Lobbyaktivitäten durchaus von den Aktivitäten anderer Finanzkonzerne wie Goldman Sachs, JP Morgan Chase oder Wells Fargo. Teilweise widersprechen sich die Wünsche dieser Konzerne sogar diametral. Das verwundert jedoch nur auf den ersten Blick. BlackRock, Goldman Sachs und JP Morgan Chase mögen zwar allesamt riesige Finanzkonzerne sein; die Geschäftsfelder und der regulatorische Rahmen der drei Konzerne könnten jedoch unterschiedlicher kaum sein.

So haben Goldman Sachs und JP Morgan Chase als reine beziehungsweise überwiegende Investmentbanken ein grundsätzliches Interesse an einer weitestgehenden Deregulierung der Finanzmärkte. Daran hat BlackRock auf vielen Gebieten jedoch kein gesteigertes Interesse. Anders als Investmentbanken oder Hedgefonds sieht BlackRock sich ja in erster Linie als seriösen, das heißt risikoaversen, Finanzakteur, der mit vergleichsweise transparenten Produkten Geschäfte macht. Der Eigenhandel, also Geschäfte, die auf eigene Kasse und im eigenen Namen zur Erzielung kurzfristiger Gewinne getätigt werden, ist nicht BlackRocks Metier. Während Goldman Sachs und JP Morgan Chase auf eine möglichst weitgehende Befreiung vor jeglicher Regulierung hinarbeiten, wünscht sich BlackRock das genaue Gegenteil – allein schon, um sich die Konkurrenten vom Hals zu halten und deren Kunden für sich zu gewinnen.

Investmentbanken helfen Unternehmen aus der Realwirtschaft bei der Platzierung diverser Finanzinstrumente, wie beispielsweise Anleihen. BlackRock erwirbt diese Anleihen. Da BlackRock ausschließlich mit Kundeneinlagen arbeitet und für seine Geschäfte kein geliehenes Fremdkapital benötigt, dafür aber anderen Akteuren das Geld seiner Kunden als Fremdkapital zur Verfügung stellt, unterscheiden sich auch hier die Interessen. Investmentbanken wie Goldman Sachs und JP Morgan Chase sind hier die Kunden von BlackRock und wünschen sich natürlich möglichst lockere Sicherheitsrichtlinien, während BlackRock auf strengere Sicherheitsrichtlinien pocht.

Es gibt auch große Interessenskonflikte mit klassischen Geschäftsbanken, die jedoch im deregulierten Finanzsystem der USA eher die Ausnahme sind. Die größte US-Bank, die primär das klassische Kundengeschäft bedient, ist Wells Fargo. Banken wie Wells Fargo haben ein großes Interesse daran, dass die Eigenkapitalvorschriften möglichst lasch ausfallen. Denn je mehr Fremdkapital sie bei ihren Geschäften einsetzen können, desto weniger Kundeneinlagen müssen sie zurückstellen und desto mehr Kredite können sie vergeben. Das beliebteste, da fast kostenlose, Fremdkapital ist dabei der Zugriff auf die Finanzierungsinstrumente der Notenbank. Auf die hat BlackRock als »Nicht-Bank« aber ohnehin keinen Zugriff, und da man in seinem Kerngeschäft die Kundeneinlagen 1:1 am Finanzmarkt anlegt und dafür keinen Fremdkapitalhebel einsetzt, ist es durchaus im Sinne BlackRocks, wenn die Finanzmarktregulierer hier strengere Vorschriften implementieren und den Zugriff auf das Kreditfenster der Notenbank erschweren.

Verschärfend kommt hinzu, dass BlackRock durch seine Tätigkeiten abseits des Kerngeschäfts den klassischen Geschäftsbanken aber auch den Investmentbanken immer größere Konkurrenz macht. So vermittelt auch die »Nicht-Bank« BlackRock Kredite, organisiert die Fremdfinanzierung von Unternehmen aus der Realwirtschaft über seine hausinternen Finanzierungsinstrumente und macht den Investmentbanken mit seinen Dark Pools im Bereich des Wertpapierhandels zunehmend Konkurrenz. Dabei unterläuft BlackRock die etwas strengeren Regulierungsvorschriften der Investmentbanken und erst recht die ungleich strengeren Regulierungsvorschriften klassischer Banken, da man ja auf dem Papier nur ein ganz normaler Vermögensverwalter ist.

Nur nicht systemrelevant

Dies würde sich fundamental ändern, wenn BlackRock als system-relevantes Finanzinstitut eingestuft werden würde. Eben dies zu verhindern ist daher auch das wichtigste Ziel von BlackRocks Lobbyanstrengungen. Im Mittelpunkt stand und steht dabei der »Street Reform and Consumer Protection Act«, der nach den beiden zuständigen Ausschussvorsitzenden Chris Dodd und Barney Frank meist nur kurz als Dodd-Frank Act bezeichnet wird.

Dieses Gesetzespaket gilt als Antwort der US-Regierung auf die Finanzkrise und sollte durch eine umfassende Reform der Finanzmarktregulierung und der rechtlichen Rahmenbedingungen die Märkte zähmen und verhindern, dass die Wall Street die Welt einmal mehr mit ihrer Finanzmagie an den Rand des Abgrunds bringt. Dafür sollten auch die Befugnisse der Regulierer und Kontrollbehörden ausgeweitet werden. Um dies zu ermöglichen, wurde ein echtes Mammutpaket verabschiedet. Der Dodd-Frank Act umfasst insgesamt 16 Titel mit 541 Gesetzesartikeln auf 849 Seiten. Das ist auch viel Platz für Schlupflöcher, und ein ganzes Heer an gut bezahlten Lobbyisten der Finanzkonzerne trat nun an, um dieses Paket mit Schlupflöchern und Hintertüren zu versehen.

Trotz gewaltiger Anstrengungen von BlackRock und deren angeheuerter Agentur Rich Feuer Anderson konnte man hierbei jedoch nur einen Teilerfolg erzielen. Zwar blieben die »Vermögensverwalter« unter dem Strich von den schärferen Auflagen befreit. Der Dodd-Frank Act führte jedoch auch das Label der »Systemrelevanz« ein und weitete die Definition – gegen den ausdrücklichen Willen von BlackRock – sogar auf Nicht-Banken aus. Neben den systemrelevanten Banken (SIB) sollten nun auch systemrelevante Finanzinstitute (SIFI) einer schärferen Regulierung unterstellt werden. Wenn man die Einführung des Systemrelevanz-Labels schon nicht verhindern konnte, musste man nun verhindern, dass man selbst mit diesem Label als systemrelevant eingestuft wird. Wie Black-Rock dafür hinter den Kulissen durch eine sehr gezielte »politische Landschaftspflege« betrieben hat, zeichnet das im September 2019 erschienene Buch *BlackRock's Washington Playbook*[23] der Campaign for Accountability im Detail nach.

Leicht zugespitzt könnte man sagen, dass BlackRock die Senatoren, die an den Schlüsselstellen in den relevanten Ausschüssen saßen, schlicht eingekauft hat. Während der Debatte zur Systemrelevanz spendete BlackRock insgesamt 192 000 US-Dollar an Mitglieder des Kongressausschusses zur Finanzmarktregulierung. Mitglieder des Finanzausschusses des Senats wurden sogar mit insgesamt 525 408 US-Dollar Spendengeldern bedacht. Mitglieder des Bankenausschusses bekamen weitere 473 440 US-Dollar. Während der Kongresswahlen 2012 waren die Hauptempfänger von BlackRocks Wahlkampfspenden beispielsweise die Senatoren Tim Johnson und Richard Shelby. Was doch einigermaßen überrascht, da diese beiden Senatoren in diesem Zyklus überhaupt nicht zur Wiederwahl standen. Dafür bekleideten sie als Vorsitzende und hochrangige Mitglieder des Bankenausschusses aber zwei interessante – und lukrative – Positionen.

Im Wahlzyklus 2014 gingen die höchsten Spenden von BlackRock dann über sein Political Action Committee an die Senatoren Mark Warner und Chuck Schumer, die beide Mitglieder des Finanzausschusses waren. Besonders interessant ist dabei die 46 000-US-Dollar-Spende an Warner. Die kam nämlich just zu dem Zeitpunkt, als eine Unterabteilung des Finanzministeriums einen Sonderbericht veröffentlicht hatte, der auf die systemischen Risiken hinwies, die riesige Vermögensverwalter wie BlackRock für das Finanzsystem darstellen. Hatte Warner zuvor dem Finanzministerium in einem Brief selbst seine Bedenken über die systemischen Risiken dargelegt, änderte er seine Position nun um 180 Grad, sprang BlackRock zu Hilfe und stellte den Bericht öffentlich infrage. Sogar die *Financial Times* kam aus dem Staunen nicht mehr heraus. In einem Artikel vom 28. November 2013 titelte sie[24]: »Zwei Senatoren der Demokraten, die normalerweise scharfe Kritiker der Wall Street sind, verschärfen nun den Kampf um die Regulierung von Nichtbanken auf genau die Weise, die großen Investmentunternehmen wie BlackRock und Fidelity Investments dabei helfen könnte, strengere Regeln in den USA zu umgehen.« Offensichtlich hatten sich die Investitionen für BlackRock gelohnt.

Das Lobbying von BlackRock beschränkt sich jedoch keinesfalls nur auf Spenden für die Entscheider am oberen Ende der Befehlskette. So hat der Konzern beispielsweise nach der Verabschiedung des Dodd-Frank Acts mehr Treffen mit der für dessen konkreter Ausgestaltung mitverantwortlichen Commodity Futures Trading Commission (CFTC) abgehalten als die größten vier Verbraucherschutzorganisationen, Gewerkschaften und Anlegerschutzvereine zusammen.

Als es um die konkrete Ausgestaltung des Gesetzes für systemrelevante Finanzinstitute ging, führte man 18 dokumentierte Telefongespräche mit Vertretern des Weißen Hauses, des Finanzministeriums und der Aufsichtsbehörden SEC und CFTC. Und damit auch ja nichts schiefgeht, traf sich Larry Fink im Februar 2014 noch einmal zu einem persönlichen Gespräch auf Chefebene mit Präsident Obama. Die Anstrengungen waren schließlich von Erfolg gekrönt. Im April 2016 verkündete der Kongress, dass er seine Herangehensweise an die Systemrelevanz-Kriterien überarbeiten würde. BlackRock hatte am Ende auf ganzer Linie gewonnen. Doch dann setzte man auf das falsche Pferd.

Larry Finks politische Vorlieben waren stets eher egoistischer Natur. Aber darin unterscheidet er sich kein Jota vom Rest der Wall Street. In den 1980er-Jahren waren die Republikaner die Partei der Wall Street. Mit massiver finanzieller Unterstützung der Banken konnte Ronald Reagan 1980 die Präsidentschaftswahlen für sich entscheiden. Kaum im Amt krempelte er die USA von Grund auf um und sorgte dafür, dass das Finanzkapital einen weltweiten Siegeszug antreten konnte. Verschiedene wirtschaftspolitische Maßnahmen, die unter dem Begriff »Reaganomics« bekannt wurden, verhalfen der Wall Street zu einem enormen Aufschwung: Das Finanzsystem wurde weitestgehend dereguliert, und der immer weiter sinkende Leitzins tat sein Übriges, um Banken und Fonds das nötige Spielgeld zu verschaffen. Hinzu kamen steuerpolitische Maßnahmen, um den Börsen frisches Kapital zukommen zu lassen: Unter Reagan sank der Spitzensteuersatz von beachtlichen 72 Prozent auf 33 Prozent, während die Einkommensteuern für Gering- und Normalverdiener angehoben wurden. Außerdem wurden die Steuern auf Veräußerungsgewinne von 40 Prozent auf 20 Prozent halbiert.

Später sollte sich jedoch zeigen, dass auch die Demokraten durchaus ein Herz für die Wall Street haben können. So war es niemand anderes als Bill Clinton, der erste Präsident der Demokraten seit Jimmy Carter, der den Glass-Steagall Act aufkündigte. Dieses Gesetz wurde 1933 von Franklin D. Roosevelt als Reaktion auf die Finanz- und Weltwirtschaftskrise verabschiedet und legte erstmals eine strikte Trennung zwischen Geschäftsbanken und Investmentbanken fest. Nach Clintons Aufhebung dieser Trennung konnten die Geschäftsbanken nun in großem Maßstab an den Spekulationen der Wall Street teilnehmen – eine der Hauptursachen für den Zusammenbruch des Finanzsystems während der Finanzkrise von 2007/2008. Barack Obama sollte während seiner Amtszeit sogar den Wall Street »Super-Hub« Timothy Geithner zu seinem Finanzminister machen und verzichtete darauf – trotz einschlägiger Forderungen aus Kongress und Senat – den Glass-Steagall Act neu aufzulegen. Wall Street konnte aufatmen. Obgleich der angerichtete Schaden episch war, wurde niemand zur Rechenschaft gezogen, und bei den Finanzmarktreformen beschränkte sich die Obama-Administration dort auf homöopathische Eingriffe, wo eigentlich eine Amputation angeraten wäre.

Die Hoffnungen der Wall Street lagen im Wahlkampf 2016 daher auch auf Bill Clintons Gattin Hillary, die sich zuvor schon als Senatorin von New York sehr gut mit den Finanzkonzernen verstanden hatte. Insgesamt unterstützte die Finanzindustrie die Kandidatin Hillary Clinton im Wahlkampf mit mehr als 64 Millionen US-Dollar[25]. Die Großzügigkeit der Finanzkonzerne ging jedoch weit über die offiziellen Spenden hinaus. So strich das Politikerpaar Clinton in den Jahren zuvor mehr als 35 Millionen US-Dollar für Vorträge bei Banken und Finanzdienstleistern ein. Seit ihrem Ausscheiden aus dem Außenministerium hatte Hillary Clinton für zwölf Vorträge bei Großbanken mindestens 2,9 Millionen Dollar kassiert – darunter 675 000 US-Dollar von Goldman Sachs und 485 000 US-Dollar von der Deutschen Bank.

BlackRock unterstützte Clinton jedoch nicht nur finanziell, sondern plante bereits eine enge personelle Zusammenarbeit mit der erhofften Clinton-Regierung. Im März 2016 titelte das investigative Medium *The Intercept*: »Larry Fink und sein BlackRock-Team sind bereit, Hillary Clintons Finanzministerium zu übernehmen.«[26] Und das ist keineswegs übertrieben. Der Artikel nennt einige Mitarbeiter von BlackRock, die dank des Drehtüreffekts bereits im Umfeld von Clinton platziert wurden. Gerüchten zufolge stand damals sogar Larry Fink höchstpersönlich in den Startlöchern, um unter Clintons Präsidentschaft das Finanzministerium zu übernehmen[27]. Doch es kam bekanntermaßen anders, und nun hatte BlackRock ein echtes Problem.

Im Wahlkampf hatte Donald Trump versprochen, den Glass-Steagall Act wieder einzuführen und Wall Street künftig enger an die Kandare zu nehmen. Doch geredet und versprochen wird viel – vor allem im Wahlkampf und insbesondere von Donald Trump. Nun hieß es, schnellstmöglich die Seiten zu wechseln und sich bei Trump lieb Kind zu machen. Als Allererstes spendete BlackRock 100 000 US-Dollar an das Komitee zu Trumps Amtseinführung. Schon bald sollte sich ohnehin zeigen, dass auch auf oberster Ebene das Sprichwort gilt: »Hunde, die bellen, beißen nicht.« Und das auch der präsidiale Terrier Beißhemmungen hat, wenn es um die Waden der Wall Street geht, zeigte Donald Trump bereits mit einer seiner ersten Personalien. Steve Mnuchin sollte sein neuer Finanzminister werden. Mnuchin war selbst eine große Nummer der Wall Street. Nach seinem Karrierestart bei Goldman Sachs versuchte sich Mnuchin zunächst als Hedgefonds-Manager und holte dann 2009 zum großen Schlag aus, als er zusammen mit Branchengrößen wie George Soros, John Paulson und Christopher Flowers den angeschlagenen Immobilienfinanzierer IndyMac für 1,55 Milliarden US-Dollar kaufte und sechs Jahre später für 3,4 Milliarden US-Dollar wieder verkaufte. Gegen Mnuchin wurde in diesem Zusammenhang in mehreren Verfahren wegen unlauterer Geschäftspraktiken ermittelt. Sein Spitzname lautete seinerzeit »Mr. Zwangsversteigerung«.

Kaum im Amt ernannte Steven Mnuchin den ehemaligen Black-Rock-Manager Craig Phillips zu seinem neuen Chefberater. Black-Rocks politische Landschaftspflege war in diesem Fall wohl auch bitternötig, hatte Phillips doch zuvor Trumps Rivalin Hillary Clinton 100 000 US-Dollar gespendet[28]. Die gleichhohe nachträgliche Spende an Trump konnte jedoch etwaige Irritationen über den »Hillblazer« beseitigen. Steven Mnuchin ist übrigens einer der wenigen Minister, die von Trump nicht via Twitter gefeuert wurden. Er ist immer noch im Amt und es ist sogar zu befürchten, dass er diesen Posten weiterhin bekleidet, wenn Trump seine Wiederwahl gewinnen sollte.

BlackRock und Co. konnten sich während der Regierungszeit von Donald Trump gemütlich zurücklehnen. Trotz ungläubigem Kopfschütteln einiger kritischer Abgeordneter konnte BlackRock es bislang vermeiden, als »systemrelevantes Finanzinstitut« eingestuft zu werden, und auch ansonsten hat sich Trump als handzahm erwiesen. Mittlerweile übt selbst Larry Fink den Schulterschluss mit Trump. Hatte er Trumps Steuerreform zuvor noch kritisiert[29], findet er sie nun ganz prima[30]. Es gebe zwar ein paar kleinere Differenzen, aber im Großen und Ganzen passe das schon. »Trump sei gut für die US-Wirtschaft und was gut für die US-Wirtschaft sei, sei schließlich auch gut für die Weltwirtschaft«, so Finks simple Logik in einem BBC-Interview vor verschneiter Kulisse am Rande des Weltwirtschaftsforums in Davos. Die globale Finanzelite hat ihren Frieden mit Trump gemacht. Sollte es bei den kommenden Präsidentschaftswahlen zu einem Duell zwischen Donald Trump und Bernie Sanders oder Elizabeth Warren kommen, werden die Finanzkonzerne sich sicherlich auch nicht lumpen lassen und sich artig für das Wohlverhalten des 45. Präsidenten der USA bedanken.

Osbornes Judaslohn für die Rentenrevolution

War BlackRock vor der Finanzkrise im Washingtoner Lobbydschungel eher ein Kapuzineräffchen, aus dem dann später ein ausgewachsener Silberrücken wurde, waren die Lobbyaktivitäten des

Konzerns in Brüssel vor wenigen Jahren im Grunde noch nicht einmal wahrnehmbar. Das hat sich im Kielwasser der Finanz- und Eurokrise jedoch diametral geändert. Die Aufträge für BlackRock Solutions bei zahlreichen nationalen Notenbanken und der Europäischen Zentralbank waren noch die Rendite hochrangiger Netzwerke. Hinter den Kulissen hatten vor allem der ehemalige Schweizer Notenbankchef und spätere BlackRock-Vorstand Philipp Hildebrand und Larry Finks Vertrauter Timothy Geithner an die richtigen Türen geklopft. Durch die Übernahme der ETF-Sparte von Barclays Global Investors mitsamt ihrer britischen und kontinentaleuropäischen Geschäfte war BlackRock nach der Krise jedoch nun auch in der EU der größte Finanzkonzern, und da kann es natürlich nie schaden, wenn man an entscheidender Stelle seinen Lobbyeinfluss geltend macht.

Die ersten Lobbyanstrengungen konzentrierte der Finanzkonzern auf das Land, das den USA nicht nur sprachlich, sondern auch in Sachen Marktliberalismus in Europa wohl am nächsten steht – Großbritannien. Dort wurden Margaret Thatchers neoliberale Reformen von Tony Blair bereits in das 21. Jahrhundert überführt, und die Banken der City of London hatten es geschafft, den Finanzplatz durch gezielte Lobbyarbeit zu einem der am wenigsten regulierten Finanzplätze der Welt zu machen. Hier fühlte sich BlackRock wohl und konzentrierte seine Lobbyarbeit auf ein ganz anderes Gebiet: die Altersvorsorge. Dafür sicherte man sich die Dienste eines sehr hochrangigen Lobbyisten. Mögen andere Finanzkonzerne sich mit Subalternen herumschlagen; für den größten Finanzkonzern der Welt muss es schon was ganz Besonderes sein. Und das war in diesem Falle niemand anderes als der Schatzkanzler ihrer Majestät höchstpersönlich – George Osborne.

Osborne wurde 2010 nach dem Wahlsieg der Konservativen von David Cameron zum Finanzminister ernannt. Während seiner gesamten Amtszeit stand er in gutem Kontakt zu BlackRock. Man traf sich regelmäßig, und da Osborne offenbar ein sehr schlauer Kopf war, lud BlackRock ihn auch gleich ein, vor den Konzernvertretern einen Vortrag zu halten. Dafür kassierte Osborne dann eine kleine

Aufwandspauschale von 40 000 Euro. Der Beginn einer wunderbaren und für beide Seiten lukrativen Beziehung.

2014 gab der Schatzkanzler dann – für die meisten Beobachter vollkommen überraschend – seine Pläne für eine »Rentenrevolution« bekannt[31]. Alle Briten, die Ansprüche aus einem staatlichen oder betrieblichen Pensionsfonds haben, wurden nun von der Auflage befreit, sich ihr angespartes Kapital in monatlichen oder jährlichen Beträgen, also verrentet, auszahlen zu lassen. Stattdessen konnten sie sich nun die komplette Summe in einer einmaligen Abschlagzahlung ohne Abzüge auszahlen lassen und selbst bei einem Anbieter ihrer Wahl anlegen. Das war der Jackpot für BlackRock. Nach Recherchen des Teams von Investigate Europe[32] soll Finks Vize Robert Kapito bei einer anschließenden Telefonkonferenz gejubelt haben: Osbornes Rentenrevolution habe im Vereinigten Königreich Altersersparnisse im Wert von 25 Milliarden Dollar »in Bewegung gesetzt«.

Nebenbei verschaffte Osborne mit seiner Reform der Branche auch noch eine Steuererleichterung von jährlich rund 200 Millionen Euro. Nun war es an BlackRock, sich erkenntlich zu zeigen. Zunächst nahm man Osbornes Stabschef Rupert Harrison unter Vertrag, der als »Strategiemanager« bei der britischen BlackRock-Tochter untergebracht wurde. Er sei »wegen seiner Erfahrung bei der Gesetzgebung zur kürzlichen Rentenreform besonders gut geeignet ist, unsere Rentenvorschläge zu entwickeln«, teilte der Konzern offiziell mit.

Osbornes eigene politische Zukunft wurde dann durch das Brexit-Referendum jäh torpediert. David Cameron warf das Handtuch, und die neue Premierministerin Theresa May brachte mit Philip Hammond ihren eigenen Schatzkanzler mit. Anders als Cameron behielt Osborne jedoch seinen Sitz im Unterhaus und plante bereits sein politisches Comeback. Wirklich erfüllt war er jedoch offenbar nicht von seinem neuen Leben als Hinterbänkler. Also überbrückte er seine Tagesfreizeit mit Reden, die er vor genau den Finanzkonzernen hielt, die zu den großen Profiteuren seiner politischen Arbeit zählten. Und die zeigten sich großzügig.

Im Brexit-Referendum-Jahr 2016 kassierte George Osborne stolze 628 000 britische Pfund als Redner. Zum Vergleich: Als Abgeordneter kassierte er die daneben geradezu ärmlich wirkende Summe von 75 962 Pfund.

Irgendwann ist aber alles gesagt und das Interesse für ehemalige Minister sinkt schneller als es kam – Osbornes deutscher Kollege Peer Steinbrück kann ein Lied davon singen. Doch während der arme Peer Steinbrück nun zusammen mit dem Kabarettisten Florian Schroeder mit einer sicherlich ungemein lustigen Comedyshow über die Dörfer tourt[33], schaffte es der 1971 geborene Frührentner George Osborne, eine würdigere und dabei nicht einmal sonderlich zeitaufwendige Anschlussverwendung zu finden. BlackRock sei Dank.

Im Februar 2017, kaum hatte er sein Ministeramt aufgegeben, heuerte Osborne nun offiziell bei BlackRock an. Und dafür, dass er dem Finanzkonzern nun »Einblicke und Kenntnisse zur Europapolitik beiträgt«, kassiert er jährlich umgerechnet 750 000 Euro. Wohlgemerkt für einen Job, der auf vier Arbeitstage pro Monat angelegt ist. Ist er nun der »bestbezahlte Lobbyist Großbritanniens«, wie es einige Blätter titelten? Nicht unbedingt. Man kann es auch so interpretieren, dass die fürstlichen Apanagen aus dem Hause BlackRock nichts weiter als ein zeitlich verzögertes Dankeschön für Osbornes Dienstleistungen während dessen Amtszeit als Schatzkanzler sind. Aber das wäre ja Vorteilnahme im Amt und so etwas gibt es in westlichen Demokratien ja offiziell nicht …

Neu im europäischen Lobbydschungel

War man nun in Washington und London bestens vernetzt, fehlte noch der Rest Europas. Und welcher Ort eignet sich besser dafür als das Herz des europäischen Lobbydschungels – Brüssel? Nach Angaben der lobbykritischen Nichtregierungsorganisation LobbyControl ist BlackRock heute laut EU-Lobbyregister eines der Unternehmen mit den meisten Treffen ihrer Lobbyisten und Lobbyistinnen mit

EU-Vertretungen. Die Gespräche drehten sich dabei vor allem um Finanzfragen. Vertreten wird BlackRock dabei laut der Lobby-Datenbank lobbyfacts.eu von neun Lobbyisten, von denen fünf eine Akkreditierung beim Europaparlament haben. Für dieses Team gibt BlackRock rund 1,4 Millionen Euro pro Jahr aus. Zusätzlich hat man noch die Public-Affairs-Agentur Fleishman-Hillard engagiert, die auf EU-Ebene die Lobbyanstrengungen von BlackRock unterstützen soll.

Die konzerninterne Lobbyabteilung hat dabei insgesamt 34 Treffen mit Entscheidern geführt, die nach den Transparenzrichtlinien angezeigt werden mussten. Von besonderem Interesse für Black-Rocks Lobbyisten sind dabei einmal mehr die Entscheider an den richtigen Stellen. So taucht auf den Transparenzmeldungen gleich zweimal der Name des damaligen Finanzkommissars Jonathan Hill auf. Hill ist dabei selbst ein abschreckendes Beispiel für den Drehtüreffekt. Bevor er von Jean-Claude Juncker zum Finanzkommissar ernannt wurde, war Hill selbst Lobbyist und Direktor der PR-Agentur Quiller Consultants[34], zu deren Kunden unter anderem die Großbank HSBC und die London Stock Exchange gehörten. Die EU-Kommission hat also einen Finanzlobbyisten der Londoner City mit dem Thema Finanzmarktregulierung beauftragt – auf so eine Idee muss man auch erst einmal kommen. Im Londoner Bankendistrikt knallten jedenfalls die Sektkorken. Dementsprechend gestaltete sich dann auch Hills Arbeit als Finanzkommissar. 64 seiner 77 angemeldeten Treffen als Finanzkommissar mit akkreditierten Lobbyisten fanden mit Vertretern der Finanzbranche statt. 2015 berichtete die *Financial Times*, BlackRock sei das Unternehmen mit den meisten Treffen mit dem Team des Finanzkommissars gewesen[35]. Und Hill lieferte. So verwässerte er beispielsweise die Richtlinie über Märkte für Finanzinstrumente (MiFID 2)[36], die sein Vorgänger als Lehre aus der Weltfinanzkrise eingeführt hatte.

Nach Hills Brexit-bedingtem Rücktritt übertrug EU-Kommissionspräsident Jean-Claude Juncker das nun vakante Ressort des Finanzkommissars auf den Kommissionsvizepräsidenten Valdis Dombrovskis, der nun als Superkommissar für den Euro, den sozialen Dialog, die Finanzmarktstabilität, Finanzdienstleistungen und die Kapitalmärkte zuständig war. Ganz schön viel für einen Elektroingenieur im zarten Alter von 48 Jahren. Wen wundert es da, dass auch Dombrovskis regelmäßig auf der Kontaktliste der BlackRock-Lobbyisten steht. Im zweiten Halbjahr 2016 fanden allein fünf von neun gemeldeten Treffen mit Dombrovskis oder einem seiner Teammitglieder statt. Von besonderem Interesse für BlackRock war dabei Dombrovskis Kabinettschef Jan Ceyssens, der speziell für die Verhältnisse zur EZB und anderen Banken verantwortlich ist. Und offenbar traf BlackRock bei Dombrovskis auf besonders offene Ohren. Anders ist folgende »Koinzidenz« kaum zu erklären.

Im Januar 2017 hatte Larry Fink vor einem voll besetzten Saal der Deutschen Börse dem aufmerksamen Publikum seine Vorstellungen von der Zukunft der Altersvorsorge in Europa erklärt. Paulo Pena und Harald Schumann vom Rechercheteam Investigate Europe dokumentierten dieses Treffen später für die Wochenzeitung *der Freitag*[37]. In Europa und »ganz besonders in Deutschland« seien die Bürger bei ihrer Altersvorsorge »übermäßig abhängig von den staatlichen Renten«. Die staatlichen Renten könnten allerdings »nicht mehr das Einkommen bieten, das sie für ihr längeres Leben benötigen« und die private Altersvorsorge sei »unterentwickelt«. Daher forderte der BlackRock-Chef die Regierungen auf, in »Zusammenarbeit mit den Unternehmen eine langfristige, ganzheitliche Strategie« zu verfolgen. Um die Menschen zur Geldanlage in Aktienprodukte zu motivieren, sei jedoch eine gesetzlich garantierte Mindestverzinsung privater Altersvorsorgeprodukte, wie sie beispielsweise für Kapitallebensversicherung gilt, hinderlich. Derartige Garantien sollten doch besser auf wenige ganz bestimmte Produkte beschränkt werden – und dies natürlich europaweit. Lieber solle man »den europäischen Sparern (…) zuverlässige Daten und die Anleitung, wie man investiert und für die Zukunft plant«, in die Hand geben, so Fink.

Wie durch ein Wunder tauchten genau diese Gedanken ein halbes Jahr später in einem Gesetzentwurf ein »europaweites privates Altersvorsorgeprodukt« auf, den der Finanzkommissar Valdis Dombrovskis in die Brüsseler Gesetzgebung einbrachte. Der Name des Modells: PEPP, die Abkürzung für Pan-European Personal Pension. Ein garantierter Mindestzins und Kapitalgarantien sind darin nicht vorgesehen. Stattdessen soll ein »Qualitätssiegel« den Sparern die von Fink geforderte Anleitung an die Hand geben. Mit diesem Siegel sollen die Finanzkonzerne in allen EU-Staaten gleichzeitig ihre Fonds als Altersvorsorge vermarkten können. Und BlackRock ist genau in diesem Segment Marktführer. Europa stehe vor einer »nie da gewesenen demografischen Herausforderung« und es gelte nun, eine private Rentenvorsorge auf europäischem Niveau zu schaffen, so Dombrovskis. Nicht nur das Modell des PEPP, sondern auch die Argumente, mit denen das Modell von Valdis Dombrovskis propagiert wurde, gleichen 1:1 dem Vorschlag, den Larry Fink ein halbes Jahr zuvor in Frankfurt präsentiert hatte.

Koinzidenz? Zufall? Nimmt man die regelmäßigen Treffen von Dombrovskis und seinen Mitarbeitern als Maßstab, kann man da kaum an einen Zufall glauben. Es sieht vielmehr so aus, als habe BlackRock mit Dombrovskis einen zweiten Osborne gefunden, der dem Konzern durch finanzmarktfreundliche »Reformen« des Rentensystems einen neuen Billionen-Euro-Markt öffnet. Es wäre daher auch alles andere als verwunderlich, wenn man für ihn auch eine lukrative Anschlussverwendung finden würde. Das hat jedoch noch Zeit. Auch in der Kommission der neuen EU-Kommissionspräsidentin Ursula von der Leyen hat Valdis Dombrovskis wieder einen Spitzenplatz ergattern können. Er bleibt Vizepräsident und sein Ressort wurde nun euphemistisch in »Wirtschaft für die Menschen« (»An Economy That Works for People«) umbenannt. Und Dombrovskis – oder sollte man lieber sagen Larry Finks? – PEPP-Modell konnte auch die parlamentarische Hürde nehmen. Jedoch setzte das Europaparlament durch, dass die Gebühren für die künftig mit dem Vertrauenssiegel der EU vertriebenen und geförderten Produkte maximal ein Prozent betragen dürfen. Der sonst so kritische Grünen-Abgeordnete Sven Giegold berichtete dazu voller Stolz in einer Pressemitteilung[38]:

»Ein Basis-PEPP mit Gebührendeckel ist ein wahrer Durch-
bruch für den europäischen Verbraucherschutz und wird Spa-
rerinnen und Sparern in ganz Europa zu Gute kommen. Damit kommen auch in Deutschland die häufig unverschämten
Gebühren bei Lebensversicherungen und Investmentfonds für
Kleinsparer*innen unter stärkeren Druck des europäischen
Wettbewerbs. Zu oft finanziert die private Altersvorsorge bei
Gebühren von teilweise über 1,5 Prozent der Beiträge einen
aufgeblasenen Finanzsektor statt den Wohlstand im Alter. Der
Gebührendeckel des europäischen PEPP-Produkts sollte nun
auf alle Riester-Produkte ausgedehnt werden. Hier ist das Ver-
braucherschutzministerium in Deutschland am Zuge.*

Da wird sich BlackRock gleich doppelt freuen. Denn die iShares-Pro-
dukte des Finanzgiganten weisen ja dank deren ETF-Struktur allesamt Gebühren unter der Ein-Prozent-Marke auf, während die vor
allem von Versicherungen und Banken vertriebenen Kapitallebensversicherungen und Fondsparprodukte diese Marke in aller Regel
überschreiten. So hat das Europaparlament nicht nur den Markt für
BlackRock geschaffen, sondern gleich auch die in Europa wichtigsten Konkurrenten von BlackRock für diesen Markt ausgesperrt.

Thinktanks im Kampf um die Parlamentarier

Um nicht nur die Regierungen, sondern auch das Parlament auf Linie zu bringen, haben sich im Lobbyismus sogenannte Thinktanks,
also frei übersetzt »Denkfabriken« als taugliches Mittel erwiesen.
Bereits über die Besetzung dieser Thinktanks hat man Einfluss auf
deren Ausrichtung, und besonders nützlich ist, dass diese Einrich-
tungen in der öffentlichen und politischen Debatte meist immer
noch als neutrale, wissenschaftliche oder gar objektive Stimmen
gelten. Nichts könnte weiter von der Wahrheit entfernt sein.

Vor allem im Brüsseler Lobbydschungel haben Thinktanks zudem
die Funktion von Kontaktbörsen übernommen. Gerade so, als sei

dies für die Allgemeinheit wünschenswert, haben diese Thinktanks es sich zum Ziel gesetzt, Vertreter der Wirtschaft mit Parlamentariern zusammenzubringen, um dann ganz unverkrampft ins Gespräch zu kommen und sich über dies und das auszutauschen. Worum es gehen mag, wenn der Brüsseler Cheflobbyist sich ganz unverkrampft mit einem Abgeordneten aus dem Finanzausschuss des Europaparlaments unterhält, ist der Fantasie des Betrachters überlassen – um Kuchenrezepte oder das Wetter jedoch höchstwahrscheinlich nicht.

Eine solche als Thinktank getarnte Kontaktplattform ist beispielsweise das European Parliamentary Financial Services Forum (EPFSF). In EU-Deutsch wird so etwas übrigens als »interfraktionelle Arbeitsgruppe des Europäischen Parlaments« bezeichnet. Man will »einen informellen Meinungsaustausch über besondere Themen führen und den Kontakt zwischen den Mitgliedern und der Zivilgesellschaft fördern«. Das hört sich doch honorig und harmlos an. Oder?

Auch Banken und Finanzkonzerne gehören zur »Zivilgesellschaft« und im EPFSF sind es natürlich sie, die den Ton angeben. Die Finanzwirtschaft bereitet das Forum selbst und organisiert dafür Veranstaltungen, auf denen Lobbyisten die Gelegenheit erhalten, Mitgliedern des Parlaments und der EU-Kommission ihre Sicht der Finanzmarktregulierung darzulegen. Diese Veranstaltungen finden dann in den Räumen des Europäischen Parlaments statt. Auf »Lunch Events« und »Breakfast Events« wird dann den Parlamentariern bei ein paar leckeren Häppchen die Sicht der Finanzkonzerne nähergebracht. Und da Parlamentarier ja zu Wissenslücken neigen, bietet man auch gleich noch Fortbildungen für die Assistenten von EU-Parlamentariern an, auf denen die komplexen Themen sicherlich vollkommen neutral und objektiv vermittelt werden. Auf Sonderveranstaltungen dürfen dann auch noch Gastredner der Finanzwirtschaft die gewonnen Einsichten vermehren. So bekommt Lobbyismus einen fast schon offiziellen Anstrich.

Die drei deutschen Abgeordneten, die im Lenkungsausschuss des EPFSF sind, sind daher auch – was ebenfalls wenig überraschen dürfte – nicht unbedingt dafür verdächtig, den Segnungen der Finanzwirtschaft besonders kritisch gegenüberzustehen. Einer davon ist der CSU-Politiker Markus Ferber. Ferber sitzt im Parlamentsausschuss für Wirtschaft und Währung. Einen Namen hat er sich mit seinem Vorstoß gemacht, Leerverkäufe und Kreditausfallversicherungen strenger zu regulieren. Das hat die Day-Trader und Hedgefonds sicherlich sehr geärgert. Den Banken und vor allem den großen Vermögensverwaltern dürfte er damit jedoch eher einen Dienst erwiesen haben, konzentriert sich das Spekulieren auf fallende Aktien- oder Anleihenkurse doch nun auf die von diesen Instituten herausgegebenen Zertifikate und ETFs. Die hat Ferber bei seinem Vorstoß nämlich wundersamerweise »vergessen«. Aber auch ansonsten ist Ferber »voll auf Linie«. Neben dem EPFSF ist er auch Mitglied des Transatlantic Policy Network (TPN), einem Interessenverband großer europäischer und US-amerikanischer Unternehmen sowie wirtschaftsnaher Netzwerke, der durch die Einbindung von europäischen und US-amerikanischen Politikern die transatlantische Politik im Sinne seiner wirtschaftlichen Interessen beeinflusst. Einige Politiker lassen sich anscheinend gerne beeinflussen.

Ein weiteres Mitglied im Lenkungsausschuss ist Ferbers Parteifreundin Monika Hohlmeier, die im Haushaltsausschuss des Europarlaments sitzt. Hohlmeier hat als Tochter des ehemaligen bayerischen Ministerpräsidenten Franz Josef Strauß eine gewisse Wirtschaftsnähe offenbar bereits mit der Muttermilch aufgesaugt. Auch sie wird die Argumentationshilfen der Finanzkonzerne sicherlich gerne in ihren Ausschuss weitertragen. Der dritte Deutsche im Bunde ist der CDU-Politiker Andreas Schwab. Schwab sitzt im Ausschuss für Binnenmarkt und Verbraucherschutz, arbeitet nebenbei als Berater der Wirtschaftskanzlei CMS Hasche Sigle und ist wie Ferber Mitglied im Transatlantic Policy Network. Einer der Schwerpunkte der europarechtlichen Tätigkeit von Schwab ist das »Legal Lobbying«. Das passt natürlich in diesem Kontext wie die Faust aufs Auge.

Im EPFSF stehen die Parlamentarier dann Personen wie Carey Evans, dem Brüsseler Chef-Lobbyisten von BlackRock, und Sven

Kasper, dem Senior Vice President und International Head of Regulatory, Industry and Government Affairs von State Street, gegenüber. Als Vertreter der Finanzwirtschaft sind beim EPFSF unter anderem noch Barclays, die Commerzbank, Deloitte, die Deutsche Bank, Goldman Sachs, JP Morgan und die UBS gelistet[39]. Auf insgesamt 60 Vertreter der Finanzwirtschaft kommen fünf Beobachter, die die Interessen der Anleger wahrnehmen sollen – das ist es wohl, was im Brüsseler Lobbydschungel unter »Zivilgesellschaft« verstanden wird. In eine ähnliche Kerbe schlägt die im Jahr 2000 gegründete Eurofi. Eurofi ist eine mühsam als Denkfabrik getarnte Lobbyorganisation der großen Finanzkonzerne. Sie nimmt insbesondere auf die Regulierung der Finanzmärkte Einfluss und bezeichnet sich selbst als »Plattform für den Austausch zwischen der Finanzdienstleistungsbranche und der EU und internationalen Behörden«. Langjähriger Präsident von Eurofi war Jacques de Larosière, der seit Jahren zwischen Finanzlobbygruppen und staatlichen Gremien hin und her wechselt. De Larosière ist auch ein ehemaliges Mitglied der G30 und war 2009 der Vorsitzende einer von der Europäischen Kommission eingesetzten Expertengruppe, die detaillierte Empfehlungen als Lehren aus der Finanzkrise vorgelegt hat – selbstverständlich auch vollkommen objektiv und neutral. Die Mitglieder von Eurofi sind Allianz, Amundi, Bank of Amercia Merril Lynch, Barclays, BlackRock, BNY Mellon, Credit Suisse, Deutsche Bank, Fidelity, Goldman Sachs, HSBC, JP Morgan, Morgan Stanley, State Street und UBS – BlackRock betätigt sich dort auch als einer der Hauptsponsoren[40].

Eine weitere Denkfabrik zum nicht unbedingt ergebnisoffenen Austausch zwischen der Finanzindustrie auf der einen und der Öffentlichkeit sowie der Politik auf der anderen Seite, ist Bruegel (»Brussels European and Global Economic Laboratory«) – eine Denkfabrik mit Sitz in Brüssel, die von Großkonzernen sowie von Regierungen und Zentralbanken mehrerer EU-Länder getragen wird. Die seltsame Idee, eine Denkfabrik unter Beteiligung von Großkonzernen, Regierungen von EU-Mitgliedstaaten und Institutionen von EU-Mitgliedstaaten zu gründen, entstand Ende 2002 im Rahmen von privaten Treffen von politischen Entscheidungsträgern und Unternehmensführern. Schröder und Chirac griffen diese Idee auf und brachten auch gleich die Anschubfinanzierung in Höhe von fünf Millionen Euro auf den Weg. Zu den zurzeit 24 »Corporate Members« von Bruegel gehören Konzerne wie Amazon, Apple, BlackRock, Facebook, HSBC, Morgan Stanley, McKinsey's, Microsoft, Moody's, Shell und Uber. Wer hier eine wie auch immer geartete Zivilgesellschaft finden will, sucht vergebens.

Obgleich die Ausrichtung und der klare konzernfreundliche Bias von Bruegel offensichtlich ist, werden Positionen, Studien und Analysen dieser Denk- oder besser Meinungsfabrik regelmäßig von den Medien zitiert und bilden die Grundlage für politische Debatten. Besonders schizophren ist dabei die stets mitschwingende Botschaft, Bruegel sei aufgrund seiner staatlichen und staatsnahen Mitglieder eine Art europäische Antwort auf die von den USA dominierte Welt der Thinktanks. Bei einem Thinktank, bei dem das Who's Who der US-Konzerne die Mehrheit der Mitglieder aus dem Unternehmenssektor stellt, ist diese Interpretation jedoch mehr als gewagt.

Dies alles tut dem Erfolg von Bruegel jedoch keinen Abbruch. Eine Studie der lobbykritischen Nichtregierungsorganisation Think Tank Watch[41] listet Bruegel als zweiteinflussreichsten Thinktank außerhalb der USA. Hinter dem Brookings Institution dem französischen Institut für internationale Beziehungen (IFRI) und dem Carnegie Endowment for International Peace belegt Bruegel sogar den vierten Platz auf der weltweiten Liste der einflussreichsten Thinktanks.

Deutschland im Vormerz

Nach Schätzungen von LobbyControl tummeln sich allein in Berlin rund 5 000 hauptberufliche Lobbyisten – im gerade einmal vier Quadratkilometer großen »EU-Viertel« von Brüssel sind es sogar 15 000. Wann immer über politische Themen diskutiert wird und wann immer Gesetze und Verordnungen geschrieben werden, sitzen Lobbyisten mit am Tisch. Manchmal schreiben sie die Gesetze und Verordnungen sogar selbst und lassen sie nur noch von den gewählten Vertretern des Volkes abnicken.

Auch das Phänomen des Drehtüreffekts ist in Deutschland durchaus bekannt. So wechselte Caio Koch-Weser (SPD), ehemals Staatssekretär aus dem Finanzministerium, der zudem in dieser Funktion Vorsitzender des Verwaltungsrats der BaFin war, als »Vice Chairman« und »Non Executive« 2006 zur Deutschen Bank. Übersetzt heißt dies, dass Koch-Weser sehr viel Geld fürs Nichtstun bekommt – Experten schätzen, dass sich sein Gehalt im siebenstelligen Bereich bewegt. Auch sein Kollege Hans Martin Bury (SPD) wechselte ohne Bedenken die Seiten. Der ehemalige Staatsminister im Bundeskanzleramt wechselte, nachdem Rot-Grün abgewählt wurde, zu niemand anderem als der späteren Pleitebank Lehman Brothers, für die er als Managing Director tätig war und bei dessen deutscher Dependance er sogar im Vorstand saß. Geradezu grotesk ist in diesem Zusammenhang, dass SPD-Finanzminister Peer Steinbrück ausgerechnet seinen Parteifreund Hans Martin Bury 2008 in die SPD-Arbeitsgruppe »Mehr Transparenz und Stabilität auf den Finanzmärkten« berief.

Jörg Asmussen (SPD), der als Staatssekretär im Finanzministerium ganz maßgeblichen Anteil daran hatte, dass die deutsche Methode der »Bankenrettung« letztlich vor allem die Gläubiger der Banken gerettet hat und den deutschen Steuerzahler eine noch immer nicht abschließend zu beziffernde Summe gekostet hat – aktuelle Berechnungen der Grünen-Fraktion bezifferten im September 2018 die vorläufigen Kosten mit 68 Milliarden Euro[1] –, heuerte im September 2016 bei der US-Investmentbank Lazard an. Dort darf der – zumindest aus Sicht der Allgemeinheit – gescheiterte Bankenretter nun Regierungen und Politik beraten, wie sie aus Sicht von Lazard künftig die Finanzmärkte besser regulieren können.

Die Liste der Seitenwechsler ist lang und sehr prominent und reicht von Joschka Fischer (Albright Group, BMW, RWE, Nabucco-Projekt, Siemens und REWE)[2] über Gerhard Schröder (Gazprom, Nord Stream, Rosneft, TNK-BP)[3] bis hin zum ehemaligen EU-Kommissionschef Manuel Barroso, der es nach seiner Abwahl zum »Präsidenten ohne Geschäftsbereich« und Berater der Investmentbank Goldman Sachs gebracht hat und dort ein geschätztes Salär[4] von fünf Millionen Euro pro Jahr bekommt. Dass Finanz- und Außenminister, Bundeskanzler und EU-Kommissionschefs nach ihrer Karriere noch einmal bei den Unternehmen, denen sie während ihrer Regierungszeit aktiv geholfen haben, kräftig abkassieren, ist also nicht neu. Der absolute Hauptgewinn ist den Konzernen jedoch bislang verwehrt geblieben – ihren eigenen Lobbyisten in das höchste Amt eines Landes zu bringen. Doch dies könnte sich dank Friedrich Merz schon bald ändern.

Lobbyist war Friedrich Merz schon immer. Bevor er 1989 überhaupt »Berufspolitiker« wurde, war er bereits Lobbyist des Verbands der Chemischen Industrie. Zahlreiche andere Geldgeber folgten, und spätestens seit seiner Niederlage beim Duell um den Fraktionsvorsitz gegen Angela Merkel im Jahre 2002 sind bei Friedrich Merz sämtliche Dämme gebrochen. Merz war lange »Berufspolitiker« – ob er aber jemals hauptberuflich oder doch eher nebenberuflich in Partei und Bundestag tätig war, ist nicht so einfach zu sagen.

Von 2005 bis 2014 – bis 2009 noch neben dem Bundestagsmandat – war Merz als Partner der internationalen Anwaltskanzlei

Mayer, Brown, Rowe & Maw LLP tätig – ein Schwergewicht der Branche mit einem Jahresumsatz in Milliardenhöhe, das zu den 20 größten Anwaltskanzleien der Welt gehört und vor allem Wall-Street-Firmen vertritt. Mayer Brown verdient den Großteil seines Geldes mit dem Lobbying für Investmentbanken und die Finanzbranche. Die Kanzlei zählt auch zu den »Partnern« der True Sale International – einer Lobbyorganisation, die sich in Deutschland für die Deregulierung der Finanzmärkte und Zulassung von Verbriefungen und strukturierten Finanzprodukten einsetzte. Die True Sale International war übrigens vor der Finanzkrise ganz maßgeblich dafür verantwortlich, dass genau die Papiere in Deutschland überhaupt erst zugelassen wurden, die später der IKB, der Hypo Real Estate und zahlreichen Landesbanken das Genick gebrochen haben. Egal ob es sich um strukturierte Wertpapiere, verbriefte Schuldscheine oder Derivate handelt – Mayer Brown zählt zu den Top-Beratern für alle nur denkbaren Zauberprodukte der modernen Finanzalchemisten. Und nebenbei ist die Kanzlei auch einer der ersten Anlaufpunkte, wenn man Steuern auch mal etwas fantasievoller »optimieren« will.

Als Repräsentant dieser Kanzlei wurde Merz 2010 als Anwalt vom Sonderfonds Finanzmarktstabilisierung (SoFFin) beauftragt, einen Käufer für die marode WestLB zu finden, nachdem die Kanzlei Mayer Brown bereits die Auslagerung der Ramschpapiere dieser Bank im Werte von 77 Milliarden Euro in eine mit Steuergeldern finanzierte Bad Bank gemanagt hatte. Für Merz und Mayer Brown hat sich dieser Deal zweifelsohne gelohnt: Friedrich Merz, der in seinen politischen Reden stets darauf hinweist, dass der Staat kein Selbstbedienungsladen sei, bekam für seine Dienste ein Honorar in Höhe von 5 000 Euro – nicht pro Monat, sondern pro Tag! Indirekt bezahlt wurde dieses »Traumhonorar« übrigens von all den Krankenschwestern, Paketboten und Handwerkern, sprich dem Steuerzahler.

Sein Engagement war dann auch durchaus ein Erfolg; nur halt nicht für den Steuerzahler, sondern für das Bankhaus HSBC Trinkaus & Burkhardt, das bei der Übernahme der WestLB-Aktiva zum

Zuge kam. Als Dank dafür durfte Merz den sicher gut dotierten Vorsitz des Verwaltungsrats von HSBC übernehmen. Den Steuerzahler kostete die Zerschlagung der WestLB hingegen 18 Milliarden Euro. Gemäß des Sprichworts, nach dem das Geld nie weg, sondern jetzt nur wo anders ist, fragt man sich ja immer, wer die Profiteure dieser Milliardenpleite waren: Friedrich Merz ist einer davon.

Ganz nebenbei drückt Merz aber offenbar auch gerne mal ein Auge zu, wenn diejenigen, die den Staat als Selbstbedienungsladen begreifen, zu seiner eigenen Klientel gehören. So geriet 2016 das Bankhaus HSBC Trinkaus & Burkhardt ins Zentrum der Ermittlungen der Düsseldorfer Staatsanwaltschaft zu den Cum-Cum- und Cum-Ex-Straftaten. In diesem Zusammenhang wurde übrigens auch gegen die Deutsche BlackRock-Dependance ermittelt. Im Ermittlungsverfahren geht es dabei um »Steuerstraftaten in Zusammenhang mit den fragwürdigen Aktiengeschäften von 2005 bis 2011«. Das ist insofern vom größten Interesse, da Friedrich Merz vom Januar 2010 an als Verwaltungsrat und vom Juni 2010 an sogar als Aufsichtsrat bei HSBC beschäftigt war. Nun kann man sich aussuchen, ob der Aufsichtsrat Merz seine Aufsichtspflichten versäumt hat und von den fraglichen Geschäften nichts mitbekommen hat oder ob er diese Geschäfte mitbekommen und gebilligt hat. Die Antwort fällt in beiden Fällen nicht eben positiv für Friedrich Merz aus. Seinen Posten im Aufsichtsrat von HSBC Trinkaus & Burkhardt hat er mittlerweile abgegeben, im Verwaltungsrat sitzt er (Stand: Mai 2019)[5] aber immer noch.

Zumindest kann man Merz nicht vorwerfen, dass er aus seinen marktliberalen Überzeugungen einen Hehl macht. Er ist Gründungsmitglied der neoliberalen Denkfabrik Initiative Neue Soziale Marktwirtschaft und sitzt in den Gremien des neoliberalen Netzwerkes Stiftung Marktwirtschaft. Merz muss nicht von wirtschaftsliberalen Lobbyisten überzeugt werden, er ist selbst einer dieser Lobbyisten. Merz war stets ein Anhänger von Privatisierungen, Deregulierungen und Kürzungen im Bereich der Sozialpolitik. Berühmt-berüchtigt ist auch sein steuerpolitisches Konzept der Steuererklärung, die auf einen Bierdeckel passt und schlussendlich vor allem den Reichen und Superreichen Milliardenersparnisse bescheren würde. Es gibt wohl keinen Politiker in Deutschland, der Merz in Sachen Neoliberalismus das Wasser reichen könnte.

Die Liste der »nebenberuflichen« Tätigkeiten von Friedrich Merz ist lang, und es würde sogar dieses Buch sprengen, sie komplett aufzuzählen. Vor allem die Finanzbranche scheint in Merz einen willfährigen Vertreter ihrer Interessen gefunden zu haben. Der politisch-lobbyistische Tausendsassa saß und sitzt unter anderem in den Gremien der AXA Konzern AG, der DBV-Winterthur Holding AG, der Deutschen Börse AG, der Ernst & Young AG, der ROCKWOOL Beteiligungs GmbH, der WEPA Industrieholding SE, der Commerzbank AG und der HSBC Trinkaus.

Sein größter Karriereschritt war jedoch bislang die Ernennung zum Vorsitzenden des Aufsichtsrates beim deutschen Ableger von BlackRock. Obgleich die genaue Funktion von Merz bei BlackRock durchaus umstritten ist. Als er im März 2016 beim Finanzkonzern unter Vertrag genommen wurde, hieß es seitens BlackRock nämlich noch kryptisch, Merz solle »eine weiter gefasste Beraterrolle einnehmen, in der er die Beziehungen mit wesentlichen Kunden, Regulierern und Regulierungsbehörden in Deutschland für BlackRock fördern wird«.[6] Das ist aber nicht das Tätigkeitsfeld eines Aufsichtsratsvorsitzenden. So hört sich die Stellenbeschreibung für einen Cheflobbyisten an.

Wer nun meinen sollte, dass eine derart ausufernde Nähe zu den Finanzkonzernen sich für Merz als entscheidender politischer Nachteil erweisen sollte, sieht sich jedoch getäuscht. Bereits im Vorfeld der Wahl zum CDU-Vorsitz im Dezember 2018 griffen die Medien Merz' lukrative Tätigkeiten für den Finanzsektor zwar auf, machten daraus jedoch eine krumme Geschichte um die finanziellen Verhältnisse des Kandidaten. Es ging nicht mehr um die Frage, wofür er so viel Geld bekommen hat, sondern nur noch darum, wie viel Geld er bekommen hat, wie hoch sein Vermögen ist und ob man als Millionär nun – wie Merz es via *Bild-Zeitung* verkünden ließ – zur »gehobenen Mittelschicht« gehört. Eine groteske Debatte.

Dabei ist doch der entscheidende Punkt: Merz hat sein Millionenvermögen stets ganz explizit mit Tätigkeiten verdient, die gegen die Interessen der Allgemeinheit gerichtet waren. Darum ist er der falsche Kandidat für ein öffentliches Amt. Die Summe seiner Einkünfte ist dabei nebensächlich. Für Friedrich Merz ist es natürlich bequem, eine Debatte um sein Vermögen zu führen, die seine Freunde aus dem Blätterwald dann schnell als »Neiddebatte« umetikettieren können. Solange niemand die »falschen« Fragen stellt, kann er weiterhin sein Image als erfolgreicher Wirtschaftsanwalt und Anpacker vor sich hertragen und vielleicht tatsächlich der erste offizielle Lobbyist der Finanzkonzerne werden, der das Amt eines Regierungschefs bekleidet.

Die Folgen einer solchen Kanzlerschaft könnten die Rentenrevolution von George Osborne oder das PEPP-Modell von Valdis Dombrovskis bei Weitem in den Schatten stellen. Schließlich ist das Thema Altersvorsorge in Deutschland bereits von den Lobbyisten und ihren Schwestern und Brüdern von der schreibenden Zunft im wahrsten Sinne des Wortes waidwund geschossen worden. Ein Kanzler Merz könnte – womöglich unter Beteiligung der bei diesem Thema lavierenden Grünen – der ohnehin schon durch zahlreiche neoliberale Reformen beschädigten gesetzlichen Rente einen weiteren Schlag verpassen und damit den Finanzkonzernen einen der weltweit lukrativsten Märkte für private Altersvorsorgeprodukte auf dem Silbertablett liefern. Das wäre dann in der Tat der Jackpot für BlackRock und Co.

Der Angriff auf die Rente

Der wohl klügste Satz zur volkswirtschaftlichen Bedeutung kapital-
gedeckter Altersvorsorgesystem ist bereits mehr als 60 Jahre alt und
stammt vom Sozialwissenschaftler Gerhard Mackenroth, einem der
Väter der großen Rentenreform von 1957:

> *»Nun gilt der einfache und klare Satz, daß aller Sozialauf-
> wand immer aus dem Volkseinkommen der laufenden Peri-
> ode gedeckt werden muß. Es gibt gar keine andere Quelle und
> hat nie eine andere Quelle gegeben, aus der Sozialaufwand
> fließen könnte, es gibt keine Ansammlung von Periode zu Pe-
> riode, kein ›Sparen‹ im privatwirtschaftlichen Sinne, es gibt
> einfach gar nichts anderes als das laufende Volkseinkommen
> als Quelle für den Sozialaufwand ... Kapitalansammlungs-
> verfahren und Umlageverfahren sind also der Sache nach gar
> nicht wesentlich verschieden. Volkswirtschaftlich gibt es im-
> mer nur ein Umlageverfahren.«*[1]

Bis heute hat es kein Ökonom geschafft, das Mackenroth-Theorem zu widerlegen. Obgleich es an Versuchen, wie beispielsweise
durch Bert Rürup und Axel Börsch-Supan im Umfeld der Agenda
2010-Debatte, nicht gemangelt hat. Wie denn auch? Es ist volkswirtschaftlich unstrittig, dass sämtliche Renten aus dem laufenden Volkseinkommen gedeckt werden müssen. Verfeinert und in
mathematische Formeln gepackt wurde das Mackenroth-Theorem
durch den amerikanischen Ökonomen und »Nobelpreisträger«
Paul A. Samuelson, der zudem den (ebenfalls unstrittigen) Lehr-

satz aufgestellt hat, dass die Ergebnisse an den Finanzmärkten nicht dauerhaft besser sein können als die gesamtwirtschaftliche Entwicklung. Es war übrigens genau dieser Samuelson, der Vanguard-Gründer John Bogle durch ein Essay 1974 zu dessen Erfindung der Indexfonds inspirierte (siehe das Kapitel Vanguard: Die Investment-Genossen).

Kapitalbasierte Altersvorsorgesysteme unterscheiden sich somit gesamtwirtschaftlich nicht wesentlich von Umlageverfahren. Was sich jedoch unterscheidet, ist die Bemessung der Ansprüche und der Topf, aus dem die Umlage bezahlt wird. Was die Ansprüche angeht, stellen beide Systeme eine Wette auf die Zukunft dar. Während die Ansprüche an das klassische, beitragsfinanzierte Umlagesystem sich im Wesentlichen auf die künftige Lohnentwicklung der Beitragspflichtigen beziehen, sind die Ansprüche auf ein kapitalbasiertes Altersvorsorgemodell an die Wertentwicklung der Finanzinstrumente gekoppelt, die für ein derartiges Modell zugelassen sind. Doch das klingt sicher alles viel zu theoretisch. Wie dies in der Praxis aussieht, zeigt ein ganz simples Modell.

Würde man die Beiträge zur deutschen Altersvorsorge nicht in einem Umlageverfahren von den heutigen Beitragszahlern an die heutigen Beitragsempfänger ausbezahlen, sondern für die Beiträge eines Versicherten ganz einfach Bundesanleihen kaufen und die Rente dieses Versicherten später aus dem damit »erwirtschafteten« Kapitalstock ausbezahlen, würde diese Rente letztlich zu jedem Zeitpunkt auch nur aus den jeweiligen Tilgungszahlungen des Gläubigers im betreffenden Zeitraum bezahlt werden – im konkreten Fall aus der jährlichen Neuverschuldung und den Zinslasten des Bundes. Gesamtwirtschaftlich gesehen werden dabei »nur« unterschiedliche Töpfe angezapft. Während im Umlagesystem die Renten aus den Rentenbeiträgen bezahlt werden, würden bei einem »kapitalbasierten« System über Bundesanleihen die laufenden Altersbezüge aus dem Bundeshaushalt und damit aus den Steuereinnahmen der laufenden Periode bezahlt. Gesamtgesellschaftlich »gespart« wurde dabei jedoch nichts. Im Gegenteil, es wurden Ressourcen verschwendet.

Der eigentliche Unterschied dieser beiden Systeme liegt vor allem in der Entwicklung der Rentenansprüche. Liegt der Zinssatz für Bundesanleihen dauerhaft über der allgemeinen Lohnentwicklung, so würden die Ansprüche der Versicherten in einem solchen System gegenüber der klassischen Umverteilung steigen. Wenn der Zinssatz jedoch unterhalb der Lohnentwicklung liegt, sinken die Ansprüche im Vergleich zum klassischen Umverteilungssystem. Während der Bund – und damit am Ende auch der Steuerzahler – sich über niedrige Zinskosten freut, ärgert sich der Versicherte über sinkende Ansprüche aus seiner Altersvorsorge. Das mag oberflächlich betrachtet an ein Nullsummenspiel erinnern. Doch dieser Eindruck täuscht, gibt es bei der kapitalbasierten Variante doch immer einen Gewinner – und dabei ist es sogar egal, wie sich Löhne und Zinsen entwickeln. Dieser Gewinner sind die Finanzkonzerne, die als Betreiber eines kapitalbasierten Altersvorsorgesystems stets ihre Gebühren in Rechnung stellen. Von irgendetwas müssen die Renditen, die hohen Gehälter und die immense Lobbyarbeit der Finanzkonzerne ja bezahlt werden.

Da ist es natürlich verständlich, dass die Lobbyisten der Finanzkonzerne bei jeder Gelegenheit die Werbetrommel für eine Umstellung der Vorsorgesysteme auf ein kapitalbasiertes Modell rühren. In seinem Buch *Glaube wenig, hinterfrage alles, denke selbst* beschreibt Albrecht Müller diese Kampagne als ein »Musterbeispiel für eine gut geplante und erfolgreiche Strategie der Meinungsmache mit dem Ziel, politische Entscheidungen herbeizuführen, die den Interessen der Kampagnenplaner und ihren Auftraggebern zugutekommen«[2].

Streng genommen führt dabei jedoch bereits der Begriff »Kapitaldeckung« in die Irre. Gedeckt sind die Verbindlichkeiten der Anbieter dieser Produkte gegenüber ihren Kunden nämlich nicht durch Kapital, sondern durch Versprechungen. Und da der Zins stets auch das Ausfallrisiko widerspiegelt, sind die Chancen für die Versicherten, höhere Bezüge zu bekommen, auch stets mit dem Risiko gekoppelt, dass zumindest ein Teil ihrer Ansprüche ausfällt, wenn die Versprechungen der Schuldner nicht eingehalten wurden.

Das mag im Kontext der hier skizzierten Bundesanleihen eher unwahrscheinlich sein. Doch neben dem Ausfallrisiko gibt es ja auch noch das Risiko einer teilweisen Entwertung der Ansprüche durch Inflation. Liegt die allgemeine Preissteigerung nämlich über dem erzielten Zinsgewinn, werden schnell aus nominalen Zinsgewinnen reale Verluste. Während sich die Löhne, die bei einem klassischen Umlageverfahren die Basis für Ansprüche sind, in der Regel zumindest im Rahmen der Inflation bewegen, ist dies bei den Zinsen keinesfalls so.

Der eigentliche Todesstoß für ein derartiges kapital- oder besser gesagt durch Versprechen gedecktes Umlagesystem ist somit ein Szenario, bei dem der Zins dauerhaft nicht nur unterhalb des Wirtschaftswachstums und der Lohnentwicklung, sondern sogar unterhalb der Preissteigerung liegt. Und exakt dieses Szenario ist seit rund fünf Jahren Realität.

Geht's noch tiefer?

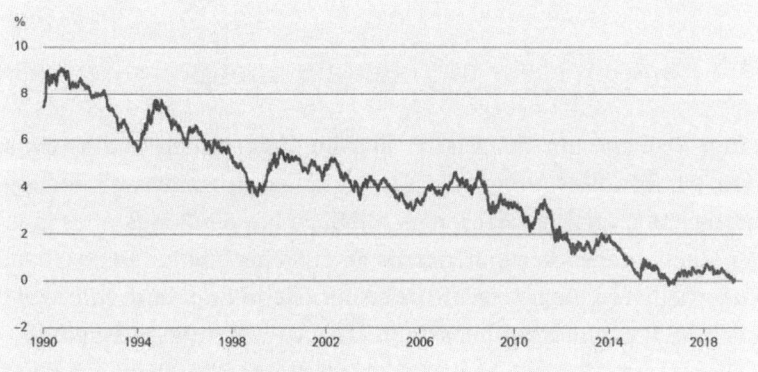

Quellen: Bloomberg Finance L.P., DWS Investment GmbH; Stand: 24.04.2019

■ Rendite von zehnjährigen Bundesanleihen

Unabhängig von den gesamtwirtschaftlichen Zusammenhängen, der Frage der Beitragsfinanzierung und der immensen Kosten der Finanzkonzerne ist ein System, bei dem die Ansprüche der Versicherten langsamer steigen als die Preisentwicklung schlicht nicht zukunftssicher und unattraktiv. Das wissen natürlich auch die Finanzkonzerne und haben sich mit ihrer Lobbyarbeit nun darauf konzentriert, das Portfolio der Altersvorsorgemodelle auszuweiten – weg von den sicheren, aber schlecht verzinsten Staatsanleihen, hin zu Finanzinstrumenten, die bessere Ertragschancen versprechen – allen voran Aktien und verbriefte Schuldtitel, die mit Unternehmensanleihen, Immobilien- und Verbraucherkrediten gedeckt sind. Der Zusammenhang zwischen Zins und Risiko wird dabei einmal mehr ignoriert. Man schraubt das Risiko einfach so lange hoch, bis die Versprechen wieder attraktiv klingen, verschweigt aber gleichzeitig, dass mit den Ertragschancen auch immer das Ausfallrisiko steigt und selbst eine breite Streuung der Risiken versagt, wenn es zu einer Systemkrise kommt. »Here be Dragons.« Und wenn der nächste Drache zuschlägt, lösen sich die Altersansprüche von Hunderten Millionen Menschen in Luft auf. Das Spiel ist das gleiche wie schon häufig zuvor, nur dass man jetzt mit dem größten anzunehmenden Einsatz spielt – All in, wie man beim Poker sagen würde.

Die Rentenfresser betreten die Bühne

Allen Risiken zum Trotz ist es absolut verständlich und sinnvoll, dass wir für unser Alter vorsorgen und überschüssiges Geld in langfristige Sparverträge stecken. Schließlich hat die Politik alles in ihrer Macht Stehende getan, um die gesetzliche Rente in Deutschland zu torpedieren. So betrug die Höhe der »Netto-Standardrente« 1990 noch 55 Prozent des durchschnittliches Jahresentgelts. Heute liegt der Wert bei 48 Prozent. Bis 2030 soll dieser Wert nach einer Vorausberechnung der Bundesregierung auf 44,5 Prozent fallen. Ein Niveau von 53 Prozent wird üblicherweise als lebensstandardsichernd gesehen[3]. Überdies wurde das Renteneintrittsalter Stück für Stück erhöht, was für viele Menschen, die nicht bis zum 67. Lebensjahr arbeiten wollen oder können, auf nichts anders als eine weitere Rentenkürzung hinausläuft. So wurde mithilfe der Lobbyarbeit der Finanzkonzerne die Rente Stück für Stück zusammengestrichen und eine »Rentenlücke« kreiert, die der Bürger durch eine private Altersvorsorge schließen soll.

Als traditionelles Produkt gilt dabei die kapitalbildende Lebensversicherung, kurz Kapitallebensversicherung, die es bereits zu Kaisers Zeiten gab. Aber wirklich krisenfest war die Kapitallebensversicherung noch nie. In Deutschland erlebten deren Kunden bereits zweimal einen Totalausfall ihrer Forderungen: 1923 durch die Hyperinflation sowie 1945 und 1948 durch das Ende des Zweiten Weltkriegs und die folgende Währungsreform. Schwere Wirtschaftskrisen konnten Lebensversicherungen in der Vergangenheit jedoch vergleichsweise wenig anhaben, da sie gesetzlich dazu verpflichtet sind, einen Großteil der Kundengelder in sichere und fest verzinste Anleihen im selben Währungsraum zu investieren. De facto sind die Versicherungsgesellschaften daher auch gezwungen, zum Hauptfinanzier von Staatsanleihen zu werden. Der deutsche Staat war diesbezüglich in der Vergangenheit ein mustergültiger Schüler: Selbst in der Weltwirtschaftskrise zwischen 1929 und 1930 zahlte er seine Schulden brav zurück.

Gefahr droht dem Lebensversicherungssystem von einer ganz anderen Seite. Die momentane Niedrigzinsära stellt einen Paradigmenwechsel dar, der vielen Beobachtern noch gar nicht klar ist. Die Zeiten der »ordentlichen Zinsen« sind auf absehbare Zeit vorbei, und warum sollten Menschen in ein Altersvorsorgesystem einbezahlen, das ihnen noch nicht einmal einen Schutz vor der allgemeinen Preissteigerung bietet? Was für Lebensversicherungen gilt, trifft auch auf alle anderen Altersvorsorgeprodukte zu, die es mit dem Anspruch, eine halbwegs sichere Verrentung anzubieten, ernst nehmen. Der Zinssatz, den Versicherungsgesellschaften ihren Kunden garantieren, befindet sich seit Längerem im Sinkflug. Aktuell beträgt der Garantiezins lediglich 0,9 Prozent – bis Juli 2000 waren es noch 4,0 Prozent. Durch die Liberalisierung des Marktes für Lebensversicherungen ist dieser Garantiezins jedoch noch nicht einmal verpflichtend. Viele Angebote der Branche verzichten heute ganz auf eine garantierte Verzinsung.

Um die Menschen weiter in private Altersvorsorgemodelle zu treiben, erweiterten die Finanzkonzerne auch in Deutschland ihr Angebot. All die Riester-Renten, fondsgebunden Lebensversicherungen und betrieblichen Altersvorsorgeprodukte sind jedoch für die Versicherten vor allem eins – teuer. Und das hat – neben den meist vollkommen überzogenen Gebühren und Provisionen der Anbieter – einen einfachen Grund. Um zumindest nominelle Verluste bei diesen Altersvorsorgeprodukten auszuschließen, hat der Gesetzgeber die Anbieter zwar vom Garantiezins befreit, dafür aber zumindest auf einer Garantie der Einlagen bestanden. Der Anleger soll also selbst bei schlechten Ergebnissen gemäß den Kalkulationsmodellen der Anbieter nicht weniger ausbezahlt kommen, als er einbezahlt hat. Man könnte dies auch ganz simpel einen Garantiezins von 0,0 Prozent nennen.

Doch genau diese Beitragsgarantie ist für die Finanzkonzerne ein Klotz am Bein. So können sich beispielsweise Indexfonds genauso wie deren zugrundliegende Aktien nach oben wie nach unten bewegen. Wenn die Anleihen, Kredite oder Hypotheken, die einem Anleihen- oder Mischfonds zugrunde liegen, an Wert verlieren, verliert auch dieser Fonds an Wert und garantiert den Anlegern eben nicht, dass sie ihre eingezahlten Beiträge zurückbekommen. Damit sind die großen Finanzkonzerne wie BlackRock oder Vanguard erst einmal aus dem Spiel. Diese Konzerne haben nämlich überhaupt keine eigenen Reserven, aus denen sie etwaige Kursverluste ausgleichen könnten. Die Versicherer, die solche Produkte anbieten, verdienen zwar an den von ihnen durch fleißige Lobbyarbeit durchgesetzten staatlich geförderten Produkten gut, müssen die Beitragsgarantie jedoch auch durch teure und komplexe Sicherungsgeschäfte einkaufen – zum Beispiel über Wetten auf fallende Kurse, um mit dem Wettgewinn dann die erzielten Verluste auszugleichen. Dadurch sind diese Produkte trotz staatlicher Förderung teurer als die Alternativangebote der großen Finanzkonzerne – und dies natürlich erst recht, wenn der Kunde auf Sicherheit pfeift und sich durch die rosigen in Aussicht gestellten Ertragsprognosen dieser Alternativangebote blenden lässt.

Um diese »Wettbewerbsverzerrung« auszugleichen, drängen nun die Lobbyisten der Finanzkonzerne seit Längerem schon auf einen Wegfall der Beitragsgarantie in Deutschland. Ihre Lobbyarbeit hatte 2017 ihren ersten Erfolg. Im Rahmen der Reform der betrieblichen Altersvorsorge hat die Bundesregierung in ihrem Betriebsrentenstärkungsgesetz die Beitragsgarantie für entsprechende Produkte nicht nur gestrichen, sondern sogar verboten. Die Branche jubelte. Das Branchenmagazin *Fonds Professionell* sprach gar[4] von einer »revolutionären Änderung«, die »Fondsgesellschaften den Zutritt zu einem Markt eröffnen [wird], den bisher die Versicherer dominierten«. Doch die von den Medien nun »Nahles-Rente« getaufte garantiefreie Betriebsrente erwies sich als Flop. Das Gesetz sieht nämlich auch eine Tarifpartnerschaft vor, bei der die Arbeitnehmervertreter dem Betriebsrentenmodell zustimmen müssen. Die Gewerkschaften sahen darin jedoch zu Recht lange nur Nachteile und keine erkennbaren Vorteile für die Beschäftigen. Dies treibt »die Demontage der Betriebsrenten auf die Spitze, indem Firmen völlig aus der Haftung genommen werden und statt einer garantierten Rente eine völlig unverbindliche Zielrente versprochen werden muss«, zitierte die *FAZ* am 8. Oktober 2019 einen Vertreter der IG Metall[5]. Doch offenbar haben die Gewerkschaften bei ihrer berechtigten Kritik ihre Kollegen von Verdi vergessen, die als Dienstleistungsgewerkschaft auch die Beschäftigten in der Finanzbranche vertritt.

Bereits eine Woche nach dem vernichtenden Urteil der IG Metall in der *FAZ* konnten die Versicherungen einen ersten Durchbruch vermelden. Offenbar dachte man sich, wenn die normalen Unternehmen schon kein gesteigertes Interesse an der »Nahles-Rente« haben, dann müssen wir eben selbst einspringen. Und so verständigte sich der Hannoveraner Versicherungskonzern Talanx mit der Gewerkschaft Verdi auf ein hausinternes Betriebsrentenmodell nach dem Vorbild der Nahles-Rente[6]. Wenn man seine Versicherungen sonst nicht loswird, verkauft man sie halt notfalls den eigenen Leuten. Dass die Nahles-Rente »allen Unkenrufen zum Trotz lebt«, wie es ein Talanx-Vorstand zum Vertragsabschluss blumig formuliert, erinnert jedoch eher an Monty Pythons schwarzen Ritter, der im Film *Ritter der Kokosnuss* seinem siegreichen Konkurrenten schwerstens lädiert ein gnädiges Unentschieden anbietet.

Einen großen Erfolg verzeichneten die Lobbyisten indes auf der europäischen Ebene. Das Modell der Pan-European Personal Pension (PEPP), dessen Zustandekommen bereits im vorherigen Kapitel beschrieben wurde, sieht nämlich ebenfalls keine Garantie für die einbezahlten Beiträge vor. Martin Schirdewan von der Linksfraktion kommentierte die Zustimmung des Europarlaments zu diesem Paket daher auch kritisch[7]: »Die Minimalanforderung an ein seriöses Vorsorgeprodukt ist, dass man das, was man einbezahlt hat, auch wieder rausbekommt. Dies erfüllt der heute vom Ausschuss angenommene Text nicht.« Seriös ist das PEPP-Modell ohnehin nicht. Laut EU-Verordnung dürfen Anbieter die Spargelder ihrer Kunden künftig in alle erdenklichen Finanzinstrumente investieren, einschließlich hochriskanter Derivate – »Anlagen in derivativen Finanzinstrumenten sind zulässig«, so die Verordnung. Die Kundeneinlagen dürfen nun erstmals auch in Dark Pools, ungeregelten Märkten ohne Börsenaufsicht, investiert werden.

In welcher Form PEPP in Deutschland kommt, ist jedoch immer noch offen, und hinter den Kulissen tobt bereits ein regelrechter Krieg der Lobbyisten. Vor allem die Versicherungskonzerne fürchten, dass ihre für sie selbst profitablen Riester-Produkte und Modelle zur betrieblichen Altersvorsorge durch die kommende PEPP-Konkurrenz von BlackRock und Co. vom Markt verdrängt werden. Dies ist kein unrealistisches Szenario, gehen die Machbarkeitsstudien, die von Ernst & Young für die EU erstellt wurden[8], doch von einem Marktvolumen von 0,7 bis 2,1 Billionen Euro für die PEPP-Produkte aus. Nun gilt es für die Lobbyisten der Versicherungsbranche eine steuerliche Anerkennung oder gar Förderung der PEPP-Produkte zu verhindern. BlackRock und Co. halten hinter den Kulissen dagegen und berufen sich dabei auf die Kostenvorteile für den Verbraucher und den Wettbewerb. Wer auch immer sich durchsetzt, der Verlierer wird der Endverbraucher sein. Denn es läuft darauf hinaus, dass es entweder ein Produkt geben wird, bei dem die Kosten allenfalls die Gewinne der Versicherungskonzerne explodieren lassen, das aber ihm zumindest eine Rückzahlung der Beiträge sichert, oder ein Produkt, das zwar preiswert und chancenreich ist, im Falle von

Finanzmarktturbulenzen aber auch komplett wertlos werden kann und die Gewinne von BlackRock und Co. explodieren lässt. Sie haben die Wahl!

Wo kommen die Billionen her?

2018 war kein gutes Jahr für Aktionäre. Der Handelskonflikt zwischen den USA und China, die endlose Brexit-Saga und die Erhöhung des Leitzinses durch die FED schlugen aufs Gemüt der Börsianer. Global gaben die Aktienkurse nach einer langen Phase des Wachstums um zwölf Prozent nach. Gleichzeitig sind die Zinsen jedoch immer noch auf historischen Tiefstwerten. Dies führte in Kombination dazu, dass die weltweiten Geldvermögen 2018 erstmals zurückgegangen sind – wenn auch nur um zarte 0,1 Prozent, wie der alljährlich erscheinende Global Wealth Report der Allianz in seiner Ausgabe von 2019 berichtet[9]. Glaubt man den Münchner Versicherern, betrug das Brutto-Geldvermögen der privaten Haushalte in den 53 untersuchten Volkswirtschaften am Ende des Jahres 2018 172,5 Billionen Euro.

Doch dieses Vermögen ist massiv ungerecht verteilt. Zwar haben sich laut des Allianz Global Wealth Reports die unterschiedlichen Volkswirtschaften in den letzten zehn Jahren stärker angeglichen, und die Schere zwischen reichen und armen Ländern schließt sich – wenn auch langsam. Innerhalb der einzelnen Volkswirtschaften ist die Schere zwischen Reich und Arm jedoch auch im letzten Jahrzehnt größer geworden. Zugespitzt könnte man also sagen, dass die globalen Finanzeliten enger zusammenwachsen, während der Unterschied zwischen Reich und Arm gleichzeitig immer größer wird – vor allem in den westlichen Industrieländern.

Weltweit besitzen die reichsten zehn Prozent der Bevölkerung 82 Prozent des Geldvermögens. Und auch in dieser Oberschicht ist das Vermögen höchst ungleich verteilt. Alleine das oberste Prozent besitzt 43 Prozent des globalen Geldvermögens – das sind im Schnitt übrigens mehr als eine Million Euro pro Kopf. Gleichzeitig besitzt die untere Hälfte zusammen weniger als ein Prozent des Geldvermögens. Während die Armen arm bleiben, hat sich zumindest im obersten Viertel in den letzten zwei Jahrzehnten etwas verändert. 2000 kamen die reichsten zehn Prozent noch auf 90 Prozent des weltweiten Geldvermögens. Die relativen Verschiebungen kamen vor allem der Schicht zugute, die heute zu den obersten 20 bis 30 Prozent gehören – und das ist vor allem die neue obere Mittelschicht in China, die heute bereits 24,3 Prozent der weltweiten »Oberschicht« ausmacht. Dazu zählt die Allianz Haushalte mit einem Geldvermögen von mehr als 45 600 Euro. Weltweit zählen 580 Millionen Haushalte zu dieser »Oberschicht«, die zusammen 90 Prozent des Geldvermögens besitzen – und das sind rund 155 Billionen Euro!

Diese Summe ist grob gesagt der große Topf, aus dem die Finanzkonzerne ihre Kundengelder beziehen. Doch auch dabei gibt es Unterschiede. Von besonderem Interesse sind hierbei die sogenannten »High Net Worth Individuals« – Haushalte mit einem Anlagevermögen von mehr als einer Million Dollar – selbst genutzte Immobilien, Betriebsvermögen und wertvolle Gegenstände werden dabei freilich nicht mitgezählt. Nach dem Global Wealth Report des Beratungsunternehmens Capgemini[10] gibt es weltweit rund 18 Millionen HNWI-Haushalte, die zusammen auf ein Vermögen von 68,1 Billionen US-Dollar kommen. An deren Spitze thronen 168 100 Haushalte, die von Capgemini zur Gruppe der Ultra-HNWIs gezählt werden, deren anlagefähiges Vermögen mehr als 30 Millionen Dollar beträgt und die zusammen auf 22,9 Billionen US-Dollar kommen – das sind im Schnitt übrigens mehr als 136 Millionen US-Dollar pro Haushalt.

Diese Ultra-HNWI-Haushalte sind vor allem die Klientel von Hedgefonds und Private Equity Funds. Mit Mindestanlagen von einer Million US-Dollar, die bei einigen Produkten auch gerne mal in den zweistelligen Millionenbetrag reichen, richten sich diese Produkte klar an die Crème de la Crème der internationalen Finanzelite. Sicherlich werden viele der HNWI- oder gar Ultra-HNWI-Haushalte auch zu den Kunden von BlackRock, Vanguard, State Street und Co.

gehören; so richtet sich vor allem BlackRock in seiner Außendarstellung auch an Stiftungen und sogenannte »Familiy Offices«, also die professionelle Vermögensverwaltung reicher Familien. Das Gros der Kundeneinlagen dieser Finanzkonzerne stammt jedoch nicht von der kleinen, ultrareichen Finanzelite, sondern von den Haushalten, die im Allianz Report als globale Oberschicht beschrieben werden. Und dieser Topf ist immer noch gewaltig – zieht man die HNWI- und Ultra-HNWI-Haushalte ab, verbleibt schließlich immer noch ein anlagefähiges Geldvermögen von rund 87 Billionen Euro.

Schaut man nun darauf, wie dieses Geldvermögen der Privathaushalte angelegt ist, machen gleich hinter den Wertpapieren die Ansprüche aus Versicherungen und Pensionsfonds mit mehr als 30 Prozent die größte Anlageklasse dieser globalen Oberschicht aus. Und genau diese beiden Segmente sind das Kerngeschäft von BlackRock, Vanguard, State Street und Co. Die sogenannte Vermögensverwaltung ist in großen Teilen nichts anderes die Verwaltung der privatisierten Altersvorsorge.

Die zwei Säulen der Finanzkonzerne

Der Kapitalstock der Altersvorsorge von vielen Millionen Menschen ist gleichzeitig der Grundstock ihrer Kundeneinlagen. In fast allen größeren Ländern der Welt gibt es bei der Altersvorsorge ein sogenanntes Drei-Säulen-Modell. Die erste Säule ist eine mal steuer-, meist aber beitragsfinanzierte »Grundrente«. Die zweite Säule ist eine staatlich geförderte, aber private Zusatzrente für Arbeitnehmer, und die dritte Säule stellt die private, nicht vom Staat geförderte, Altersvorsorge dar. Je nach Land und Rentensystem wurde die erste Säule dabei in den letzten Jahrzehnten massiv beschnitten, und die beiden anderen Säulen wurden im Rahmen der Privatisierung der Altersvorsorge gestärkt. Vor allem im angelsächsischen Sprachraum ist diese Entwicklung sehr weit fortgeschritten – in Großbritannien, Neuseeland oder Australien gibt es beispielsweise nur eine sehr niedrige Grundrente aus der ersten Säule.

Hier ruht die eigentliche Altersvorsorge für die Arbeitnehmer, die es sich leisten könnten, auf der zweiten und dritten Säule. Ähnlich sieht es in den USA aus, wobei hier betriebliche Pensionsfonds und die sogenannten 401(k)-Sparpläne – eine Art »Super-Riester« – im Zentrum stehen. Bei allen Modellen, die auf der zweiten und dritten Säule basieren, werden die gezahlten Beiträge für die Altersvorsorge in Finanzprodukten angelegt. Und hier kommen die Finanzkonzerne ins Spiel.

In Kontinentaleuropa ist die Privatisierung der Altersvorsorge immer noch vor allem eine Sache der Versicherungskonzerne. Branchenriesen wie die Allianz, AXA, Aegon, Zurich, Swiss Life oder Talanx hatten noch vor wenigen Jahren mit ihren Kapitallebensversicherungen, in den Mantel einer Versicherung eingepackten Fondssparplänen und nationalen Sonderformen wie der deutschen Riesterrente ein Monopol. Doch dieses Monopol geriet in den letzten zehn Jahren ins Wackeln. Nach einer Auswertung der European Fund and Asset Management Association[11] ist der Anteil von Investmentfonds am Geldvermögen der kontinentaleuropäischen Haushalte zwischen 2008 bis 2017 von 27,4 Prozent auf 51,1 Prozent gestiegen. Das liegt zum einen in einer höheren Nachfrage der Haushalte nach diesen Produkten, und zum anderen kommt hier ein indirekter Effekt zum Tragen. Die Versicherungen und Pensionsfonds investieren selbst ihre Kundeneinlagen vermehrt in Investmentfonds. Lag deren Anteil am Portfolio der Versicherungen und Pensionsfonds 2008 noch bei 20,5 Prozent, waren es 2017 bereits 35,5 Prozent.

Das klassische Modell, bei dem Lebensversicherer die Beiträge ihrer Kunden in sichere und festverzinsliche Staatsanleihen aus dem gleichen Währungsraum anlegen, ist offenbar in vielen Ländern ein Auslaufmodell. Deutsche Versicherer liegen mit einem Investmentfondsanteil von 52 Prozent ihrer gesamten Anlageformen übrigens in Europa hinter Finnland an zweiter Stelle. In Frankreich, Italien, Griechenland und Belgien beträgt der Staatsanleihenanteil am Portfolio der Versicherer übrigens noch mehr als 70 Prozent – in Deutschland sind es nur noch 22 Prozent.

Dies führt in Kombination zu einem aufschlussreichen Bild, wenn man sich die Besitzverhältnisse an den Investmentfonds anschaut. 23,5 Prozent aller Fondsanteile werden von den Banken gehalten und weitere 25 Prozent von den Haushalten direkt. Mit 41,7 Prozent haben jedoch die Versicherungen und Pensionsfonds den mit Abstand größten Besitzanteil an den Investmentfonds. So kann es mit großer Wahrscheinlichkeit sein, dass Sie selbst BlackRock-Kunde sind, ohne es überhaupt zu ahnen. Oder wissen Sie, in welche Finanzprodukte ihrer Lebensversicherung oder Riester-Rente ihre Beiträge investiert hat? Ein kleiner Teil der BlackRock-Billionen könnte so womöglich sogar ihre eigene Altersvorsorge sein.

Vorbild USA

Im Heimatland von BlackRock, Vanguard, State Street und Co. ist diese Entwicklung bereits weiter fortgeschritten. In den USA gab es bis zur Weltwirtschaftskrise in den 1930er-Jahren gar keine gesetzliche Rente. Jeder war seines Glückes Schmied, und wer nicht auf der Sonnenseite des Lebens stand, wurde im Alter ein Fall für private Wohlfahrtsorganisationen. Dieses System versagte jedoch während der Weltwirtschaftskrise, als jeder zweite ältere US-Bürger in die Armut abrutschte. In Rahmen seines New Deals nahm sich Präsident Franklin D. Roosevelt dieses Problems an und führte mit dem Social Security Act die erste gesetzliche Rente des Landes ein – ein Umlagesystem, vergleichbar mit der Deutschen Rentenversicherung, die 1957 in der Bundesrepublik eingeführt werden sollte. Jedoch lagen sowohl die Beitragssätze als auch die Rentenleistungen in den USA weit unter denen des deutschen Rentensystems. Während das deutsche Umlagesystem mit 14 Prozent des Bruttolohns, je zur Hälfte von Arbeitnehmer und Arbeitgeber, finanziert wurde und Renten ausschüttete, die als alleiniges Alterseinkommen gedacht waren, startete die Social Security in den USA mit einem Beitragssatz von zwei Prozent eher als absolute Notversorgung, die im Alter als Ergänzung zu den sonstigen privaten Rücklagen und Arbeitseinkünften eine sehr rudimentäre Grundsicherung bieten sollte. Dennoch bekam Franklin D. Roosevelt für seine Rentenpläne massiven Gegenwind von der Opposition und den Medien –»Sozialismus!«. Die meisten Angehörigen von Minderheiten und Frauen waren damals übrigens noch von der Rente ausgeschlossen.

Mit den Jahren wurde die Social Security zu einem fast universellen Rentensystem ausgebaut. Mit der Zeit stiegen auch die Beiträge. Zurzeit liegt der Beitragssatz bei 12,4 Prozent (seit 1990). Die Leistungen stellen jedoch immer noch nur eine Grundsicherung dar und liegen mit durchschnittlich 35 Prozent des letzten Einkommens sogar noch weit unter den von der Politik beschnittenen deutschen Rentenleistung. Aber die Social Security stellt in den USA ja auch nur die erste Säule des Altersvorsorgesystems dar.

Vor allem für die Mittelschicht ist stattdessen die zweite Säule von entscheidender Bedeutung. Da gibt es zum einen die betriebliche Altersvorsorge, die in den USA meist über Pensionsfonds gemanagt wird, die entweder vom Unternehmen selbst oder von Branchenverbänden, oft auf Ebene des Bundesstaats, als Lohnbestandteil oder Lohnzusatzleistung abgeführt wird. Und zum anderen gibt es neben der betrieblichen Altersvorsorge noch das System der 401(k)-Sparpläne, die steuerlich gefördert und in verschiedenen Formen von zahlreichen Finanzkonzernen angeboten werden. Diese zweite Säule ist das Herz der Altersvorsorge für Millionen US-Amerikaner aus der Mittel- und Oberschicht und gleichzeitig die größte Quelle der Kundeneinlagen der Finanzkonzerne. Sowohl BlackRock als auch Vanguard betreuen die großen und kleinen Pensionsfonds und bieten sowohl selbst 401(k)-Sparpläne als auch Finanzprodukte an, die sich in die 401(k)-Sparpläne anderer Anbieter integrieren lassen. Und last but not least haben die Produkte von BlackRock, Vanguard und Co. auch eine Dominanz bei der dritten Säule der Altersvorsorge – der privaten, nicht staatlich geförderten Altersvorsorge, für die in den USA immer häufiger Indexfonds und ETFs eingesetzt werden. Ohne Übertreibung könnte man daher sagen, dass nahezu die komplette Altersvorsorge der amerikanischen Mittelschicht und auch von Teilen der Oberschicht in den Händen dieser Finanzkonzerne liegt. Das erklärt vielleicht auch deren politischen Einfluss.

Die zehn größten Pensionsfonds der USA

Rang	Name	Berufsgruppe	Einlagen in Mio. €
1.	CalPERS	Öffentlicher Dienst	336.684
2.	CalSTRS	Lehrer	216.193
3.	New York State Common Retirement	Öffentlicher Dienst	201.263
4.	New York City Retirement	Öffentlicher Dienst	189.794
5.	Florida SBA	Öffentlicher Dienst	167.900
6.	Teacher Retirement System of Texas	Lehrer	146.326
7.	New York State Teachers	Lehrer	114.367
8.	State of Wisconsin Investment Board	Öffentlicher Dienst	109.690
9.	North Carolina Retirement	Öffentlicher Dienst	106.946
10.	Washington State Investment Board	Öffentlicher Dienst	104.260

Quelle: Pensions&Investments, Februar 2018

Im Jahre 2018 hatten die Pensionsfonds der USA ein Volumen von mehr als 16 Billionen US-Dollar[12] und in den 401(k)-Sparplänen stecken Kundeneinlagen im Wert von mehr als 5,8 Billionen US-Dollar[13].

Dunkle Wolken über Kalifornien

Wie groß die Bedeutung der Pensionsfonds in den USA ist, zeigt ein Blick auf den größten US-Bundesstaat Kalifornien mit seinen fast 40 Millionen Einwohnern. Dort sind die 1,6 Millionen Angestellten des öffentlichen Dienstes bei ihrer Altersvorsorge neben der Grundrente aus der Social Security auf den öffentlichen Pensionsfonds CalPERS angewiesen. Die Pensionsleistungen dieses Fonds sind dabei keinesfalls schlecht. So beziehen Staatsangestellte mit mehr als 30 Jahren Dienstzeit eine durchschnittliche Pension von 66 373 US-Dollar pro Jahr. Besonders lukrativ ist das Modell für höhere Beamte. Im Jahr 2018 gab es mehr als 26 000 Pensionäre, deren Pension mehr als 100 000 US-Dollar betrug[14] – diese Gruppe macht zwar nur vier Prozent der Pensionsempfänger aus, die jedoch auch gleichzeitig 17 Prozent der ausgezahlten Pensionen auf sich vereinen.

Das große Problem dieser Pensionsfonds ist, dass die Pensionshöhe auf einer viel zu optimistisch bemessenen Ertragsprognose beruht. So kalkulierte CalPERS mit einer durchschnittlichen Rendite von 7,5 Prozent auf seine Kapitalanlagen. Diese allzu optimistische Prognose wurde im letzten Jahr auf immer noch sehr optimistische 7,0 Prozent gesenkt. Doch selbst diese Annahme hält der Realität nicht stand. Damit ist der größte Pensionsfonds der Welt dramatisch unterfinanziert. Seine Rücklagen betrugen im Jahr 2018 nur 68 Prozent der ausstehenden Pensionsansprüche[15]. Bei den Gemeinden und der Verwaltung des Bundesstaats klingeln daher bereits die Alarmglocken. Sollte sich die finanzielle Lage von CalPERS nicht bald ändern, sind sie nämlich per Gesetz gezwungen, die entstehende Lücken durch höhere Beiträge zu decken. Eine Studie von 170 kalifornischen Gemeinden kam zu dem Ergebnis, dass die Kosten für die Altersversorgung ihrer Angestellten bis 2024 von derzeit durchschnittlich 8,3 Prozent auf 15,8 Prozent steigen wird. Diese Kosten müssen die Gemeinden dann über Steuererhöhungen wieder reinholen. Mitverantwortlich für die prekäre Lage des kalifornischen Pensionsfonds ist niemand anderes als die Nummer eins der Branche – BlackRock.

Auf dem Höhepunkt der Immobilienblase kaufte BlackRock zusammen mit dem New Yorker Immobilienentwickler Tishman Speyer die Immobilienprojekte Stuyvesant Town und Peter Cooper Village – zwei gigantische Wohnkomplexe direkt am East River in Manhattan mit 56 Hochhäusern und 11 250 Appartements, die 25 000 Menschen ein Dach über dem Kopf bieten. Gebaut wurde dieser Komplex nach dem Zweiten Weltkrieg in einer Public-Private-Partnership zwischen der Stadt New York und dem Versicherungskonzern Metlife mit der Zielsetzung, Veteranen ein bezahlbares Zuhause mitten in Manhattan zu ermöglichen. Dieser soziale Aspekt verhinderte auch, dass Metlife während der Immobilienbooms der frühen 2000er-Jahre eine »ortsübliche« Rendite aus dem Wohnkomplex ziehen konnte. MetLife verkaufte und Tishman Speyer bekam zusammen mit seinem Finanzpartner BlackRock den Zuschlag für 5,4 Milliarden US-Dollar – das bis dahin größte Immobiliengeschäft der Geschichte. BlackRock war jedoch nicht selbst an dem Deal beteiligt, sondern finanzierte das Geschäft über seine Immobilienfonds, deren Kapital damals zum großen Teil von der kalifornischen Pensionskasse CalPERS kam. Man wollte nun die Mieten in Stuyvesant Town und Peter Cooper Village auf ein ortsübliches Niveau bringen. Für die Mieter bedeutete diese eine Mietsteigerung von bis zu 71 Prozent.

Offenbar hatten Tishman Speyer und BlackRock jedoch übersehen, dass die meisten Mietverträge eine vom Staat New York garantierte Mietpreisbindung enthielten. Die Mieter siegten vor Gericht, und das Finanzierungsmodell von Tishman Speyer und BlackRock kollabierte. Um einen Bankrott abzuwenden, übertrug die gemeinsame Holding die Immobilen nun an die Gläubiger, und das waren die Immobilienfonds von BlackRock. Dummerweise war zwischendurch die Immobilienblase geplatzt, und die Fonds konnten die Gebäude von Stuyvesant Town und Peter Cooper Village nur mit großem Verlust weiterverkaufen. Alleine CalPERS kostete das Geschäft stolze 500 Millionen US-Dollar[16]. In einem herzzerreißenden Statement klagte Larry Fink 2010 in einem Interview mit der *Vanity Fair*[17], dieser Fehler »bereite ihm selbst schlaflose Nächte«, schließlich »bekäme seine Mutter ihre Pension ebenfalls von CalPERS«. Lange dauerte es indes nicht, bis Finks Krokodilstränen getrocknet waren. Fünf Jahre später verteidigte er sich gegenüber dem Wirtschaftsmagazin *Crain's*[18] mit den Worten: »Ich würde es wieder tun!« Man könne zwar sagen, »der (Fremdkapital)Hebel war wohl zu hoch«. »Aber wäre nicht zur Kreditkrise gekommen, hätte dies nicht die Auswirkungen gehabt, die es hatte.« Offenbar hatte Aladdin sich verrechnet, und die Kosten für diesen Fehler mussten letztlich die Pensionäre in Kalifornien bezahlen.

Heute gehört der Komplex übrigens der Heuschrecke Blackstone und dem Pensionsfonds der kanadischen Provinz Quebec. Die neuen Investoren warten nun darauf, dass die alten Mieter mit Mietpreisbindung versterben oder den Überzeugungskünsten der Investoren nachgeben. Für Neuvermietungen kassieren sie zwischen 3 510 US-Dollar für eine Zweizimmerwohnung mit 70 Quadratmetern und bis zu 9 074 US-Dollar für eine 156 Quadratmeter große Wohnung mit fünf Zimmern und zwei Bädern. Der Verlust bei Stuyvesant Town war jedoch nur die Spitze des Eisbergs. Hatte CalPERS schon während der Dotcom-Krise und im Betrugsskandal rund um Enron und WorldCom Milliarden verloren, summierten sich die Verluste während der Finanzkrise auf 67 Milliarden US-Dollar beziehungsweise 24 Prozent der gesamten Rücklagen[19]. Um die Finanzierungslücke zu schließen, will CalPERS nun sein Risiko steigern und massiv in Private-Equity-Fonds investieren[20], sich also selbst am hochriskanten Geschäft der Firmenjäger und Heuschrecken beteiligen. Nur so ließen sich die zweistelligen Renditen erreichen, die nötig sind, um die heutigen und künftigen Pensionsansprüche auch bedienen zu können. Zins und Risiko. Noch nie waren die Pensionsansprüche von Millionen Kaliforniern so unsicher wie heute. Aber das muss Larry Fink eigentlich keine schlaflosen Nächte bereiten. Sein Konzern gewinnt bei diesem Geschäft immer; egal, ob die Pensionen gesichert sind oder ganz wegfallen. »Unsere Kunden hatte genau die gleichen Informationen wie wir, und sie hatten ihre eigene Sorgfaltspflicht«, erklärte Fink gegenüber *Vanity Fair*. Ob das die Feuerwehrleute aus Sacramento und die Polizisten aus Los Angeles genauso sehen?

Es lebe das Risiko

Wie weit BlackRock in Sachen Altersvorsorge für den öffentlichen Dienst in den USA bereits mit dem Staat verwoben ist, zeigt das Beispiel des Thrift Savings Plans (TSP), einer Art Betriebsrente des öffentlichen Dienstes und der Streitkräfte der USA. Der Staat zahlt seinen Bediensteten im Rahmen dieses Modells zwischen drei und fünf Prozent des Bruttogehalts als steuerfreien Bonus in einen TSP-Fonds. Der 1986 unter Ronald Reagan eingeführte TSP hat heute 5,5 Millionen Teilnehmer und verwaltet derzeit Einlagen in Höhe von 558 Milliarden US-Dollar. Die Bediensteten können sich bei diesem Modell dann entscheiden, in welchen der fünf angebotenen Fonds sie einzahlen oder ob sie diese Entscheidung lieber einem Fachmann überlassen. Aber das spielt aus Anbietersicht keine Rolle. Alle fünf Fonds stammen von BlackRock, und Black-Rock übernimmt auch gleich die Rolle des Fachmanns, der den Staatsdienern die Kombination der Fondszusammenstellung in einem Lifecycle-Modell, das sich am jeweiligen Alter des Kunden orientiert, ganz abnimmt. BlackRock übernahm das Management der einzelnen Fonds übrigens in den Jahren 2015 bis 2017, also in der Obama-Ära.

Die TSP-Fonds zeigen auch das Risiko einer Altersvorsorge, die von der Entwicklung der Kapitalmärkte abhängt. Drei der fünf zur Wahl stehenden TSP-Fonds sind Aktienfonds. Diese Produkte haben zwar hohe Ertragschancen, aber auch ein hohes Risiko. Im Finanzkrisenjahr 2008 haben drei der fünf TSP-Fonds Verluste von mehr als 30 Prozent erzielt. Für die Staatsdiener, die ihre gesamten Pensionsansprüche in einen der drei betroffenen Fonds investiert hatten, bedeutete dies mit einem einzigen Schlag einen Verlust von rund einem Drittel der Altersvorsorgeansprüche. Derartige Einbrüche sind an den Börsen keine Seltenheit. Auch im Jahre 2001 brach der S&P 500 Index schon einmal binnen weniger Wochen um fast die Hälfte ein. Ähnliche Rückschläge gab es zuletzt auch 1973 und 1987.

Doch das Langzeitgedächtnis vieler Menschen ist schlecht, vor allem wenn es um Geld geht und ganz besonders, wenn es sich um die Wall Street handelt. In den letzten zehn Jahren konnten die drei Aktienfonds aus dem TSP-Programm durchschnittliche Renditen zwischen 6,48 Prozent und 13,67 Prozent erzielen[21]. Da kommt einem natürlich der alte Lehrsatz von Paul A. Samuelson in Erinnerung: Die Ergebnisse an den Finanzmärkten können nicht dauerhaft besser sein als die Konjunktur. Die US-Konjunktur ist im gleichen Zeitraum nämlich nur um durchschnittlich rund 2,4 Prozent gewachsen. Und wenn es zur nächsten Kurskorrektur kommt, könnten sich die Hoffnungen von Millionen Angestellten auf einen Bungalow in Florida ebenso schnell in Luft auflösen. Die Altersvorsorge mit Aktie ist nun einmal eine Wette – sie kann gutgehen, sie kann aber auch in die Hose gehen und im schlimmsten Falle zu Altersarmut führen.

Der vierte TSP-Fonds ist ein Mischfonds, der zum Teil aus Staatsanleihen und zum Teil aus Unternehmensanteilen und forderungsbesicherten Schuldverschreibungen besteht. Das klingt vergleichsweise risikoarm, ist es aber nicht. Als es 1994 in einer Niedrigzinsphase zu plötzlichen Zinssteigerungen kam, kollabierte der Anleihenmarkt. Noch heute spricht die Wall Street ehrfürchtig vom »Großen Bond-Massaker«. »Geschichte wiederholt sich nicht«, schrieb Mark Twain. »Aber sie reimt sich« und selbst Experten wagen heute keine Prognosen darüber, was passieren könnte, wie der auf viele Billionen US-Dollar aufgeblähte Anleihenmarkt auf mögliche Zinssteigerungen reagieren könnte. Ein zweites Massaker könnte die Pensionsfonds hier besonders hart treffen, denn anders als bei den Aktienfonds konnten die Anleihenfonds in den letzten Jahren noch nicht einmal ein Polster aufbauen, mit dem möglicherweise kommende Verluste abgefedert werden können. Im Jahr 2018 erzielte der von BlackRock gemanagte TSP-Mischfonds mit hohen Anleihenanteil gerade einmal 0,15 Prozent Rendite.

Bliebe der fünfte TSP-Fonds übrig. Doch der investiert den Kapitalstock der künftigen Pensionäre ausschließlich in US-Staatsanleihen. Das ist zwar vergleichsweise sicher, aber auch nicht gerade lukrativ und erlaubt bei einer Performance von durchschnittlich 2,3 Prozent kaum mehr als einen Inflationsausgleich. Die Leistungen der umlagefinanzierten Social Security sind im gleichen Zeitraum stärker gestiegen.

Super-Rente oder Super-Altersarmut?

Auch in Australien bietet die erste Säule des Rentensystems nur eine spärliche Grundversorgung, die eher mit der Sozialhilfe zu vergleichen ist. Wer im Alter halbwegs über die Runden kommen will, ist gezwungen, an einem steuerlich geförderten privaten Altersvorsorgesystem namens »Superannuation« teilzunehmen. Paradoxerweise war es ein Deal zwischen der australischen Labor-Regierung und den Gewerkschaften, der dieses System 1983 zum Durchbruch verhalf. Die Gewerkschaften verzichteten auf drei Prozent Lohnsteigerung, wenn die Arbeitgeber sich dazu verpflichten, eben jene Summe in ein privates Altersvorsorgemodell einzuzahlen – eben jenes System der Superannuation. Dem Arbeitnehmer steht es frei, einen Teil seines Gehalts zusätzlich umwandeln zu lassen und dafür dann Steuervergünstigungen zu bekommen. Empfohlen wird jedoch, dass der Arbeitnehmer den gleichen Anteil in das System einzahlt, den auch der Arbeitgeber entrichtet. Insgesamt ähnelt das australische System also einer obligatorischen Betriebsrente mit fakultativem Anteil der Arbeitnehmer.

15 Millionen der insgesamt 24,6 Millionen Einwohner Australiens sind Teilnehmer dieses Modells, das meist nur in seiner Kurzform als AustralianSuper oder auch nur Super bezeichnet wird. Heute beträgt der Arbeitgeberanteil 9,5 Prozent und soll bis 2025 stufenweise bis auf zwölf Prozent erhöht werden. Wenn der Arbeitnehmeranteil der Empfehlung folgt, liegt der gesamte Beitragssatz in Australien also schon heute über dem Beitragssatz der gesetzlichen Rentenversicherung in Deutschland. Der Unterschied ist jedoch, dass die gesetzliche Rente in Deutschland über ein Umlageverfahren finanziert wird, das krisenfest ist, und die Rentenansprüche der Australier auf Wohl und Wehe von der Entwicklung der Finanzmärkte abhängig sind. Eine Garantie auf eine Rückerstattung der Beiträge oder gar eine Verzinsung sieht das Super-System nämlich nicht vor.

Waren die Super-Fonds zuvor noch vergleichsweise streng reguliert, öffnete die Labor-Regierung das System 2011 für alle Arten von Investmentfonds. Unter dem Label »MySuper« dürfen nun rund 500 Fonds ihre Produkte anbieten. Viele dieser Fonds nutzen dafür die Produkte von BlackRock, Vanguard, Fidelity und State Street. Nach eigenen Angaben[22] arbeite BlackRock mittlerweile mit »fast allen der 25 größten Superannuation-Träger zusammen. Auch Vanguard ist im Markt vertreten und will den »Super-Sektor« nach eigenen Angaben[23] künftig erst richtig »aufmischen«. Das Interesse der Finanzkonzerne ist verständlich. Schließlich ist der »Super-Kuchen« mittlerweile bereits 1,6 Billionen Euro schwer. Ob dieses System den Australiern auch eine »Super-Rente« ermöglichen wird, ist jedoch eine einzige Wette auf die künftige Entwicklung der Finanzmärkte. Sollte es zu einer weiteren Finanzkrise kommen, winkt dem Land wohl eher eine »Super-Altersarmut«.

Das vergiftete Erbe der Chicago-Boys

Als abschreckendes Beispiel für die Risiken und Gefahren eines privaten Altersvorsorgesystems bietet sich ein Blick in das Mutterland der Privatisierung an – Chile. 1973 putschte dort Augusto Pinochet mithilfe der CIA gegen den gewählten sozialistischen Staatschef Salvador Allende. In Pinochets Gefolge übernahmen die Chicago Boys die Aufgabe mit den Umverteilungsideen der sozialistischen Vorgängerregierung Schluss zu machen und ein marktradikales System einzuführen, das es in dieser Form weltweit noch nie gegeben hatte. Die Chicago Boys waren in den USA ausgebildete chilenische Ökonomen, die nun Chile von den Schlüsselpositionen in den Ministerien und Behörden heraus den Neoliberalismus bringen sollten. Die meisten von ihnen hatten an der University von Chicago beim neoliberalen Vordenker Milton Friedman studiert, dessen Lehre maßgeblich von August von Hayek beeinflusst war.

Zwischen 1974 und 1983 wurde das Land mit den Worten von Milton Friedman einer »Schocktherapie« unterzogen. Die Chicago Boys schrumpften den Staat zusammen, privatisierten von Grundschulen, Banken, Krankenhäusern, Gefängnissen und Kupferminen bis hin zu den Autobahnen alles, wofür es private Käufer gab – meist waren dies die reichen Familien des Landes, die der Militärdiktatur nahestanden. Die Gewerkschaften wurden verboten, der Arbeitsmarkt dereguliert und der Sozialstaat entkernt.

Einer dieser Chicago Boys war José Piñera. Als Arbeitsminister stellte er 1980 das komplette chilenische Rentensystem von einem umlagefinanzierten auf ein kapitalgedecktes System um. Fortan waren die Arbeitgeber von den Beiträgen für die Altersvorsorge ihrer Mitarbeiter befreit, und die Werktätigen mussten zehn Prozent ihres Bruttogehalts in einen der neuen Pensionsfonds einbezahlen. Die Umstellungskosten, schließlich mussten die laufenden Renten und Anwartschaften ja künftig ohne laufende Beiträge ausgeglichen werden, wurden dem Staat aufgebürdet. Eigentlich hätte bereits zur Einführung dieses Systems klar sein müssen, dass diese Idee selbst bei optimalen Rahmenbedingungen zum Scheitern verurteilt ist. Doch kritische Stimmen wurden mundtot gemacht, und der IWF zeigte sich von diesem Experiment ebenfalls begeistert.

Es kam, wie es kommen musste. Durch die neoliberalen Reformen stieg die Arbeitslosigkeit zwischen 1973 und 1982 von 4,7 Prozent auf 25 Prozent. Ein Viertel der arbeitsfähigen Bevölkerung konnte somit keinen einzigen Peso in die Pensionsfonds einzahlen. Und die, die einen Job hatten, litten unter den Lohnkürzungen, die vor allem die Armen und die untere bis mittlere Mittelschicht betrafen, während die obere Mittelschicht und die Oberschicht sich über deftige Einkommenssteigerungen freuen durfte. Neun Jahre nach Beginn der neoliberalen Reformen und zwei Jahre nach Einführung des neuen Pensionssystems kam es zu einer schweren Rezession mit einer weiteren Senkung der Realeinkommen. Es kam zu sozialen Unruhen, und das neoliberale Experiment galt nun weithin als gescheitert. Die Chicago Boys verloren an Einfluss, und die Militärdiktatur schwenkte auf einen »pragmatischen Neoliberalismus« um und machte einige Deregulierungen wieder rückgängig. Am privatisierten Altersvorsorgesystem ändert man jedoch nichts.

Währenddessen entwickelten die Pensionsfonds ein suboptimales Eigenleben. Eine Untersuchung der OECD ergab, dass die »Gebühren« dieser Fonds in den frühen Jahren bis zu 8,69 Prozent der Beiträge betrugen und auch in den 1990er-Jahren mit durchgängig mehr als drei Prozent die Beiträge der Versicherten förmlich auffraßen. 2015 enthüllte ein Bericht der konservativen Tageszeitung *El Mercurio*[24], dass die Pensionsfonds vor allem in Aktien von Konzernen investierten, die den chilenischen Oligarchen gehören und diesen Unternehmen auch noch zinsgünstige Kredite vergaben. So profitierten von der Privatisierung vor allem die wenigen superreichen Familien des Landes und die Pensionsfonds selbst, die unter anderem von den US-Finanzkonzernen Principal und Prudential betrieben werden. Auch BlackRock ist als Manager der den Fonds zugrundliegenden Papiere mit an Bord. Wie man auf seiner chilenischen Seite stolz vermeldet, hat das BlackRock-Team schon seit 1995 »vertrauensvolle Beziehungen zu Branchenführern, Finanzinstituten und Regierungen« des Landes aufgebaut.

Die Renditen der Finanzeliten wurden jedoch auch in Chile auf dem Rücken der Bevölkerung erzielt. Der Anteil der Bevölkerung unter der Armutsgrenze stieg unter Pinochet dramatisch von 20 auf 44 Prozent. Laut OECD weist Chile die größte soziale Spreizung ihrer Mitgliedsstaaten auf[25]. Maßgeblich verantwortlich dafür ist das nicht funktionale privatisierte Rentensystem. Wie der chilenische Journalist Frederico Füllgraf auf den NachDenkSeiten im Oktober 2019 berichtete[26], haben laut einer Untersuchung der Wochenzeitung *Cambio21* die Hälfte aller Chileninnen und Chilenen, die 2018 in den Ruhestand gingen, lediglich einen Anspruch auf eine Rente von 48 000 Pesos – umgerechnet gerade mal 60 Euro. Aber auch für den Rest reicht die Rente kaum, um der Armut zu entfliehen. Selbst das chilenische Ministerium für soziale Entwicklung und Rentenaufsicht musste eingestehen, dass 90,7 Prozent der Rentner im Lande eine Rente von weniger als 146 000 Pesos (umgerechnet 185 Euro) erhalten. Und wenn das Geld im Alter nicht mehr zum Leben reicht, wählt man den Tod. Kein anderes Land der Welt hat eine so hohe Selbstmordrate wie Chile – vor allem bei den Über-Siebzigjährigen, die sich in einer ausweglosen finanziellen Lage befinden.

Diese Entwicklungen führten schließlich 2019 zu Massenprotesten, bei denen am 25. Oktober mehr als eine Million Menschen die Straßen von Santiago de Chile stürmten[27] – Chile hat übrigens gerade mal 16 Millionen Einwohner – und gegen die Politik des chilenischen Präsidenten demonstrierten. Der heißt Sebastián Piñera, ist Milliardär und der Bruder von José Piñera, der 1980 als Chicago Boy das Rentensystem seines Landes privatisiert hatte. Heute ist José Piñera als Rentenexperte des libertären Cato Institute aktiv und berät vor allem osteuropäische Regierungen bei der Umstellung von umlagefinanzierten Rentensysteme in kapitalbasierte Systeme.

Die Argumente, mit denen die Chicago Boys ihre Reform 1980 begründet hatten, waren: Das System sei effizienter, diene der Ankurbelung der Wirtschaft und entlaste den Staatshaushalt. All diese drei Argumente können heute getrost als widerlegt gelten. Die Ineffizienz sprengt alle bekannten Maßstäbe, zur Ankurbelung der Wirtschaft kam es auch nicht, und der Staatshaushalt ächzt heute noch unter den Mehrkosten. Musste der chilenische Staat vor der Umstellung noch ein Defizit des Umlagesystems in Höhe von 1,8 Prozent des Bruttoinlandprodukts ausgleichen, liegen alleine die Umstellungskosten – also die Kosten für eine Aufstockung der Rente auf Sozialhilfeniveau und der Ausgleich für die Anwartschaften aus dem alten System – seit der Umstellung bei durchschnittlich 4,7 Prozent des Bruttoinlandprodukts.

Chile zeigt, dass ein System, das sich voll auf die Versprechungen einer kapitalbasierten Altersvorsorge verlässt, zu massenhafter Altersarmut führen kann und den Staat unter dem Strich Unmengen an Geld kostet. Und dies sogar ganz ohne eine große Finanzkrise.

Die Propagandisten der privaten Altersvorsorge schreckt dies freilich nicht. Als nächstes großes Ziel hat BlackRock-Chef Larry Fink nun China im Visier. Nachdem Peking im Herbst 2017 den Markt für Altersvorsorgeprodukte für internationale Anbieter geöffnet hat, ließ sich BlackRock umgehend die nötigen Lizenzen ausstellen, gründete 2018 seinen ersten Investmentfonds in China. Nun sei man in Gesprächen mit Chinas Branchenprimus China International Capital Corporation, mit dem man zusammen eine Investmenttochter für den chinesischen Markt aufbauen will. »Asien wird in den nächsten fünf Jahren 50 Prozent zum organischen Wachstum der Vermögensverwaltungsbranche beitragen, insbesondere angetrieben vom chinesischen Markt«, so Fink in einem Brief an seine Mitarbeiter, der mit dem vielsagenden Titel »Eine der größten Chancen für künftiges Wachstum« überschrieben ist[28]. Ob wenigstens die Chinesen aus dem gescheiterten chilenischen Experiment gelernt haben?

Wem gehört die Welt?

»Acht Männern gehört das halbe Weltvermögen«, so titelte im Januar 2017 das Schweizer Wirtschaftsmagazin *Bilanz*[1]. Das ist natürlich grober Unsinn. Genauer müsste es heißen, dass die acht reichsten Männer der Welt zusammen ein Vermögen haben, das in etwa so groß ist, wie das der ärmeren Hälfte der Weltbevölkerung. Das ist natürlich für sich genommen schon ein Skandal. Die wahre Schieflage der globalen Vermögens- und vor allem Machtverteilung geht jedoch weit über diesen Vergleich hinaus. Nach den dem Bilanz-Artikel zugrunde liegenden Berechnungen von Oxfam[2] kommen Bill Gates, Amancio Ortega, Warren Buffett, Carlos Slim Helu, Jeff Bezos, Mark Zuckerberg, Larry Ellison und Michael Bloomberg zusammen auf ein Vermögen von 426 Milliarden US-Dollar. Laut einer Studie der Boston Consulting Group verwalten die großen Finanzkonzerne mittlerweile ein Vermögen von 74 Billionen US-Dollar[3]. Das ist das fast das 20-Fache des Vermögens der (glor)reichen Acht. Sicher – anders als Gates, Ortega oder Buffett gehört dieses Geld nicht den Finanzkonzernen, sondern deren Kunden, für die sie es verwalten. Es sind aber nicht die Kunden, sondern die Vermögensverwalter, Fonds und Banken, die die mit diesem Besitz verbundene Macht innehaben und die Politik der Unternehmen, an denen sie beteiligt sind, bestimmen. Und diese Machtkonzentration ist gewaltig und sogar im weltgeschichtlichen Kontext einmalig.

Die beiden Politikwissenschaftler Jan Fichtner und Eelke M. Heemskerk haben sich für das Forschungsprojekt CORPNET der Universität Amsterdam die Besitzstrukturen der größten Unternehmen der Welt angeschaut und dabei eine Entwicklung dokumentiert, die bereits in einem vorigen Kapitel beschrieben wurde. Seit der Finanzkrise und dem beginnenden Siegeszug der passiven Indexfonds hat sich der Markt für Finanzanlagen immer stärker in Richtung dieser Produkte verschoben. Während die »alten« aktiv gemanagten Fonds jedoch vergleichsweise heterogen und kleinteilig waren und sich auf zahlreiche kleinere und größere Anbieter verteilt haben, gibt es bei den passiven Indexfonds eine Oligopolstellung der drei großen Anbieter – BlackRock, Vanguard und State Street. Zusammen verwalten diese drei Konzerne 15 Billionen US-Dollar, und sowohl diese Summe als auch der Marktanteil dieser drei Riesen steigt von Jahr zu Jahr unerbittlich.

Die drei größten Finanzkonzerne und ihre Beteiligungen				
Rang	Unternehmen	Beteiligungen > 3 Prozent	Beteiligungen > 5 Prozent	Beteiligungen > 10 Prozent
1.	BlackRock	3.611	2.712	375
2.	Vanguard	3.351	1.903	163
3.	State Street	1.379	375	13

Quelle: CORPNET, Datenbasis: 2018 und 2016

Eine CORPNET-Auswertung der Forschungsdatenbank Orbi kam zum Ergebnis, dass BlackRock 2018 bei 3 611 großen Aktiengesellschaften weltweit einen Anteil von mehr als drei Prozent hielt. Bei 2 011 Aktiengesellschaften war der Anteil von BlackRock sogar höher als fünf Prozent. Vanguard hielt bei 3 351 Aktiengesellschaften mehr als drei Prozent und bei 1 903 Aktiengesellschaften mehr als fünf Prozent. Etwas deutlicherer ist schon der Abstand zur Nummer drei, State Street, die aber immer noch an 1 379 Aktiengesellschaften mehr als drei Prozent und an 375 Aktiengesellschaften mehr als fünf Prozent hielt.

Die Auswertung zeigt jedoch auch die regionalen Unterschiede. Während State Street fast ausschließlich in den USA und einigen

Steuerparadiesen, in denen US-Unternehmen ihren offiziellen Sitz haben, aktiv ist und Vanguard neben den USA vor allem in den englischsprachigen Raum (Großbritannien, Australien, Südafrika) und überraschenderweise in Taiwan sehr präsent ist, ist BlackRock als einziger Finanzgigant wirklich global vertreten. Die Liste der maßgeblichen Beteiligungen an großen Unternehmen geht von Hongkong über Indien, Brasilien, Südkorea und China bis nach Deutschland. In Deutschland war BlackRock 2018 an 65 Aktiengesellschaften mit mehr als drei Prozent und an 35 Aktiengesellschaften mit mehr als fünf Prozent beteiligt. Vanguard kommt hier auf 21 beziehungsweise zwei Beteiligungen und State Street sogar nur auf eine einzige Beteiligung unter drei Prozent.

Big in USA

Eine weitere Untersuchung des CORPNET-Teams zu den Unternehmensbeteiligungen in den USA, die 2017 in der Fachzeitschrift *Business and Politics* veröffentlicht wurde[4], ergab, dass die »großen Drei« in 1 662 der insgesamt 3 900 in den USA gelisteten Aktiengesellschaften die größten Anteilseigner mit einem durchschnittlichen Besitz von 17,6 Prozent waren. Das heißt, dass BlackRock, Vanguard und State Street bei jeder zweiten Aktiengesellschaft in den USA die größten Anteilseigner sind. Zusammengerechnet haben die 1 662 Unternehmen Betriebseinnahmen von 9,1 Billionen US-Dollar, eine Marktkapitalisierung von über 17 Billionen US-Dollar, was in etwa dem Bruttoinlandsprodukt der USA entspricht, sowie über 23,5 Millionen Arbeitnehmern. Die Basis dieser Zahlen ist der März 2016, die heutigen Zahlen dürften sogar noch höher sein.

Die Dominanz der drei großen Finanzkonzerne am US-Markt ist relativ einfach zu erklären. BlackRock, Vanguard und State Street bilden auf dem Markt der Indexfonds und ETFs ein Oligopol. 90 Prozent des in Indexfonds verwalteten Vermögens wird von diesen drei Anbietern[5] verwaltet. Bei BlackRock und Vanguard legen über 80

Prozent ihrer Kundeneinlagen in diese Produkte an, bei State Street sind es sogar fast 97 Prozent. Die meisten großen Indexfonds bilden dabei den US-Index S&P 500 oder den breiter angelegten MSCI World Index ab, bei dem US-Unternehmen jedoch ebenfalls mit 60 Prozent besonders stark vertreten sind. Diese großen Indexfonds und ETFs sind durch die Bank »vollreplizierend«, kaufen und halten also die Aktien sämtlicher Unternehmen, die im entsprechenden Index gelistet sind. Die logische Schlussfolgerung: Je mehr Geld in aktienbasierte Indexfonds und ETFs fließt, desto höher wird die Unternehmensbeteiligung der Finanzkonzerne, die diese Fonds und ETFs auflegen und verwalten. Da vor allem das ETF-Segment dynamisch weiterwächst, ist zurzeit auch kein Ende dieser Entwicklung abzusehen.

Betrachtet man die damit verbundene Machtkonzentration, offenbart sich die gefährliche Nebenwirkung dieser Entwicklung. Bei den 500 größten US-Aktiengesellschaften, die im S&P 500 vertreten sind, stellen die großen Drei schon mehrheitlich den oder einen der größten Anteilseigner. Zusammen kommen sie hier im Schnitt nach aktuellen Berechnungen von CORPNET[6] auf eine Beteiligung von 20,1 Prozent. Bei den 30 größten Unternehmen, die im Dow Jones gelistet sind, sind es im Schnitt 18,5 Prozent. Und bei den 100 größten Technologie-Unternehmen 16,6 Prozent.

Aber selbst das ist nur die Spitze einer breit angelegten Vormacht der Finanzkonzerne über die US-Konzerne. Nimmt man die Banken, Versicherungen und Hedgefonds hinzu, kommt man bei den S&P 500-Unternehmen auf einen Gesamtanteil von 80,3 Prozent, der von den sogenannten »institutionellen Investoren«, also den Finanzkonzernen gehalten wird[7]. Nicht Manager oder Ingenieure, sondern Banker haben die fast uneingeschränkte Macht über die großen Konzerne der USA.

Diese Entwicklung ist im Kern nicht wirklich neu und in den USA auch deshalb so ausgeprägt, weil die dortige Unternehmenskultur historisch wesentlich stärker durch Aktien bestimmt wurde als beispielsweise in Deutschland. Während deutsche Unternehmen ihre Investitionen in der Vergangenheit meist über Bankkredite finan-

ziert haben, gingen US-Unternehmen dafür gerne an die Kapitalmärkte und gaben entweder Anleihen oder neue Aktien aus. Für die
Firmeninhaber war dies durchaus von Vorteil, solange sie selbst
noch die Aktienmehrheit oder zumindest eine Sperrminorität hatten. Während bei deutschen Unternehmen die kreditgebenden Banken immer indirekt mit im Chefsessel saßen, spielten die Aktionäre
mit ihrem Minderheitsanteil lange keine derart aktive Rolle. Das
änderte sich erst, als die US-Konzerne auf ihrem Expansionsdrang
so viele Aktien ausgaben, dass die ursprünglichen Inhaber selbst
meist nur noch eine Minderheitsbeteiligung an ihrem Unternehmen
hatten. Die Mehrheit der Aktien war im »Streubesitz«, wie es in der
Börsensprache heißt. Erst die Konzentration dieses Streubesitzes
auf die institutionellen Investoren, die Finanzkonzerne, Fonds, Versicherungen und Banken, hat dazu geführt, dass in den Unternehmen nun die Machtfrage gestellt wurde. Wenn heute mehr als 80
Prozent der Anteile in den Händen der Finanzbranche sind, ist die
Machtfrage offensichtlich ein für alle Mal geklärt.

Der Mythos vom Volkskapitalismus

An dieser Stelle ist es nötig, mit einem weiteren Mythos aufzuräu-
men, der vor allem von den Finanzkonzernen am Leben gehalten
wird. Was in den USA gerne als »Common Ownership« verklärt
wird, hat mit einer breiten Verteilung des Unternehmensvermögens
auf einen großen Teil der Bevölkerung nur sehr wenig zu tun. Zwar
sind die USA mit einer Aktionärsquote von 54 Prozent[8], das heißt,
mehr als die Hälfte aller US-Haushalte sind direkt oder indirekt im
Besitz von Aktien, im internationalen Vergleich die Nummer eins.
Die meisten Haushalte besitzen jedoch nur einen verschwindend
geringen Anteil am Aktienvermögen. Der Ökonom Edward Wolff
von der New York University hat die Verteilung des Aktienvermögens untersucht und herausgefunden, dass sich mehr als 93 Prozent
des amerikanischen Aktienbesitzes in den Händen der obersten 20
Prozent der US-Bevölkerung befindet, während die unteren 80 Pro-

zent zusammen weniger als sieben Prozent des Aktienvermögens besitzen. Alleine die reichsten zehn Prozent der US-Haushalte kommen demzufolge auf einen Anteil von 84 Prozent. Mit einem »Common Ownership«, im Deutschen könnte man dies wohl am ehesten als »Volksbesitz« übersetzen, hat diese Konzentration so gut wie nichts zu tun.

Eine Beteiligung der normalen Bürger am Wirtschaftsaufschwung über Aktien hat es auch historisch nie gegeben. Als John D. Rockefeller 1878 die ersten Aktien seiner legendären Standard Oil Company herausgab, hatten diese einen Nennwert von 100 US-Dollar. Das entsprach damals ungefähr der Summe, die ein Lehrer in einem ganzen Jahr verdiente. Für die normalen Bürger waren diese Unternehmensbeteiligungen aber ohnehin nicht gedacht. Und auch der erste moderne Investmentfonds, der 1893 aufgelegte Boston Personal Property Trust, war keinesfalls für Arbeiter, Angestellte oder Beamte gedacht, sondern sollte den reichen und einflussreichen Familien des Bostoner Geldadels – damals treffend als die »Brahmanen von Boston« beschrieben – die lästige Beschäftigung mit Immobilienkäufen und Unternehmensbeteiligungen abnehmen; Immobilien und Unternehmen, in denen die normalen Bostoner lebten und arbeiteten und zu deren Rendite sie beizutragen hatten. So trugen Aktien und Investmentfonds schon damals strukturell eher dazu bei, Vermögen von unten nach oben umzuverteilen.

Die Geschichte der Bundesrepublik Deutschland ist durch mehrere Initiativen geprägt, deren Ziel es war, einer breiten Bevölkerungsmehrheit den Besitz von Aktien schmackhaft zu machen. Als Ludwig Erhard im Nachkriegswirtschaftswunderland die zuvor zu großen Teilen verstaatliche Schwerindustrie an die Börse brachte, schwärmte er noch vom »Volkskapitalismus«. Erhards Vision war es, die Aktienmehrheit der Großkonzerne der noch jungen Bundesrepublik Kleinsparern zu übereignen, die dann – ganz demokratisch – über ihre Vertreter in den Aufsichtsräten die Industriepolitik mitbestimmen und natürlich auch über die Dividendenzahlungen am Aufschwung mitverdienen sollten. Was sich in der Theorie recht gut anhört, war jedoch von Anfang an zum Scheitern verurteilt. Dem

Volkskapitalismus standen damals vor allem zwei unüberwindbare Hindernisse im Weg. Aktien galten in dieser Zeit als halbseidene Spekulation mit hohem Risiko. Kein Wunder, denn die Weltwirtschaftskrise war damals noch in frischer Erinnerung. Im Mai 1927 waren die Kurse an der damals florierenden Berliner Börse an einem einzigen Tag um 32 Prozent eingebrochen. Es kam zu einer Bankenkrise, die Börse wurde mehrfach für mehrere Monate geschlossen und später von den Nationalsozialisten Schritt für Schritt amputiert. So mancher brave Bürger, der dem Aktienfieber erlegen war, verlor damals wortwörtlich Haus und Hof. Wer konnte in den 1950er-Jahren schon ahnen, dass die nächste große Systemkrise erst ein halbes Jahrhundert später wieder über die Börsen der Welt hereinbrechen sollte? Erst in den 1960er-Jahren wurden Aktien bei wohlhabenden Bundesbürgern etwas populärer, während sie in der Hochzinsphase der späten 1970er- und frühen 1980er-Jahre durch die Konkurrenz ordentlich verzinster Anleihen erneut ins Abseits gedrängt wurden.

Erhards Traum vom Volkskapitalismus scheiterte jedoch vor allem an der schlichten Mathematik: Großkonzerne wie VW waren schon in der Wirtschaftswunderzeit mehr als eine Milliarde D-Mark wert. Wie sollten Kleinsparer mit einem durchschnittlichen Jahreseinkommen von 4 000 D-Mark überhaupt das nötige Geld aufbringen, sich nennenswert an den großen Unternehmen des Landes zu beteiligen? So kam es, wie es kommen musste: Die privatisierten Staatsbetriebe gingen zum Großteil nicht an »das Volk«, sondern an eine kleine Schicht wohlhabender Bürger, die das nötige Kleingeld besaßen, um sich Aktien in ihr Depot zu legen. Naturgemäß waren dies meist genau diejenigen, die schon vor dem Ende des Kriegs zur Oberschicht gehört hatten, die deutsche Version der »Brahmanen von Boston«.

War Erhard nun naiv? Hatte er sich schlicht verrechnet? Nein, Ludwig Erhard war zwar ein Ökonom – wenn auch »ein unfähiger Ökonom«, wie Ulrike Herrmann in ihrem jüngst erschienenen Buch *Deutschland, ein Wirtschaftsmärchen*[9] spitz formuliert. Erhard war jedoch allen voran ein Politiker und dann auch noch ein Politiker der konservativen CDU, die den Sozialdemokraten, Sozialisten und Kommunisten im Nachkriegsdeutschland eine eigene Geschichte entgegenstellen musste. Zu dieser Geschichte, dem Mythos vom Wirtschaftswunder, gehörte nun einmal auch der Mythos vom breit verteilten Volksvermögen und der Volkskapitalismus über Aktien. Es ist aber kaum anzunehmen, dass Erhard selbst an diesen Mythos geglaubt hat.

Der nächste Versuch, einen Volkskapitalismus zu beschwören, war der Börsengang der Deutschen Telekom AG im Jahre 1996. In einer riesigen Kampagne lockte der Schauspieler Manfred Krug seine Landsleute an die Börse, und die verbrannten sich dort erst einmal gehörig die Finger. Später entschuldigte sich Krug »aus tiefsten Herzen bei allen Mitmenschen, die eine von mir empfohlene Aktie gekauft haben und enttäuscht worden sind«[10]. Nach dem Reinfall mit der T-Aktie war das Projekt Volkskapitalismus durch Aktienbesitz auf unbestimmte Zeit verbrannt. Millionen kleiner T-Aktionäre mussten damals erkennen, dass zumindest sie mit Aktien nicht reich werden konnten: Wer beim groß angelegten dritten Börsengang der Telekom dabei war, verlor in den folgenden beiden Jahren 90 Prozent seines Geldes; auch heute noch notiert die T-Aktie mit einem Kurs um die 15 Euro deutlich unter dem Ausgabekurs von 66,50 Euro. Gemäß der goldenen Finanzregel »Das Geld ist nicht weg, es gehört nur jemand anderem« dürften sich einige Investmentbanker die Hände gerieben haben. So einfach kamen sie selten an die Ersparnisse der breiten Mehrheit. Und auch Manfred Krug bekam natürlich seinen Teil vom Kuchen.

Trotz T-Aktien-Blues kommt in Deutschland immer noch regelmäßig die Debatte über »Volksaktien« auf. Dabei wird dann gerne beklagt, dass die Deutschen bei ihrer Altersvorsorge einen großen Bogen um Aktien machen und ihre Spargroschen lieber ohne Verzinsung traditionellen Produkten wie dem Sparbuch oder ihrer Bank als Spareinlage anvertrauen. Rein quantitativ ist diese Beobachtung vollkommen korrekt. Deutschland ist ganz sicher kein Land der Aktionäre. Nach aktuellen Zahlen des Deutschen Aktieninstituts[11] besitzen rund 5,5 Millionen Deutsche Aktien. Nimmt man die

Zahl der Besitzer von Aktienfonds hinzu, kommt man auf 10,3 Millionen – im T-Aktien-Hype-Jahr 2001 waren es übrigens noch 12,8 Millionen. Übertragen auf die Zahl der Haushalte kann man also davon ausgehen, dass nur ungefähr jeder zehnte deutsche Haushalt überhaupt Aktien besitzt. Und auch in Deutschland ist der Aktienbesitz höchst ungleich verteilt.

In meinem 2014 erschienen Buch *Wem gehört Deutschland* hatte ich die Verteilung des Aktienvermögens in Deutschlands auf Basis einer Sondererhebung der Deutschen Bundesbank untersucht und bin dabei zu folgenden Ergebnissen gekommen:

- Rund 90 Prozent aller Haushalte besitzt überhaupt keine Aktien.
- Von den unteren 40 Prozent der Haushalte besitzen weniger als zwei Prozent Aktien.
- Die unteren 80 Prozent der Haushalte haben zusammengenommen weniger als zehn Prozent des gesamten Aktienvermögens.
- Den obersten zehn Prozent der Bevölkerung gehören drei Viertel des gesamten Aktienvermögens.

Die aktuellen Zahlen der Bundesbank[12], die sich auf das Jahr 2017 beziehen, lassen eine detaillierte Berechnung nicht zu, weisen im Trend aber darauf hin, dass sich die Schieflage eher noch weiter verstärkt hat.

Von der Deutschland AG zur World Inc.

Eine Konzentration des Aktienbesitzes auf einige, wenige Finanzkonzerne, wie wir sie heute beobachten können, hat es in der Geschichte der Bundesrepublik schon einmal gegeben. Die Bonner Republik der Nachkriegsjahre war, zumindest hinsichtlich der Beteiligungen an den hiesigen Großunternehmen, eine reichlich inzestuöse Veranstaltung: Es gab kaum einen börsennotierten Konzern, der nicht zumindest an einem weiteren Großunternehmen maßgeblich beteiligt war. Ganz vorne dabei waren damals auch die wichtigen deutschen Privatbanken, die traditionell über nennenswerte Unternehmensbeteiligungen verfügten. Sowohl in der Weltwirtschaftskrise als auch nach dem Zweiten Weltkrieg konnten zahlreiche Großkonzerne ihre Kredite bei den Banken nicht bedienen. Um hohe Abschreibungen und damit eine neue Bankenkrise zu verhindern, tauschten die Banken die ausstehenden faulen Kredite in Beteiligungen um, die in den folgenden Jahren weiter massiv ausgebaut wurden. Neben den Wohlhabenden waren es auch die Banken, die am meisten Kapital aus dem gescheiterten Projekt des Volkskapitalismus zogen und sich über die frischen Aktien preisgünstig in die ehemals verstaatlichte Schwerindustrie einkaufen konnten. Zu Zeiten des Wirtschaftswachstums war dies eine totsichere Investition.

Die BlackRocks, Vanguards und State Streets jener Jahre waren hierzulande die Deutsche Bank und die Dresdner Bank, gefolgt von der BHF-Bank, der Bayerischen Vereinsbank und der Bayerischen Hypobank. Zu ihnen gesellten sich im Laufe der Zeit die großen Versicherungsgesellschaften wie die Allianz und die Munich Re, die damals noch Münchner Rückversicherung hieß. Da die Finanzkonzerne über ihre Beteiligungen auch den Aufsichtsrat dominierten, bestimmten sie die Geschäftspolitik. Diese komplizierte Form der direkten und indirekten Beteiligungen war über Jahrzehnte das Rückgrat der Deutschland AG. Alleine die Deutsche Bank brachte es zu Beginn der 1980er-Jahre auf über ein Dutzend Industriebeteiligungen von mehr als 25 Prozent, darunter unter anderem bei der Daimler-Benz AG, der Karstadt AG und der Hapag-Lloyd AG. Übertroffen wurde sie lediglich von der Dresdner Bank, die damals an mehr als 15 Großkonzernen mit mehr als 25 Prozent beteiligt war.

Eine weitere Parallele zu den heutigen Besitzstrukturen sind die Kreuzbeteiligungen innerhalb der großen Finanzkonzerne. Auch hier sorgte eine Form von gegenseitigen Beteiligungen dafür, dass die großen Finanzkonzerne, die den Kern der Deutschland AG bildeten, sich im Grund selbst kontrollierten. Die Banken und Versicherungen waren nicht nur an den Konzernen der Realwirtschaft beteiligt, sondern besaßen auch über Kreuz große Aktienpakete von den anderen Mitgliedern der Deutschland AG. So kontrollierten sich die Kontrolleure der Großkonzerne letztendlich selbst.

Es gibt jedoch einen großen Unterschied zwischen den modernen Finanzkonzernen der Wall Street und den damaligen Banken der Deutschland AG. Die Idee, einen Großkonzern so zu führen, dass dabei für die Aktionäre die größtmögliche Rendite herausspringt, war zu Zeiten der Deutschland AG gänzlich unbekannt, wenn nicht sogar verpönt. Die unternehmerische Priorität der großen Aktiengesellschaften galt damals dem Wachstum – sei es organisch, also aus eigener Kraft heraus, oder durch den Zukauf von anderen Unternehmen und Unternehmensbeteiligungen. Wer seinen Aktionären hohe Dividenden ausbezahlen muss, dem fehlt in der Regel das Kapital, um solche Investitionen in das Wachstum zu finanzieren. Dies hatte zur Folge, dass die großen Unternehmen der Deutschland AG stets dazu neigten, ihre ausgewiesenen Gewinne möglichst niedrig zu halten – beispielsweise durch Rücklagen und weitere Beteiligungen an anderen Unternehmen. Für ein »modernes« Unternehmen, das der Idee des Shareholder-Values folgt, wäre dies undenkbar.

Es ist schwer, den genauen Zeitpunkt zu benennen, an dem der Shareholder-Value auch in Deutschland zur vorherrschenden Ideologie wurde und die Deutschland AG auf den Kopf stellte. Will man es an einer Person festmachen, so wird diese zweifelhafte Ehre wohl Rolf Breuer zuteil. Breuer löste 1997 Hilmar Kopper als Vorstandssprecher bei der Deutschen Bank ab und gab nun das Unternehmensziel aus, »Investmentbanking am Hochreck« zu betreiben. Unter Breuer und seinem Nachfolger, dem »gelernten« Investmentbanker Josef Ackermann wurde die Deutsche Bank zu einer der größten Investmentbanken der Welt umgebaut. Breuer begann nun damit, die nicht sonderlich renditestarken Beteiligungen an anderen deutschen Unternehmen abzubauen.

Der Geist war aus der Flasche, und aus den bodenständigen Bankern der Deutschland AG wurden moderne Turbofinanzkapitalisten, die sich nur noch für die kurzfristigen Renditeziele interessierten und dem Shareholder-Value frönten. Langsam, aber stetig erodierte nun der Kern der alten Deutschland AG. Die beiden bayerischen Großbanken Bayerische Hypotheken- und Wechselbank und Bayerische Vereinsbank wurden zur Bayerischen Hypo- und Vereinsbank verschmolzen und 2005 als Hypovereinbank von der italienischen UniCredit geschluckt. Die »schlechten« Teile wanderten in die Hypo Real Estate, die der Finanzkrise zum Opfer fiel und den Steuerzahler wohl einen dreistelligen Milliardenbetrag kosten wird. Nennenswerte Beteiligungen an deutschen Unternehmen gibt es weder bei der Hypovereinsbank noch bei der Abwicklungsgesellschaft der Hypo Real Estate.

Die BHF-Bank wurde kurze Zeit nach ihrer Umfirmierung zur AG Ziel einer feindlichen Übernahme der niederländischen ING-Gruppe. Ausgeweidet und filetiert fiel das Kerngeschäft der BHF an die deutsche Privatbank Sal. Oppenheim, die ihrerseits später von der Deutschen Bank geschluckt wurde. Die Deutsche Bank verkaufte dann 2014 die BHF-Bank an die französische Privatbank Oddo & Cie. Was ihre Beteiligungen an deutschen Unternehmen angeht, spielt die BHF längst keine Rolle mehr.

Die Dresdner Bank, die noch in den 1980er-Jahren die Bank mit dem größten Volumen an Industriebeteiligungen war, wurde zum Spielball des Versicherungskonzerns Allianz. 2001 schluckte die Allianz die Dresdner Bank und entkernte sie in den Folgejahren. Während die renditestarke Vermögensverwaltung in die Allianz-Gruppe übernommen wurde, wurden sämtliche Beteiligungen der Dresdner Bank verkauft – meist an Hedgefonds und Private-Equity-Fonds. Was von der Dresdner Bank übrig blieb, wurde auf dem Höhepunkt der Finanzkrise im Herbst 2008 an die Commerzbank verkauft, die später vom Steuerzahler für 18,2 Milliarden Euro »gerettet« werden musste. Über nennenswerte Beteiligungen verfügt auch die Commerzbank nicht mehr.

Wenn man für das Sterben der Deutschland AG einen positiv besetzten Begriff finden will, so könnte man wohl von Konsolidierung oder Strukturwandel sprechen. Neben den Opfern der Entwicklung gibt es nämlich auch – zumindest auf dem Papier – Gewinner: Sowohl die Deutsche Bank als auch die Allianz und die Munich Re haben sich in der Transformationsphase zu den ganz Großen ihrer Branche entwickelt, die sich auf Augenhöhe mit den Finanzgiganten der Wall Street und der City of London befinden. Der Preis für die Stärkung des Kerngeschäfts war es jedoch, sich von nahezu allen Beteiligungen aus Industrie und Handel zu trennen.

Heute gehört die Deutsche Bank zwar immer noch zu den größten Banken der Welt, besitzt aber direkt keine nennenswerten Industriebeteiligungen mehr. Indirekt ist die Deutsche Bank jedoch wieder mit ihrer Investmenttochter DWS, die mit einem verwalteten Vermögen von 700 Milliarden Euro ebenfalls zu den Schwergewichten der Branche zählt, im Rennen. Gleiches gilt im Versicherungssektor für die Allianz, die selbst keine Anteile mehr hält, aber über die Allianz Global Investors mit einem verwalteten Vermögen von 535 Milliarden Euro ebenfalls zu den wenigen großen europäischen Vermögensverwaltern zählt. Zur Champions League gehört sogar die Allianz-Tochter PIMCO aus den USA mit einem verwalteten Vermögen von 1,88 Billionen US-Dollar. PIMCO ist jedoch weniger im Aktien-, dafür umso mehr im Anleihengeschäft tätig und hat sich hier vor allem auf Staatsanleihen spezialisiert. Nennenswerte Beteiligungen an Aktiengesellschaften kann PIMCO daher nicht vorweisen.

Mit dem Abtreten des alten Ensembles haben neue Stars die Bühne betreten. Einer aktuellen Studie des Deutschen Investor Relations Verbandes DIRK zufolge[13] sind aktuell 61,8 Prozent des Aktienkapitals der 30 größten deutschen Aktiengesellschaften, die im Aktienindex DAX gelistet sind, in den Händen von institutionellen Investoren, also Fonds, Banken und Versicherungen. Darunter beträgt der Anteil der börsengehandelten Indexfonds, also der ETFs, bereits 25 Prozent – Tendenz stark steigend.

BlackRock ist als dabei als Primus inter Pares an allen DAX-Konzernen maßgeblich beteiligt. Bei zehn Konzernen – Allianz, BASF, Bayer, Deutsche Börse, Infineon, Linde, Merck, MTU, Münchner Rück und RWE – ist BlackRock gar der größte Aktionär. Bei 14 weiteren Dax-Konzernen ist BlackRock der zweit- oder drittgrößte Anteilseigner. Bei insgesamt 24 der 30 größten deutschen Aktiengesellschaften gehört BlackRock also zu den größten drei Anteils-eignern. Vom Vergleich: Die Deutsche Bank hat heute inklusive ih-rer Investmenttochter DWS nur bei fünf DAX-Konzernen einen Aktienanteil, der oberhalb der gesetzlichen Meldeschwelle liegt, bei der Allianz trifft dies auf vier Beteiligungen zu.

Die zehn größten Aktionäre der DAX-Unternehmen

Rang	Unternehmen	Nation	Prozent-Anteil	Wert in Mio. €
1.	BlackRock	USA	10,1%	77.152
2.	Vanguard	USA	4,2%	29.803
3.	DWS (Deutsche Bank)	Deutschland	4,1%	29.254
4.	Norges Bank	Norwegen	3,6%	25.905
5.	State Street	USA	3,3%	23.418
6.	Amundi (Credit Agricole)	Frankreich	2,5%	17.530
7.	Harris Assoicates	USA	2,2%	15.514
8.	UBS	Schweiz	2,2%	15.470
9.	Allianz	Deutschland	2,1%	14.826
10.	Deka (Sparkassen)	Deutschland	1,9%	13.536

Quelle: Ipreo Ltd. und DIRK, Juni 2018

Das zunehmende Engagement von ETFs und Indexfonds auf dem deutschen Aktienmarkt hat auch zur Folge, dass sich die regionale Verteilung der Beteiligungen zusehends verschiebt. War die alte Deutschland AG noch fest in der Hand deutscher Anteilseigner, geht deren Anteil immer weiter zurück. Man könnte fast sagen, dass sie von den großen Finanzkonzernen aus den USA aus ihrem »Heimat-markt« Stück für Stück verdrängt werden. US-Investoren – und das sind fast ausschließlich die großen Finanzkonzerne – besaßen oder besser verwalteten im Jahr 2017 zum ersten Mal mehr als ein Drittel des Vermögens der großen deutschen Aktiengesellschaften. Und da Besitz gleich Macht ist, geht diese Verschiebung der Besitzverhältnisse auch mit einer Verschiebung der Macht einher – weg von den Bankervillen in Kronberg im Taunus, hin zu den Glas- und Marmorpalästen der Upper East Side von Manhattan.

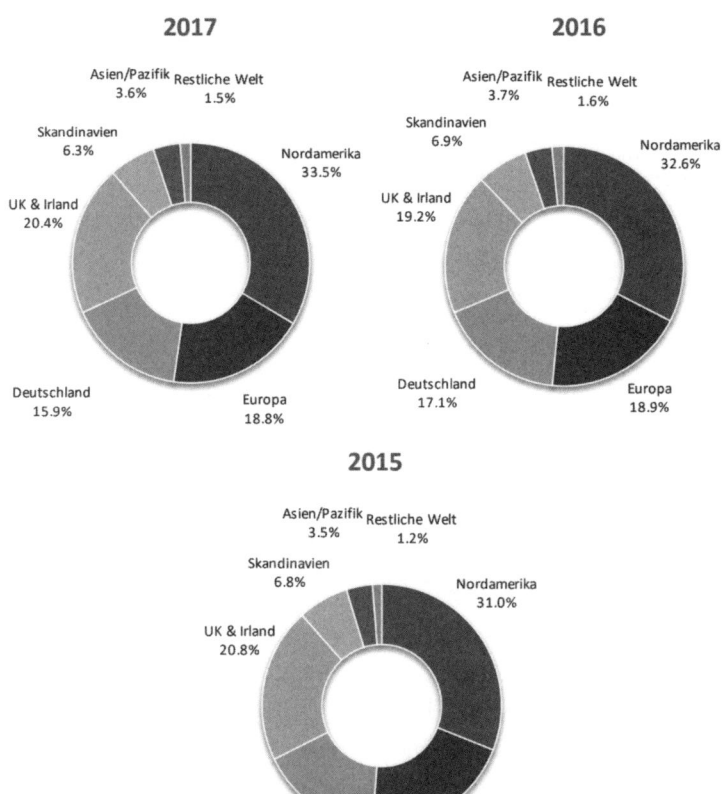

Regionale Verteilung des Aktienbesitzes der Dax-Konzerne, Quelle: Deutsches Aktieninstitut

Wem gehören BlackRock und Co.?

BlackRock Inc. Unternehmenswert: 77.8 Mrd. US$	
PNC	22,01%
Vanguard	5,78%
Capital Group	5,27%
BlackRock	5,12%
State Street	3,34%
Wellington	2,95%
Bank of America	2,83%
Norges	1,80%
JP Morgan Chase	1,63%
UBS	1,34%
Institutionelle Investoren	83,50%
Larry Fink	0,57%
Management und strategische Investoren	3,76%

Hauptinhaber von BlackRock, Quelle: Unternehmensangaben, Yahoo Finance

Spätestens an dieser Stelle muss die Frage gestattet sein, wem eigentlich die Finanzkonzerne gehören. Sind Vanguard und State Street in der Öffentlichkeit schon weitestgehend unbekannt, so sagen die Namen der beiden Chefs dieser Unternehmen, Mortimer Buckley und Joseph Hooley, selbst in den USA abseits der Finanzszene niemanden etwas. BlackRocks Larry Fink ist hingegen informierteren Zeitgenossen manchmal schon eher ein Begriff, inszeniert er sich doch gerne präsidial auf großer Bühne und stets auf Augenhöhe mit Regierungs- und Staatschefs. Aber selbst wenn Fink regelmäßiger Gast im Weißen Haus ist und auch in Europa wie ein

Staatsgast hofiert wird, ist er ja schon lange nicht mehr der Besitzer von BlackRock. Auch BlackRock ist eine Aktiengesellschaft, die zum übergroßen Teil institutionellen Investoren gehört. 83,5 Prozent der Aktien werden von Banken und Fonds gehalten. Larry Fink selbst besitzt nur noch 0,57 Prozent des Unternehmens, und der komplette BlackRock-Vorstand samt verdienter Mitarbeiter mit Aktienoptionen kommen zusammen nur auf 3,76 Prozent.

Größter Anteilseigner ist die Pittsburgher Bank PNC, die 1993 dem Blackstone-Mitbesitzer Stephen Schwarzman, dessen Anteile an BlackRock für heute lächerliche 240 Millionen US-Dollar abkaufte. Die ehemals 40 Prozent sind durch zahlreiche Kapitalerhöhungen und Fusionen heute auf 22 Prozent abgeschmolzen. Hinter PNC rangiert – das dürfte mittlerweile kaum überraschend sein – Vanguard. An dritter Stelle kommt dann die Capital Group, ein in Los Angeles sitzender Finanzkonzern, der ähnlich wie BlackRock selbst vor allem als Vermögensverwalter tätig ist und vor allem Privatkunden mit privaten Altersvorsorgeprodukten wie aktiv gemanagten Investmentfonds bedient. Zurzeit hat die Capital Group 1,8 Billionen US-Dollar unter Verwaltung[14].

Zu den großen Anteilseignern zählen ferner BlackRock selbst mit seinen Fonds, die am Mutterunternehmen beteiligt sind, und State Street über dessen Indexfonds. Mit an Bord sind noch der Fondsanbieter Wellington, der norwegische Staatsfonds Norges und die drei Großbanken Bank of America, JP Morgan Chase und die Schweizer UBS. Aber wem gehören eigentlich diese Unternehmen?

BlackRocks größter Aktionär, die PNC gehört ebenfalls zu fast 84 Prozent Fonds und Banken. Die größten Einzelaktionäre sind Vanguard, Wellington, BlackRock, die Capital Group und State Street. State Street wiederum gehört zu fast 90 Prozent den Fonds und Banken. Größte Anteilseigner sind auch hier BlackRock und Vanguard. Vanguard selbst ist – wie bereits erwähnt – ein Ausnahmefall, da es als Genossenschaft streng genommen gar keine Besitzer hat, sondern seinen eigenen Kunden gehört. Die größten Vermögensverwalter der Welt gehören sich also über Kreuz selbst. Und wie sieht es bei den großen Geschäfts- und Investmentbanken aus?

The PNC Financial Services Group Inc.
Unternehmenswert: 67.6 Mrd. US$

Vanguard	7,59%
Wellington	6,11%
BlackRock	6,05%
Institutionelle Investoren	83,99%

Beteiligungen an PNC, Quelle: Unternehmensangaben, Yahoo Finance

The Goldman Sachs Group
Unternehmenswert: 77.6 Mrd. US$

Vanguard	7,10%
State Street	5,79%
BlackRock	5,73%
Institutionelle Investoren	75,50%

Beteiligungen an Goldman Sachs, Quelle: Unternehmensangaben, Yahoo Finance

Morgan Stanley
Unternehmenswert: 79.5 Mrd. US$

State Street	7,34%
BlackRock	6,22%
Vanguard	6,08%
Institutionelle Investoren	62,98%
Mitsubishi UFJ Financial Group	24,07%
Management und strategische Investoren	24,60%

Beteiligungen an Morgan Stanley, Quelle: Unternehmensangaben, Yahoo Finance

Auch die berühmt berüchtigte Investmentbank Goldman Sachs gehört nicht etwa milliardenschweren Wall-Street-Königen. Der größte Einzelaktionär sind die Investmentgenossen von Vanguard aus der verschlafenen Kleinstadt Malvern, Pennsylvania. An zweiter und dritter Stelle folgen State Street und BlackRock. Zusammen besitzen die Fonds und Banken mehr als drei Viertel von Goldman Sachs.

Einen weiteren Sonderfall gibt es bei der Investmentbank Morgan Stanley. Zwar sind auch hier State Street, BlackRock und Vanguard die größten institutionellen Investoren. Größter Einzelaktionär ist jedoch die japanische Großbank Mitsubishi UFJ Financial Group, die während der Finanzkrise die günstige Situation nutzte, Morgan Stanley bei der vom Staat verlangten Kapitalerhöhung unter die Arme zu greifen und sich dabei an der angeschlagenen Bank zu beteiligen. Die größten Anteilseigner an Mitsubishi UFJ sind übrigens japanische Banken, die zusammen mit Mitsubishi UFJ ein ähnliches Kartell über Kreuzbeteiligungen bilden, das finanziell von den Billionenrücklagen des japanischen Pensionssystems gespeist wird.

JP Morgan Chase Unternehmenswert: 407.5 Mrd. US$	
Vanguard	7,10%
BlackRock	5,79%
State Street	5,73%
Institutionelle Investoren	75,29%
Jamie Dimon	0,25%
Management und strategische Investoren	0,80%

Beteiligungen an JP Morgan Chase, Quelle: Unternehmensangaben, Yahoo Finance

Wie gering doch eigentlich der Anteil der schillernden CEOs am Aktienvermögen ist, zeigt das Beispiel JP Morgan Chase. Deren Chef

Jamie Dimon hat zwar einen Stammplatz auf den Sesseln der amerikanischen Business-Talks, konferiert auf Augenhöhe mit Staats- und Regierungschefs und ist einer der Stammgäste auf dem Weltwirtschaftsforum in Davos. Dennoch gehören ihm nur 0,25 Prozent des Unternehmens. Bei einem Unternehmenswert von mehr als 400 Milliarden US-Dollar ist das natürlich eine horrende Summe, die ihn selbst zum Milliardär macht. Aber verglichen mit den Anteilen von Vanguard, BlackRock und State Street ist seine Beteiligung an der JP Morgan Chase geradezu verschwindend gering.

Das gleiche Bild ergibt sich auch bei den anderen Großbanken. Egal ob Wells Fargo, Citigroup, Bank of America oder Bank of New York Mellon – in allen Fällen besitzen die Fonds und Banken mehr als 70

Wells Fargo Unternehmenswert: 228.6 Mrd. US$	
Berkshire Hathaway	9,30%
Vanguard	7,36%
BlackRock	6,48%
State Street	4,04%
Institutionelle Investoren	77,12%

Citigroup Unternehmenswert: 165.0 Mrd. US$	
Vanguard	8,13%
BlackRock	6,95%
State Street	4,57%
Institutionelle Investoren	80,01%

Beteiligungen an Wells Fargo und Citigroup, Quelle: Unternehmensangaben, Yahoo Finance

Prozent der Anteile, und in allen Fällen gehören die großen Drei (BlackRock, Vanguard und State Street) zu den größten Anteilseignern – lediglich Berkshire Hathaway verhindert, dass sie bei allen Großbanken die drei vordersten Plätze einnehmen. Berkshire Hathaway ist übrigens die legendäre Beteiligungsgesellschaft, die aus Warren Buffett einen der reichsten Männer der Welt gemacht hat. Ihm selbst gehören aber auch 16,45 Prozent des Unternehmens. Vanguard (10,2 Prozent), BlackRock (8,0 Prozent) und State Street (5,7 Prozent) haben zusammengenommen einen höheren Anteil. Aber Warren Buffett war zumindest so clever, sich über eine Unterteilung in A- und B-Shares (im Deutschen vergleichbar mit Stamm- und Vorzugsaktien) eine Sperrminorität im »eigenen« Unterneh-

Bank of America Unternehmenswert: 298.5 Mrd. US$	
Berkshire Hathaway	10,31%
Vanguard	7,28%
BlackRock	6,09%
State Street	4,29%
Institutionelle Investoren	70,43%

Bank of New York Mellon Unternehmenswert: 298.5 Mrd. US$	
Berkshire Hathaway	8,59%
Vanguard	6,90%
BlackRock	5,56%
State Street	4,92%
Institutionelle Investoren	86,04%

Beteiligungen an Bank of America und Bank of New York Mellon, Quelle: Unternehmensangaben, Yahoo Finance

men zu sichern. Die stimmberechtigten A-Shares wurden übrigens nie gesplittet und markieren an der Börse aktuell (Stand November 2019) bei 333 000 US-Dollar. Als Buffett Berkshire Hathaway gründete, kosteten sie noch 320 US-Dollar – eine wahrlich stolze Wertentwicklung.

Die großen Finanzkonzerne und Banken gehören sich also durch gegenseitige Beteiligungen letztendlich selbst. Wobei das Wort »gehören« hier in die Irre führt. Weder BlackRock, Vanguard, State Street noch die Capital Group oder Wellington haben ihr eigenes Kapital investiert. Als Vermögensverwalter handeln sie treuhänderisch für ihre Kunden. Die Macht, die mit diesem Vermögen einhergeht, wird jedoch von diesen Vermögensverwaltern, ohne Rücksprache mit den Kunden, ausgeübt. Selbst wenn Indexfonds und ETFs von der Finanzbranche als breitgestreute und demokratische Art des Vermögensaufbaus vermarktet werden, ist die damit verbundene Macht alles andere als breitgestreut oder gar demokratisch. Und das ist ein gesellschaftliches Problem von allergrößter Bedeutung.

Die neue Weltmacht

Versicherungskonzerne beeinflussen die Rentenpolitik, Kohle- und Automobilkonzerne mobilisieren gegen den Klimaschutz, Banken stellen die Rahmenbedingungen für ihre Kontrolleure auf, und Thinktanks des militärisch-industriellen Komplexes definieren nationale Bedrohungen und fordern ein größeres Engagement in Krisengebieten. Man sollte nicht naiv sein, jeder wahlberechtigte Bürger mag zwar in einer Demokratie eine Stimme an der Wahlurne haben; die Macht war und ist jedoch sehr ungleich verteilt, und es sind mehr und mehr die großen, multinationalen Konzerne, die die eigentlichen Machtzentren sind. Wir haben keine demokratiekonformen Märkte, sondern eine marktkonforme Demokratie.

»Wir leben ja in einer Demokratie, und das ist eine parlamentarische Demokratie, und deshalb ist das Budgetrecht ein Kernrecht des Parlaments, und insofern werden wir Wege finden, wie die parlamentarische Mitbestimmung so gestaltet wird, dass sie trotzdem auch marktkonform ist.«
Angela Merkel auf einer Pressekonferenz am 1. September 2011[1]

Wenn Donald Trump Rat für seinen Handelskrieg gegen China sucht, trifft er sich nicht mit gewählten Volksvertretern oder gar Gewerkschaftlern, sondern mit dem Apple-Chef Tim Cook, um zu erörtern, wie sich ein Handelskrieg mit China auf die Interessen von Apple auswirken würde[2]. Zum Diesel-Gipfel im deutschen Kanzleramt wurden nicht etwa Umweltschützer geladen, sondern die Chefs von Volkswagen, BMW und Daimler sowie der Chef des Automobillobbyverbands VDA. Und wer handelte auf dem Krisengipfel zur »Rettung« der Pleitebank Hypo Real Estate den Deal aus, der den Steuerzahler mehr als 20 Milliarden Euro kosten sollte? Der Deutsche-Bank-Chef Josef Ackermann und der spätere Investmentbanken-Lobbyist Jörg Asmussen[3]. Multinationale Konzerne sind keine Zuschauer, sondern politische Akteure.

Rang	Name	Staatshaushalt/ Umsatz Mrd. US$
1.	Fortune Global 500 Unternehmen[4]	32.700
2.	S&P 500 Unternehmen[5]	11.000
3.	US-Unternehmen, bei denen die großen Drei größter Aktionär sind.[6]	9.100
4.	USA[7]	3.991
5.	China	3.146
6.	Japan	1.902
7.	Deutschland	1.573
8.	DAX-Unternehmen[8]	1.438
9.	Frankreich	1.412
10.	Großbritannien	1.076

Unternehmen und Staatshaushalte im Vergleich, Quelle: CIA Factbook, Fortune, Craft, Corpnet, Wirtschaftswoche

Der Wandel vom Primat der Politik zum Primat der Ökonomie lässt sich auch in Zahlen ausdrücken. So erzielt der Einzelhandelskonzern Walmart mit mehr als 514 Milliarden US-Dollar einen höheren Jahresumsatz als der gesamte Staatshausalt von Spanien, der nur 492 Milliarden US-Dollar beträgt. Der Umsatz von Volkswagen und Apple ist größer als der Staatshaushalt von Schweden und Russland, der Umsatz von Amazon ist größer als der Staatshaushalt der

Schweiz. Warren Buffetts Unternehmensbeteiligungsholding Berkshire Hathaway hat mit ihren 25 Mitarbeitern einen höheren Umsatz als der Staatshaushalt von Indien mit seinen 1,4 Milliarden Einwohnern. Und wenn man die fünf größten Ölkonzerne Royal Dutch Shell, China National Petroleum, Saudi Aramco, BP und Exxon Mobil zusammennimmt, übersteigt deren Umsatz[9] sogar den kompletten Staatshaushalt der Bundesrepublik Deutschland bei Weitem. Wenn man alle Staaten und Unternehmen zusammennimmt und eine Top-100-Liste nach dem Staatshaushalt beziehungsweise dem Jahresumsatz zusammenstellt, finden sich in der Liste ganze 71 Unternehmen[10]. Und hierbei handelt es sich wohlgemerkt um Einzelunternehmen. Fasst man nur die US-Unternehmen zusammen, bei denen die drei größten Finanzkonzerne BlackRock, Vanguard und State Street einer der größten Aktionäre sind, kommt man auf einen Umsatz, der so groß wie die Staatshaushalte der USA, China und sämtlicher 28 EU-Staaten zusammen ist. Und dies ist immer noch eine kleine Auswahl. Würde man alle Konzerne, an denen mehrheitlich Banken, Versicherungen und Finanzkonzerne beteiligt sind, zusammenzählen, wäre deren kombinierter Jahresumsatz um ein Vielfaches höher als der Staatshaushalt sämtlicher Staaten der Welt.

Die Konzerne bestimmen die Politik und die Finanzkonzerne bestimmen über ihre Beteiligungen die Politik der Konzerne. Die Konzentration der multinationalen Konzerne und der Wandel von inhaberkontrollierten Firmenstrukturen zu einer Aktionärsstruktur, bei der Finanzkonzerne den Ton angeben, hat so zu einer Machtkonzentration geführt, die selbst historisch einmalig ist. Es gab immer große und mächtige globale Konzerne – die Niederländische Ostindien-Kompanie und die Britische Ostindien-Kompanie dominierten beispielsweise im 17. und 18. Jahrhundert den europäischen Handel und übernahmen in den Kolonien sogar hoheitliche Aufgaben, wie die Erhebung von Steuern. Die derzeitige Machtposition globaler Unternehmen gegenüber anderen Akteuren ist jedoch in Bezug auf Größe und Volumen beispiellos. Wenn Larry Fink heute als CEO von BlackRock indirekt die Macht bei 2 712 Konzernen hat, an denen BlackRock mit mehr fünf Prozent beteiligt ist, so ist dies eine Machtfülle und Machtkonzentration, die selbst die Gouverneure der Ostindien-Kompanie vor Neid erblassen ließe.

Giganten ohne Agenda?

Glaubt man der PR-Abteilung von BlackRock, ist dies natürlich eine maßlose Übertreibung. Man sei zwar groß und auch sehr stolz darauf, aber eigentlich sei man doch nur ein Vermögensverwalter, der das Geld seiner Kunden treuhänderisch verwaltet. Nicht man selbst, sondern die Kunden würden letztlich entscheiden, an welchem Unternehmen sich die zahlreichen Fonds von BlackRock beteiligen. Das ist freilich nur die halbe Wahrheit und unterschlägt zudem die Machtfrage. Aber der Reihe nach.

Wenn BlackRock sich in der Öffentlichkeit als langfristiger Investor darstellt und sich damit vor allem von den auf schnelle Rendite abzielenden Hedgefonds distanzieren will, ist das im Kern noch nicht einmal falsch. Rund zwei Drittel des zu verwaltenden Vermögens stammt aus den ETFs der iShares-Sparte, und hier ist BlackRock in der Tat eher ein technischer Verwalter, der die Kundengelder nach einem klaren Verteilungsschlüssel in Aktien der Unternehmen investieren muss, die im jeweiligen Index gelistet sind. »Wir können nicht einfach verkaufen und weglaufen«, wie es eine Sprecherin von BlackRock in einem Interview mit der *Wirtschaftswoche*[11] formuliert.

Diese Aussage bezieht sich jedoch auf die zwei Drittel des Anlagekapitals, die aus Indexfonds stammen. Das restliche Drittel der Kundeneinlagen steckt in aktiv gemanagten Investmentfonds, bei denen die Fondsmanager von BlackRock sehr wohl weitestgehend freie Hand haben, ob und wann sie Aktien bestimmter Unternehmen kaufen oder verkaufen. Und ein Drittel von 6,85 Billionen US-Dollar sind immer noch 2,3 Billionen US-Dollar, und wenn es um die Stimmrechte geht, sind die Anteile der passiven Indexfonds natürlich eine gewaltige Manövriermasse, mit der die aktiven Fondsmanager die Unternehmenspolitik auf den Aktionärsversammlungen in ihre Richtung lenken können. Davon muss BlackRock jedoch nur in Ausnahmefällen Gebrauch machen. Die eigentliche Macht wird stattdessen hinter den Kulissen ausgeübt. Oder wie es die BlackRock-Sprecherin im Interview mit der *Wirtschaftswoche* diplomatischer formuliert:»Wenn es so weit kommt, dass wir auf einer Hauptversammlung sprechen müssen, um unsere Interessen durchzusetzen, ist das doch ein Zeichen dafür, dass der Dialog mit einem Unternehmen gescheitert ist. Wenn Sie genug Zeit investieren, um mit den Unternehmen außerhalb der Hauptversammlungssaison zu arbeiten, muss es doch gar nicht zum Showdown kommen.« Christian Staub, der Chef von BlackRock Deutschland, präzisierte diese Strategie 2015 in einem Interview mit dem *Tagesspiegel*[12]:»Wir sprechen nicht auf Hauptversammlungen oder stellen dort Anträge, um auf Renditen, die Dividende oder Personalentscheidungen einzuwirken. Wir tauschen uns direkt mit Vorstand und Aufsichtsrat aus, machen dort unsere langfristigen Interessen deutlich. Insofern nehmen wir Einfluss auf Investitionen und Strategien.« Wie heißt es so schön? Der wirklich Mächtige trägt seine Macht unter dem Revers, nicht im Knopfloch.

In diesem Kontext erscheinen auch BlackRocks Beteuerungen, man sei ein aktiver aber kein aktivistischer Anteilseigner und stimme auf den meisten Hauptversammlungen mit dem Vorstand, in einem anderen Licht. Wer den Vorstand zuvor diskret hinter den Kulissen auf Linie gebracht hat, muss auf den Hauptversammlungen oder gar im Wirtschaftsteil der Zeitungen auch nicht mehr den großen Zampano geben. Diese Rolle überlässt BlackRock gerne den Halbstarken aus der Hedgefonds- oder Private-Equity-Branche.

In der Praxis sieht der diskrete Charme der Hochfinanz dann folgendermaßen aus. Zweimal im Jahr müssen die Vorstandsvorsitzenden der Dax-Unternehmen – oder zumindest deren Finanzchefs – zum Rapport nach New York fliegen, und zwei weitere Male wird deren Erscheinen bei BlackRock in Edinburgh erwartet, wo die Analysten und Fondsmanager für den europäischen Markt ihr Büro haben. So beschreibt es Heike Buchter unter Berufung auf einen

IR-Manager eines Dax-Unternehmens[13]. Und wenn es um bedeutsame Fragen geht, lädt Larry Fink die Spitzen der deutschen Wirtschaft auch schon mal persönlich vor. Als E.ON-Chef Johannes Teyssen den wichtigen Anteilseignern die Pläne zur geplanten Aufspaltung des deutschen Energiekonzerns im Rahmen einer Roadshow in New York präsentierte, befand es BlackRock nicht für nötig, sich unter die »Kleinaktionäre« zu begeben. Stattdessen musste Teyssen in Princeton, New Jersey bei Larry Fink persönlich vorstellig werden. »Die lassen einen in ihr Headquarter antanzen«, so Teyssen gegenüber der *Wirtschaftswoche*[14].

Das Wirtschaftsmagazin berichtet auch von den Erfahrungen eines namentlich genannten deutschen Bankenchefs. »Da rief an einem Donnerstagmittag jemand von BlackRock im Büro an und bat, der Mann solle sich am nächsten Tag mittags bereithalten, Larry Fink wolle ihn in Frankfurt sehen.« Als der Bankenchef über seinen Assistenten ausrichten ließ, der Termin sei ungünstig, da er zu diesem Zeitpunkt einen Termin in Berlin habe, entgegnete BlackRock kühl: »Nein. Sie haben das wohl falsch verstanden: Larry möchte ihn sehen.«

Von einem ähnlichen Angebot, das man eigentlich nicht ablehnen kann, berichtete das französische Medium *Mediapart* im Mai 2018[15]. Demnach habe Larry Fink an Bord seines Privatjets mitten über dem Atlantik plötzlich das Bedürfnis gehabt, sich mit Angela Merkel zu treffen – wenn möglich fünf Stunden nach seiner Ankunft in Frankfurt. Doch der mit dem heiklen Anliegen betraute BlackRock-Regionalchef in Frankfurt hatte offenbar wenig Glück mit der Kanzlerin. Stattdessen habe er für Fink den Vize-Chef von BMW für ein Zweiergespräch gewinnen können. Fink legte wortlos auf. Friedrich Merz hätte als Kanzler sicher mehr Zeit für Larry. Das gilt auch für Emmanuel Macron. Der hat Larry Fink bereits zweimal wie einen Staatsgast im Élysée-Palast empfangen. Macron ist schließlich auch »gelernter« Investment-Banker, da versteht man sich offenbar sehr gut; so gut, dass Macron den Frankreich-Chef von BlackRock, Jean-François Cirelli sogar in sein »Comité Action publique 2022« berief, einer Art französischer Hartz-Kommission, die dem Staat Empfehlungen für marktkonforme Reformen geben soll. BlackRocks Ideen vor allem zur Rentenpolitik werden sicher nicht gerade überraschend sein.

Wie BlackRock seine Macht spielen lässt, wenn es auf diskretem Weg nicht weiterkommt, zeigte das Nachfolgedrama um Josef Ackermann bei der Deutschen Bank. Der selbstherrliche Schweizer hatte 2011 seinen Abschied von der Konzernspitze bereits nach guter alter Deutschland-AG-Art vorbereitet. Sein Nachfolger solle der kurz zuvor zurückgetretene Bundesbankchef Axel Weber werden[16]. Und da die Deutsche Bank ja schwerlich ohne seine eigene Expertise über die Runden käme, würde er sich bereit erklären, direkt vom Vorstandsvorsitz in den Aufsichtsratsvorsitz zu wechseln. Nun ist die Besetzung des Vorstands aber nicht Aufgabe des Vorstands und die Besetzung des Aufsichtsrats schon gleich gar nicht. Über Ersteres entscheidet eben jener Aufsichtsrat, und wer in dieses Gremium aufrückt, bestimmen die Anteilseigner.

Ackermanns anmaßendes Verhalten kam bei Larry Fink gar nicht gut an. Einen nahtlosen Wechsel vom Vorstand in den Aufsichtsrat verstieße gegen den Verhaltenskodex. Diese Erklärung ist übrigens ziemlich putzig, wenn man bedenkt, dass Larry Fink bei BlackRock CEO und Chairman in einer Person ist, sich also streng genommen selbst überwacht. BlackRock präsentierte mit dem Investmentbanker Anshu Jain einen Gegenkandidaten für den Vorstandsvorsitz und verhinderte auch gleich Ackermanns fliegenden Wechsel in den Aufsichtsrat. Den Posten vergab man an den ehemaligen Goldman-Sachs- und Allianz-Manager Paul Achleitner, und um die deutsche Seele nicht überzustrapazieren, zeigte man sich sogar bereit, dem Inder Jain den farblosen Jürgen Fitschen in einer Doppelspitze an die Seite zu stellen. Ackermann räumte grollend das Feld, ging zurück in die Schweiz, wo sein Name noch etwas galt, und wechselte in den Verwaltungsrat des Versicherers Zurich.

Viel Glück hatte Larry Fink mit seiner Wahl jedoch nicht. Die Deutsche Bank machte auch unter Anshu Jain Milliardenverluste – Verluste, die jedoch zum großen Teil sein Vorgänger Ackermann zu verantworten hatte. Die Hedgefonds, die neben BlackRock an der

Deutschen Bank beteiligt sind, sahen, wie sich mit dem Kursverlust der Deutsche-Bank-Aktie ihre Renditeträume in Luft auflösten, und planten 2015 auf der Hauptversammlung die große Revolte. Ist die Entlastung des Vorstands eigentlich in etwa so überraschend wie die Wahlen in Nordkorea bei vergleichbarem 99 Prozent+X Ergebnis, so schafften Jain und Fitschen es mit einem Ergebnis von 60 Prozent nur mit Ach und Krach der totalen Blamage zu entgehen. Da auf der Hauptversammlung nur 30 Prozent der Stimmen anwesend waren, entfiel der Großteil der Stimmen für eine Entlastung auf die beiden Großaktionäre BlackRock und das Scheichtum Katar[17]. Kurze Zeit später musste auch Jain seinen Hut nehmen.

Die Macht der Proxies

Eine solche Exklusivbehandlung genießen freilich nur die großen und wichtigen Unternehmen, an denen BlackRock beteiligt ist. Es ist eher unwahrscheinlich, dass Larry die Chefs von Unternehmen wie dem australischen Energiedienstleister Worley, dem norwegischen Medienkonzern Schibsted oder dem Hongkonger Immobilienentwickler Kerry Properties überhaupt kennt. Doch auch diese drei Unternehmen gehören zu den 1655 Konzernen, die im Aktienindex MSCI World notiert sind und an denen BlackRock über seine iShares-Fonds, die sich an diesem Index orientieren, maßgeblich beteiligt ist. Insgesamt ist alleine BlackRock an 15000 Unternehmen beteiligt. Es liegt auf der Hand, dass da eine individuell abgestimmte Einflussnahme gar nicht möglich sein kann, zumal BlackRock für die Verwaltung seiner Stimmrechte gerade einmal 45 Mitarbeiter eingestellt hat[18]. Im aktuellen Stewardship-Bericht gibt BlackRock an, dass man im Jahr 2018 direkten Kontakt mit 1458 Unternehmen hatte – also mit nicht einmal jedem zehnten Unternehmen, an dem es beteiligt ist. Jeder BlackRock-Mitarbeiter in diesem Bereich muss sich demnach um mehr als 32 Unternehmen kümmern. Noch schlechter sieht die Quote beim Konkurrenten Vanguard aus, der nur mit 868 Unternehmen direkten Kontakt aufgenommen hat[19]. Vanguards Stewardship-Team hat sogar nur 35 Mitarbeiter[20]. Die beiden Finanzgiganten haben also 2018 noch nicht einmal bei jedem zweiten Unternehmen, an dem sie mit mehr als fünf Prozent beteiligt sind, selbst ihre Pflichten als Anteilseigner wahrgenommen.

Umso beeindruckender sind die statistischen Angaben zum Stimmverhalten der beiden Giganten. BlackRock hat von Juli 2018 bis Juli 2019 an 16 124 Hauptversammlungen teilgenommen und dabei in 155 131 einzelnen Abstimmungspunkten seine Stimme abgegeben – nach eigenen Angaben hat man übrigens auf 39 Prozent aller Hauptversammlungen mindestens einmal gegen die Empfehlungen des Managements der Unternehmen, an denen man beteiligt ist, gestimmt. Das klingt jedoch rebellischer, als es ist. Insgesamt hat BlackRock bei 92 Prozent der Einzelabstimmungen auf der Linie des Managements gestimmt. Vanguard war genau so fleißig und hat bei 13 225 Hauptversammlungen in 169 746 einzelnen Punkten abgestimmt[21] und ist dabei in 93 Prozent aller Fälle den Empfehlungen des Managements gefolgt.

Nun fragt man sich, wie 75 Mitarbeiter bei den beiden Finanzgiganten Position zu mehr als 320 000 Abstimmungen beziehen können. Die Antwort ist ebenso einfach wie ernüchternd: Gar nicht. Sowohl BlackRock als auch Vanguard haben die Wahrnehmung ihrer Stimmrechte in ganz großem Stil ausgelagert. Rund um die großen Finanzkonzerne ist in den letzten Jahren die Branche der Proxy Adviser entstanden; Beratungsunternehmen, die meist über spezielle Algorithmen zusammen mit ihren Auftraggebern Abstimmstrategien entwickeln und anhand der errechneten Ergebnisse die Stimmrechte im Namen ihrer Auftraggeber dann auf den Hauptversammlungen ausüben. Die Branche der Proxy Adviser wird von dem Duopol der beiden Unternehmen Institutional Shareholder Services (ISS) und Glass Lewis dominiert, die zusammen auf einen Marktanteil von 97 Prozent kommen. ISS hat 2 000 institutionelle Kunden, für die es jährlich auf 44 000 Hauptversammlungen Empfehlungen für 10,2 Millionen Einzelabstimmungen aussprach[22]. Glass Lewis hat 1 300 institutionelle Kunden und veröffentlicht zwar keine Daten zum Volumen der Empfehlungen, dafür aber zum vertretenen Kapital – mehr als 35 Billionen US-Dollar![23] Beide Firmen sind übrigens sowohl für BlackRock als auch für Vanguard tätig.

Nach Angaben des Finanzausschusses des US-Kongresses bestimmen die Empfehlungen der beiden Proxy Advisers heute in vielen Fällen schon bis zu 38 Prozent der Stimmrechte[24]. Wenn man nun noch bedenkt, dass auf den meisten Hauptversammlungen ohnehin nur zwischen 30 und 50 Prozent der Stimmrechte »anwesend« sind, wird klar, dass es hier sehr häufig um die absolute Mehrheit der wahrgenommenen Stimmrechte geht. Die Entscheidung über die Unternehmenspolitik von zehntausenden großen Konzernen hängt also direkt oder indirekt von den Algorithmen ab, mit denen die zwei großen Beraterfirmen Institutional Shareholder Services und Glass Lewis ihren Kunden Empfehlungen ausstellen. Larry Fink ist sich dieses Problems durchaus bewusst und erklärt, es würde sich ja eben nur um Empfehlungen handeln. Wie BlackRock dann wirklich abstimmt, sei immer noch Sache des Unternehmens. Nur wer soll das alles kontrollieren? Die 45 Mitarbeiter von BlackRock und die 35 Mitarbeiter von Vanguard können natürlich unmöglich mehr als 320 000 Einzelempfehlungen gegenprüfen.

Die Weltwirtschaft läuft also im Grund auf Autopilot. Die Algorithmen, die die Weltwirtschaft steuern, sind Verschlusssache, jegliche Form von Transparenz – Fehlanzeige. Weder ISS noch Glass Lewis legen ihre Empfehlungen offen, und wie es zu diesen Entscheidungen gekommen ist, ist natürlich ebenfalls Betriebsgeheimnis. Das führt zur naheliegenden Frage: Anhand welcher Parameter entscheiden die Algorithmen eigentlich, was gut und was schlecht ist? Dass die Frage des Allgemeinwohls dabei keine nennenswerte Rolle spielt, dürfte klar sein. Aber wie sieht es mit den Stakeholdern aus, die Larry Fink in seinen Sonntagspredigten immer so gerne hervorhebt? Also den Mitarbeitern, Kunden, dem Staat und der Gesellschaft? Würden die Algorithmen eher einem Vorschlag zustimmen, Mitarbeiter zu entlassen oder outzusourcen, oder spielen die Parameter Mitarbeiterzufriedenheit und faire Entlohnung eine wichtigere Rolle? Letzteres ist zumindest unwahrscheinlich. Und wie sieht es mit Themen wie Nachhaltigkeit, Umwelt- und Klimaschutz aus? Hat der Algorithmus eine Codezeile, die die Ausbeutung der Dritten Welt als mitentscheidendes Parameter berücksichtigt?

Während das Thema Proxy Adivsers in Europa politisch überhaupt nicht diskutiert wird, gibt es in den USA zumindest kritische Töne. Der Kongress hat sich des Themas angenommen[25], und die Wertpapieraufsichtsbehörde SEC will die Proxies künftig stärker regulieren[26]. Wie kaum anders zu erwarten, geht es hierbei jedoch nicht um die Interessen der Mitarbeiter, der Gesellschaft oder gar die Frage des Allgemeinwohls, sondern um kartellrechtliche Fragen und die Sorge, dass die Empfehlungen der Proxies vielleicht nicht immer im Sinne der Aktionäre sein könnten. Wettbewerb und Shareholder Value – das sind offenbar die einzigen Leitlinien, für die die Politik sich wirklich noch interessiert.

Wettbewerb oder Oligopol?

Stellen Sie sich doch einmal vor, was passieren würde, wenn der Getränkekonzern Red Bull nicht nur den RB Leipzig, sondern auch die Aktienmehrheit am FC Bayern München und an Borussia Dortmund übernehmen würde und sich bei Schalke 04, Bayer Leverkusen, Eintracht Frankfurt und der SG Hoffenheim einkaufen würde. In der Bundesliga spielten plötzlich Mannschaften gegeneinander, deren Miteigentümer ein und derselbe ist. Würden die Frankfurter am letzten Spieltag noch mal alles gegen die Bayern geben, selbst wenn sie ihnen damit die Meisterschaft verhageln und sie um die sicher eingeplanten Millionen-Prämien aus der Champions League bringen würden? Würde der Frankfurter Innenverteidiger Martin Hinteregger im entscheidenden Moment zur »Notbremse« beim Bayern-Rechtsaußen Serge Gnabry ansetzen und dabei in Kauf nehmen, dass 60 Millionen Euro Anlagekapital des gemeinsamen Eigentümers erst mal ein paar Monate auf Eis liegen? Und wie sieht es mit Ticketpreisen, Übertragungsrechten und Transfers aus?

Sie finden dieses Szenario abwegig? In vielen Bereichen der Wirtschaft ist Vergleichbares längst Realität. So ist BlackRock in den Branchen Chemie, IT, Luftfahrt und Pharmazeutik bereits heute bei nahezu allen großen Anbietern der größte Einzelaktionär. Nimmt man nun noch die Finanzkonzerne Vanguard und State Street hinzu, gibt es kaum eine Branche, bei der diese drei Konzerne nicht an allen großen Anbietern maßgeblich beteiligt wären. Dass dies negative Folgen für den Wettbewerb und damit vor allem für die Kunden hat, belegt der Oxford-Ökonom Martin Schmalz zusammen mit seinem Team in einer 2016 veröffentlichten Studie[27]. Die Ökonomen analysierten, wie sich die Ticketpreise in der amerikanischen Luftfahrt veränderten, nachdem BlackRock über den Aufkauf der ETF-Sparte von Barclays bei allen maßgeblichen Airlines zum größten Anteilseigner wurde. Das Ergebnis: Die Preise sind bis zu elf Prozent gestiegen. Das Gleiche bei den fünf US-Großbanken, die ebenfalls unter der Kontrolle der drei großen Finanzkonzerne stehen: Je weniger Eigentümer, desto höher fielen die Kontoführungsgebühren aus, und desto weniger Zinsen bekamen die Kunden für ihr Geld. Andere Studien konnten vergleichbare Entwicklungen auf dem Gebiet der Saatgutpreise feststellen[28]. Eine Entwicklung, die noch nicht einmal überraschend ist. Oder würden Sie, wenn Sie die einzigen beiden Hotels in einer Stadt besitzen würden, sich gegenseitig mit niedrigen Preisen Gäste abwerben? Wohl kaum.

Martin Schmalz formuliert den Effekt folgendermaßen[29]: »Es ist offensichtlich, dass die Unternehmen einer Branche wie in einem Oligopol geringere Anreize haben, aggressiv gegeneinander zu konkurrieren – zum Beispiel, indem sie sich durch Preissenkungen oder Innovationen gegenseitig Marktanteile abgraben –, wenn sie alle die gleichen Großaktionäre haben.« Das heißt letztlich nichts anderes, als dass Unternehmen auch ganz ohne formelle oder informelle Preisabsprachen ein Motiv haben, sich gegenseitig keine Konkurrenz zu machen und ihre Rendite zulasten ihrer Kunden zu mehren. Denkt man dies zu Ende, muss man sogar zu dem Schluss kommen, dass das in marktliberalen Kreisen gerne hochgehaltene

Mantra der Vorzüge eines freien Wettbewerbs schon lange von der Realität eingeholt wurde. Denn eine derartige Konzentration der Eigentümerschaft ist – wie die zahlreichen Daten deutlich zeigen – nicht die Ausnahme, sondern die Regel.

Und dies hat auch Auswirkungen auf die Vermögensverteilung. »Unter dem Strich gibt es durch solche Eigentümerstrukturen einen negativen Wohlfahrtseffekt: Die Konsumenten verlieren mehr, als die Aktionäre einer betroffenen Branche gewinnen«, so Martin Schmalz. Und da die Aktien und Fondsanteile vor allem in der Hand der finanziellen Oberschicht sind, während die höheren Kosten für Produkte und Dienstleistungen vor allem zulasten der konsumierenden Allgemeinheit gehen, machen die Preiseffekte solcher Besitzstrukturen die Welt auch ungleicher. Die höheren Kosten des einen sind die Dividende des anderen.

Da dieses Thema jedoch nicht nur sozioökonomischer Natur ist, sondern das Wettbewerbsmantra der Ökonomen im Kern angeht, hat sich mittlerweile sogar eine kritische Debatte in den zuständigen Gremien entwickelt. So veranstaltete die OECD in Paris eigens eine Anhörung zum Thema[30]. Dort warnte Einer Elhauge, Kartellrechtsexperte an der Harvard-Universität, »der horizontale Aktienbesitz« der Finanzkonzerne über ganze Branchen hinweg sei »die größte Bedrohung des freien Wettbewerbs unserer Zeit«. Darauf folgend gab die EU-Wettbewerbsaufsicht unter Leitung von EU-Kommissarin Margrethe Vestager eine ausführliche Studie über den Einfluss der Finanzkonzerne in Auftrag. Und sogar die deutsche Monopolkommission hat bereits das »wettbewerbsverzerrende Potenzial« der neuen Super-Aktionäre angeprangert[31].

Ob diesen Studien und Aussagen auch Taten folgen, ist jedoch eher unwahrscheinlich. Bislang hat keine Regierung dies oder jenseits des Atlantiks den Mut gehabt, gegen die Oligarchie der Finanzkonzerne vorzugehen. Das Bundeswirtschaftsministerium kniff 2017 gleich ganz und degradierte die Arbeit der Forscher um Martin Schmalz zur »theoretischen Vermutung«. Zuvor hatte, so berichtete der *Tagesspiegel*[32], der Deutschland-Chef von BlackRock beim Ministerium Beschwerde eingereicht.

Dass die Allgemeinheit kein Mitspracherecht bei den Entscheidungen der Wirtschaft hat, ist hinlänglich bekannt und wird schon lange nicht mehr hinterfragt. Dass jedoch auch die Eigentümer der Unternehmen nicht nur kein Mitspracherecht, sondern noch nicht einmal einen Einblick in die Entscheidungen der Verwalter ihres Eigentums haben, ist eine erschreckende Erkenntnis, die wenig bekannt sein dürfte. Um dies zu verdeutlichen, eignet sich der Vergleich mit einer Hausverwaltung aus einem der vorigen Kapitel. Die Anteilseigner der Fonds von BlackRock und Co. sind die Besitzer des Hauses, während die Finanzkonzerne den Besitz lediglich treuhänderisch verwalten. Und dabei haben sie vollkommen freie Hand. Sie können das Haus sanieren oder abreißen. Sie können die Mieten senken oder erhöhen. Ja, sie können das Haus sogar in Ihrem Namen weiterverkaufen. Sie, als Eigentümer, werden weder gefragt noch informiert. Würden Sie als Hausbesitzer mit dieser selbstherrlichen Hausverwaltung weiterhin Geschäfte machen?

Noch nie war so viel Macht so ungleich auf so wenige Akteure verteilt. BlackRock und Co. haben kein Demokratiedefizit. Sie sind absolutistische Herrscher. L'économie c'est moi! Und der Allgemeinheit bleibt einzig und allein die Ohnmacht.

»Es ist eine ewige Erfahrung, daß jeder Mensch, der Macht in Händen hat, geneigt ist, sie zu missbrauchen. Er geht so weit, bis er Schranken findet.«

Montesquieu

Finanzweltmacht USA

Siemens-Chef Kaeser tritt zurück

22.10 2021. München (Reuters) – In einer eigens einberufenen Pressekonferenz erklärte der Vorstandsvorsitzende der Siemens AG Joe Kaeser heute seinen Rücktritt. Dieser Schritt war von den Finanzmärkten erwartet worden, nachdem eine Gruppe internationaler Investoren unter Führung des Großaktionärs BlackRock vergangene Woche eine außerordentliche Hauptversammlung einberufen hat. Diese Gruppe repräsentiert 55 Prozent der Stimmrechte der Siemens AG. Hintergrund der Initiative ist das fortlaufende Engagement der Kraftwerkssparte des Siemens-Konzerns auf dem russischen Markt. Siemens verstieße damit gegen die neuen Sanktionen, die US-Präsident Biden im September erlassen hat und die erstmals nicht nur Unternehmen, sondern auch deren Anteilseignern empfindliche Maßnahmen androhen.

Deutschland habe sich zwar gegen die US-Sanktionen ausgesprochen, sei aber gegen die Entscheidung der Anteilseigner machtlos, so ein Sprecher des Wirtschaftsministeriums. Beobachter gehen davon aus, dass der Aufsichtsrat in Absprache mit den Investoren um BlackRock schon bald einen Nachfolger für Kaeser vorstellen wird, der sich hinter die US-Sanktionen stellt. Die US-Behörden stellten gestern einen internationalen Haftbefehl gegen Joe Kaeser aus. Dies ist bereits der zweite überraschende Wechsel an der Führungsspitze eines Dax-Konzerns in diesem Jahr. Erst im Juli sprach die Hauptversammlung der Deutschen Telekom AG Vorstandschef Höttges das Misstrauen aus, nachdem das US-Finanzministerium sämtliche Vermögenswerte der Telekom-Tochter T-Mobile US eingefroren hatte. Die Telekom hatte die US-Sanktionen gegen China verletzt, indem sie bis vor kurzem Produkte der chinesischen Unternehmen Huawei und Xiaomi auf dem deutschen Markt vertrieb.

Ist diese ausgedachte Meldung aus nicht allzu ferner Zukunft unrealistisch? Keinesfalls. Am 31. Juli 2019 hat der Außenausschuss des US-Senats einen Gesetzesentwurf mit dem Titel »Protecting Europe's Energy Security Act of 2019« mit einer Mehrheit von 20:2 Stimmen angenommen[1]. Der Entwurf des US-Senators Ted Cruz sieht vor, Unternehmen und Einzelpersonen, die sich am Bau der Ostseepipeline North Stream 2 beteiligen, auf die Sanktionsliste der USA zu setzen. Cruz hat es dabei vor allem auf die Firmen abgesehen, die Schiffe besitzen, die solche Unterwasserpipelines verlegen können. Davon gäbe es weltweit nur fünf, so Cruz gegenüber dem US-Auslandssender RadioFreeEurope[2]. Ob der Gesetzesentwurf von Kongress und Senat angenommen wird, stand zum Zeitpunkt der Drucklegung dieses Buches noch nicht fest. Konkret betroffen wären die Unternehmen Allseas Group mit Firmensitz in der Schweiz und das italienische Unternehmen Saipem. Es ist jedoch davon auszugehen, dass die beiden Unternehmen ihre Tätigkeiten für das Nord-Stream-Konsortium einstellen würden, wenn die US-Sanktionen in Kraft treten.

In zweiter Linie wären auch das deutsche Unternehmen Uniper, dass nach einer Abspaltung von der E.ON-Gruppe entstanden ist, und der größte deutsche Öl- und Gasproduzent Wintershall, eine Tochtergesellschaft der BASF, betroffen. Bei der BASF AG sind übrigens BlackRock und Vanguard der zweit- beziehungsweise drittgrößte Anteilseigner, und auch an Uniper sind beide Unternehmen beteiligt. Zum Nord-Stream-Konsortium gehören ferner österreichische OMV, die britisch-niederländische Royal Dutch Shell und der französische Konzern Engie. Auch an diesen Unternehmen sind sowohl BlackRock als auch Vanguard maßgeblich beteiligt, bei Royal Dutch Shell sind sie sogar die beiden größten Anteilseigner. Insgesamt arbeiten 627 Unternehmen als Zulieferer für das Pipeline-Projekt; die meisten davon kleine und mittelständische Betriebe aus Deutschland.

Für den »Krieg mit den Mitteln des Finanzmarktes« ist in den USA das »Office of Terrorism and Financial Intelligence« zuständig, ein dem US-Finanzministerium angeschlossener Geheimdienst mit Büros auf der ganzen Welt. Seit 2017 haben die USA einen rechtlichen Rahmen für diese Sanktionen geschaffen. Der »Countering America's Adversaries Through Sanctions Act« (CAATSA) erlaubt Sanktionen auch gegen Unternehmen, die ihren Sitz in einem Land haben, das die jeweiligen Sanktionen überhaupt nicht mitträgt. Welche Sanktionen konkret verhängt werden, hängt dabei alleine von der US-Regierung ab. Dies können klassische Maßnahmen wie Geldstrafen oder das Einfrieren der US-Vermögen sein. Das Maßnahmenpaket umfasst jedoch auch tiefgreifende Instrumente, wie die Abkapselung vom internationalen Zahlungsverkehr oder das Verbot für Finanzunternehmen, die in den USA zugelassen sind, jedwede Geschäfte mit dem sanktionierten Unternehmen zu tätigen. Für international tätige Unternehmen ist dies ein Todeskuss.

Die lange Liste der Sanktionen

In der jüngeren Vergangenheit gab es gleich mehrere Fälle, in denen die US-Regierung von diesem Instrumentarium Gebrauch gemacht hat. Im September 2005 setzten die USA die Delta Asia Financial Group aus Macau auf ihre Sanktionsliste. Der Vorwurf: Die Bank habe im Auftrag Nordkoreas Geldwäschegeschäfte getätigt. 2007 erweiterten die USA die Sanktionen und verboten nun allen Banken, die in den USA zugelassen sind, Geschäfte mit der Delta Asia Financial Group zu tätigen. Das Prüfungsunternehmen Ernst & Young und die Finanzbehörden von Macau konnten die Vorwürfe nicht bestätigen[3]. Dennoch steht die Bank bis heute auf der Sanktionsliste und kann daher keine internationalen Geschäfte in Fremdwährungen tätigen.

- Im Januar 2009 zahlte die britische Bank Lloyds in den USA 350 Millionen US-Dollar wegen Verstößen gegen die US-Sanktionen gegen Iran- und den Sudan.
- Im Dezember 2009 zahlte die Schweizer Credit Suisse in den USA 536 Millionen US-Dollar Strafe für Geschäfte mit dem Iran und anderen Staaten.
- Im Mai 2010 zahlte die Royal Bank of Scotland in den USA 500 Millionen US-Dollar Strafe für Geschäfte der übernommenen niederländischen ABN Amro mit Iran, Libyen, dem Sudan, Kuba und anderen sanktionierten Staaten.
- Im Dezember 2010 zwang die US-Regierung die Zahlungsdienstleister PayPal, Visa und Mastercard keine Spenden an Wikileaks entgegenzunehmen[4]. Hintergrund war die als »Cablegate« bekannte Veröffentlichung einer Viertelmillion diplomatischer US-Berichte.
- Im Juni 2012 zahlte der niederländische Finanzkonzern ING in den USA 619 Millionen US-Dollar wegen Geschäften mit Iran und Kuba.
- Im November 2013 zahlte die Deutsche Börse AG 152 Millionen US-Dollar, weil ihre Tochter Clearstream bei Wertpapierübertragungen eingefrorenes Geld illegalerweise in den Iran überwiesen haben soll.
- Im April 2014 verhängten die USA Sanktionen gegen 17 russische Banken und Energiekonzerne. Die Sanktionen sahen auch ein Einfrieren der Vermögen dieser Unternehmen in den USA vor[5]. Im Juli wurden die Sanktionen auf vier weitere Unternehmen ausgeweitet.
- Im September 2014 weiteten die USA ihre Sanktionen abermals aus und koppelten nun auch die größte Bank Russland (Sberbank) und den Mischkonzern Rostec vom internationalen Finanzmarkt ab, indem sie Banken, die in den USA zugelassen sind, jedwede Geschäfte mit diesen beiden Unternehmen untersagten. Ferner untersagte man US-Unternehmen den Verkauf von Gütern und Dienstleistungen an die Energiekonzerne Gazprom, Gazprom Neft, Lukoil, Surgutneftegas und Rosneft[6].

- Im Dezember 2014 verhängten die USA ein umfassendes Embargo gegen die Krim. Jedes Unternehmen aus jedem Land der Welt, das in welcher Form auch immer auf der Krim oder mit Unternehmen, die auf der Krim tätig sind, Geschäfte macht, macht sich gemäß der Sanktionsanordnungen in den USA strafbar[7].
- Am 10. März 2015 setzte das US-Finanzministerium die Banca Privada d'Andorra aus dem gleichnamigen Zwergstaat aus den Pyrenäen auf eine Sanktionsliste, die es sämtlichen Banken, die in den USA zugelassen sind, verbietet, mit der BPA Geschäfte zu machen. Begründet wurde dies mit dem Verdacht der Geldwäsche mit »kriminellen Gruppen in Russland, Venezuela und China«. Die Bank überlebte den Todeskuss nicht[8] und wurde später von der US-Finanzheuschrecke J.C. Flowers filetiert[9].
- Im Oktober 2015 willigte die französische Bank BNP Paribas ein, in den USA 8,9 Milliarden US-Dollar Strafe zu zahlen. Zusätzlich wurde der BNP Paribas für ein Jahr lang untersagt, bestimmte Geschäfte in US-Dollar abzuwickeln[10]. Die USA warfen BNP Paribas vor, gegen die US-Sanktionen gegen Sudan, Kuba und Iran verstoßen zu haben; Sanktionen, die von der EU nicht verabschiedet wurden. Auch die deutsche Commerzbank (1,45 Milliarden US-Dollar[11]), die Deutsche Bank (258 Millionen US-Dollar[12]), die Schweizer UBS (780 Millionen US-Dollar[13]), die französischen Banken Credit Argicole (787 Millionen US-Dollar[14]) und Societe Generale (1,4 Milliarden US-Dollar[15]) sowie die italienische UniCredit (1,3 Milliarden US-Dollar[16]) mussten ebenfalls empfindliche Geldstrafen zahlen.
- Im April 2018 verhängten die USA Sanktionen gegen sieben russische Oligarchen und zwölf mit ihnen verbundene Unternehmen. Die Begründung: »Bösartige Aktivitäten rund um den Globus«. Die US-Vermögen der Sanktionierten wurden eingefroren, US-Finanzinstituten die Kooperation untersagt.
- Am 9. November 2018 veranlassten die USA das internationale Clearingsystem SWIFT, iranische Banken auszuschließen. Über SWIFT werden global grenzüberschreitende Banküberweisungen getätigt. 11 000 Banken und über 200 Ländern sind an das Sys-

tem angeschlossen. Durch die Sanktion wurde die komplette iranische Volkswirtschaft effektiv vom internationalen Zahlungsverkehr abgeschnitten. Besonders pikant: SWIFT sitzt in Brüssel und untersteht der EU-Jurisdiktion. Die EU unterstützt die Iran-Sanktionen der USA jedoch ausdrücklich nicht.

- Im Dezember 2018 nahmen die kanadischen Behörden die Huawei-Managerin Meng Wanzhou auf Ersuchen der USA fest[17]. Der Vorwurf: Huawei habe gegen die US-Sanktionen gegen Iran verstoßen. China hatte nie Sanktionen gegen Iran verhängt. Das Auslieferungsverfahren wird sich Presseangaben zufolge wohl bis Oktober 2020 hinziehen[18].
- Im Januar 2019 verhängten die USA Sanktionen gegen die venezolanische Ölindustrie, die es US-Unternehmen untersagten, mit dem venezolanischen Ölsektor Geschäfte zu machen. Daraufhin brach der Ausstoß der amerikanischen Raffinerien um 40 Prozent ein[19].
- Am 9. April 2019 stimmt die britische Großbank Standard Chartered einer Zahlung von insgesamt rund 1,1 Milliarden US-Dollar zu, um Ermittlungen wegen angeblicher Verstöße gegen die US-Iran-Sanktionen beizulegen.
- Im August 2019 verhängten die USA Sanktionen, die es sämtlichen in den USA zugelassenen Banken unter Strafandrohung untersagen, in welcher Form auch immer Geschäfte mit Anleihen des russischen Staates oder russischer Staatsunternehmen zu tätigen[20].
- Am 25. Oktober 2019 warnten die US-Behörden europäische Finanzinstitute, Geschäfte mit Iran zu tätigen. »Wenn Sie eine Bank, ein Investor, ein Versicherer oder ein anderes Unternehmen in Europa sind, sollten Sie wissen, dass es eine sehr schlechte Geschäftsentscheidung ist, sich an … [Instex] zu beteiligen.« Instex ist die Clearingstelle, die die EU eingerichtet hat, um den US-Boykott Irans über das Clearingsystem SWIFT zu umgehen.

Die Beispiele zeigen sowohl das Ausmaß als auch die stetige Ausweitung der verwendeten Sanktionierungsinstrumente, die vor allem Banken und Unternehmen aus Europa treffen, obgleich sie nicht gegen europäische, sondern gegen US-amerikanisches Recht verstoßen haben sollen. Völkerrechtlich ist die Ausweitung eigener Sanktionen auf Drittstaaten und Unternehmen aus Drittstaaten übrigens ganz klar untersagt. Diese Sanktionspraxis bedeutet nichts anderes als eine »Lex Americana«, ein Anspruch des US-Präsidenten, Gesetze und Verordnungen zu erlassen, an die sich die gesamte Welt zu halten hat. Die USA mischen sich unter Gewaltandrohung (Wirtschaftssanktionen sind ein Akt der Gewalt) in die Politik von Drittländern ein, die mit den politischen Problemen zwischen den USA und Iran gar nichts zu tun haben. Dies stellt eine massive Verletzung der Charta der Vereinten Nationen dar. Art. 2 Ziff. 7 der Charta untersagt es Staaten, in die inneren Angelegenheiten anderer Staaten einzugreifen. Und dazu gehören auch die Regelung der eigenen Handelspolitik und die Ausgestaltung der Außenpolitik. Völkerrechtswidrig ist die Intervention, wenn ein Nötigungselement hinzutritt, was hier ganz klar der Fall ist.

Ferner verstoßen die Sanktionen und genau so die Sanktionsdrohungen an Drittländer direkt und indirekt gegen das Allgemeine Zoll- und Handelsabkommen GATT der Welthandelsorganisation WTO. Der gerade von den USA immer wieder für eigene Zwecke instrumentalisierte »Freihandel« lässt sich selbstverständlich nicht mit dem Anspruch der USA vereinbaren, Drittländern ohne einen WTO-Beschluss Handelsverbote mit einem anderen Staat aufzuerlegen. Sogar der Internationale Gerichtshof forderte die USA in einem einstimmigen Urteil auf, diese Sanktionspraxis einzustellen[21]. Was taten die USA? Sie kündigten ganz einfach einseitig die beiden Vertragswerke, auf deren Basis der Internationale Gerichtshof sein Urteil begründete. Die imperiale Ignoranz der USA kennt weder Grenzen noch internationale Gesetze.

Wie Norbert Häring in seinem Buch *Schönes Neues Geld* berichtet[22], hat das US-Thinktank Center for a New American Security (CNAS) Finanzsanktionen bereits als »die neuen Werkzeuge des Wirtschaftskriegs« bezeichnet. Die Größe, Liquidität und Integrität des US-Finanzsystems seien demnach wichtige strategische

Stärken der USA. Ein Lizenzentzug für das US-Geschäft und Transaktionen in US-Dollar kommt international tätigen Banken einem Ruin gleich. Das macht sie erpressbar. Und was für Banken gilt, gilt unisono für international operierende Konzerne aus der Realwirtschaft. Würde beispielsweise Siemens durch US-Sanktionen vom internationalen Finanzmarkt abgeschnitten werden, könnte das Unternehmen keine Anleihen mehr aufnehmen, seine Geschäfte nicht vorfinanzieren und keine Zahlungen von oder an seine internationalen Geschäftspartner mehr vornehmen. Dies wäre der Todeskuss.

Hinzu kommt, dass die USA ihre Sanktionen immer häufiger im Eigeninteresse und gegen die Interessen anderer, verbündeter Staaten verhängen und anwenden. So gingen die europäischen Exporte nach Russland im ersten Jahr nach den verhängten Sanktionen um zehn Prozent und die deutschen Exporte sogar um 18 Prozent[23] zurück. Die USA konnten hingegen sogar eine Steigerung des Handelsvolumens mit Russland um sechs Prozent vermelden. Mittlerweile gehören die USA zu den zehn größten Handelspartnern Russlands[24]. Summa summarum schulterten die USA laut einer Untersuchung des IfW 0,6 Prozent des Rückgangs des Handelsvolumens, während Deutschlands Wirtschaft stolze 40 Prozent zu verkraften hatte[25]. Noch drastischer ist die Schieflage bei den Sanktionen gegen Iran. Nach dem Atomabkommen von 2015 und dem Ende der Sanktionen hatte sich das Handelsvolumen zwischen Iran und der EU wieder von 7,7 Milliarden Euro auf 21 Milliarden Euro fast verdreifacht. Das Handelsvolumen zwischen Iran und den USA beträgt 180 Millionen Euro – also weniger als ein Prozent des iranisch-europäischen Wertes.

Durchschaubar ist auch das Interesse der USA an den Sanktionen gegen das Pipeline-Projekt Nord Stream 2. Die USA haben dank des Frackingbooms massive Überkapazitäten an Erdgas, das sie liebend gerne in verflüssigter Form in Tankern nach Europa verschiffen würden. Eine weitere Pipeline, die billiges Erdgas aus Russland liefert, ist da natürlich hinderlich. Es geht den USA dabei auch keinesfalls nur um die Liefermengen an sich. Durch das Überangebot sind die Preise für Erdgas in den USA förmlich kollabiert. Ein gesteigerter Gasexport würde das Überangebot vom Markt nehmen und die Preise wieder anheben. Schlecht für die Verbraucher in den USA und Europa, gut für die Fracker, die nebenbei auch zu den eifrigsten Spendern für Donald Trumps Wahlkampf gehören, und für die Wall Street, die die Fracker mit teils wagehalsigen Fremdkapitalinstrumenten finanziert.

Finanzkonzerne als ultimativer Machthebel im Finanzkrieg

Der Jura-Professor Tom C.W. Lin kommt in seinem 2016 im Minnesota Law Review veröffentlichten Aufsatz »Finanzielle Vernichtungswaffen«[26] zu dem Schluss, dass die Finanzen heutzutage die wohl wichtigste Kriegswaffe sind. »Im Gegensatz zu früheren Kriegsszenarien, ist das Szenario eines Finanzkriegs weniger abhängig von der Geografie, sondern von Vermögenswerten und finanziellen Verbindlichkeiten.«»Finanzielle Kriegsführung« sei, so Lin,»bereits in naher Zukunft die dringlichste Herausforderung für Regierungen, Militärs, Finanzmarktaufsichten und Unternehmenschefs.« Wenn die Kapazitäten zur finanziellen Kriegsführung abhängig von der Verwaltung der Vermögenswerte sind, sind die USA – um im Bild zu bleiben – in Besitz einer finanziellen Massenvernichtungswaffe. Die 40 größten Finanzkonzerne der Welt verwalten zusammen ein Vermögen in Höhe von 58 Billionen US-Dollar. Fast zwei Drittel dieses Vermögens wird von Finanzkonzernen verwaltet, die ihren Sitz in den USA haben. Europa kommt inklusive Großbritannien und der Schweiz auf rund 23 Prozent, Asien sogar nur auf drei Prozent des weltweit verwalteten Vermögens. Deutsche Finanzkonzerne tauchen in der Liste der weltgrößten Finanzkonzerne übrigens erst auf Platz 24 und 30 auf. Die zum Reich der Deutschen Bank gehörende DWS verwaltet 833 Milliarden US-Dollar und die Allianz Global Investors 617 Milliarden US-Dollar. Auffällig ist hier, dass die »üblichen Verdächtigen« entweder ziemlich

Die 20 größten Finanzkonzerne der Welt
(nach verwalteten Vermögen/Assets under Management in Mrd. US$)

Rang	Unternehmen	Nation	Vermögen
1.	BlackRock	USA	6.850
2.	Vanguard	USA	5.600
3.	Charles Schwab*	USA	3.250
4.	State Street	USA	2.510
5.	Fidelity	USA	2.460
6.	UBS Global Wealth	Schweiz	2.418
7.	JPMorgan*	USA	2.096
8.	Pimco	USA	1.880
9.	Capital Group	USA	1.860
10.	Sumitomo Mitsui	Japan	1.777
11.	BNY Mellon*	USA	1.700
12.	Amundi	Frankreich	1.576
13.	Goldman Sachs*	USA	1.542
14.	Prudential	USA	1.519
15.	Credit Suisse*	Schweiz	1.482
16.	Legal & General	Großbritannien	1.312
17.	Nothern Trust	USA	1.200
18.	Invesco	USA	1.198
19.	Wellington	USA	1.100
20.	Natixis	Frankreich	1.005

Quelle: Unternehmensangaben
* keine reine Vermögensverwaltung, Doppelungen möglich

weit hinten auf der Liste platziert sind, wie zum Beispiel Goldman Sachs, das gemessen am verwalteten Vermögen nicht zur Spitzenklasse gehört, oder gar nicht erst auftauchen. Die berühmt-berüchtigten Hedgefonds und Private-Equity-Firmen wie etwa Blackstone sind dabei mit einem verwalteten Vermögen von 545 Milliarden US-Dollar der Spitzenreiter bei den reinen Private-Equity-Firmen, während der größte Hedgefonds Renaissance »nur« auf ein verwaltetes Vermögen von 110 Milliarden US-Dollar kommt. Fortress und Citadel kommen übrigens nur auf einen Bruchteil und wären nicht einmal in einer Top 250-Liste zu finden, und die sagenumwobene Investmentfirma von George Soros weist gerade einmal ein verwaltetes Vermögen von 3,6 Milliarden US-Dollar auf.

Wenn die USA in nicht allzu ferner Zukunft ihr Sanktionsinstrumentarium auch auf die Finanzkonzerne ausweiten, sind dies genau die »Assets«, auf denen eine solche finanzielle Massenvernichtungswaffe beruhen könnte. Die Vergangenheit hat gezeigt, dass US-Unternehmen die Wünsche aus dem Weißen Haus auch dann pflichtgetreu umsetzen, wenn ihnen daraus ein finanzieller Schaden entsteht. Für PayPal war der Boykott von Wikileaks sicherlich nicht gerade geschäftsfördernd, und für Google stellt der Boykott seiner mobilen Dienste für das Android-Betriebssystem chinesischer Smartphonehersteller sogar einen großen strategischen und indirekt auch finanziellen Schaden dar.

Was würde BlackRock machen, wenn die US-Regierung ein Unternehmen, an dem BlackRock beteiligt ist, auf die Sanktionsliste setzt und US-Finanzunternehmen explizit untersagt, mit diesem Unternehmen Geschäfte zu tätigen? Würden Larry Fink und seine Kollegen bereits proaktiv auf den Vorstand eines Konzerns wie Siemens einwirken, wenn die US-Regierung ernsthafte Wünsche äußert, der Siemens-Vorstand möge sich aus dem russischen Markt zurückziehen? Sicherlich würden sie das. Schließlich sind Larry Fink und Co. nicht nur selbsterklärte Patrioten, sondern nach ihrem Selbstverständnis vor allem Treuhänder für die anvertrauten Gelder. Und dass US-Sanktionen die investierten Gelder gefährden können, dürfte sogar unstrittig sein. Bislang ist dies wohlgemerkt nur ein Szenario. Die Chancen, dass dieses Szenario schon sehr bald Wirklichkeit werden kann, stehen jedoch gut.

Ein weiterer kritischer Punkt der Konzentration internationaler Vermögen auf einige wenige US-Anbieter ist die sehr reale Gefahr, dass diese Vermögen künftig selbst Gegenstand möglicher Sanktionen werden könnten. Stellen wir uns doch einmal vor, eine deutsche Bank macht sich aus Sicht der USA der Umgehung von US-Sanktionen gegen ein Land wie Russland oder China schuldig. Getreu den bekannten Sanktionsmechanismen wären dann die Einlagen dieser Bank bei einem US-Finanzkonzern ein Vermögenswert, der über die US-Gesetzgebung eingefroren oder gar konfisziert werden könnte. Das betrifft wohlgemerkt auch Vermögen, das bei Finanzkonzernen wie BlackRock oder Vanguard angelegt ist. Und wenn ein deutscher Sparer nicht direkter Endkunde bei diesen Finanzkonzernen ist, sondern seine ETF-Sparverträge über eben jene deutsche Haus- oder Depotbank abwickelt, die Gegenstand der Sanktionen ist, könnten diese Ersparnisse schnell ein Kollateralschaden im Finanzkrieg werden. Wie schreibt es Tom C.W. Lin doch gleich in seinem Aufsatz für den *Minnesota Law Review* – »Jeder Nationalstaat, jedes Finanzinstitut und jeder Bürger könnte [bei diesem Finanzkrieg] Risiko laufen, einen direkten oder indirekten Kollateralschaden zu erleiden.« Das dürfte jedoch den allerwenigsten Bürgern klar sein.

Ungleichheit der Waffen

Ein erstaunlicher Punkt an der Übersicht der größten Finanzkonzerne ist, dass der größte chinesische Vermögensverwalter, die China Merchants Bank mit einem verwalteten Vermögen von 290 Milliarden US-Dollar[27] noch nicht einmal unter den 40 größten Finanzkonzernen zu finden ist. Das ist bemerkenswert, da die vier größten Banken der Welt, gemessen an der Bilanzsumme, allesamt aus China kommen. Die Industrial & Commercial Bank of China, die Agricultural Bank of China, die China Construction Bank Corp und die Bank of China kommen zusammen auf eine sagenhafte Bilanz von 14 Billionen US-Dollar[28]. Die chinesischen Banken sind jedoch weniger im Investmentgeschäft, dafür umso mehr in der Kreditvergabe tätig und dies auch noch vornehmlich im Inland. Das ist zwar volkswirtschaftlich durchaus löblich, stellt machtpolitisch jedoch einen Nachteil dar. Die Größe des chinesischen Bankensektors spiegelt sich nicht in internationalen Beteiligungen wider und stellt daher auch keinen direkten Machtfaktor dar.

Die zehn größten Staatsfonds der Welt (nach verwalteten Vermögen/Assets under Management in Mrd. US$)			
Rang	Unternehmen	Nation	Vermögen
1.	Norges Bank Investment Management	Norwegen	1.108
2.	China Investment Corporation	China	940
3.	Abu Dhabi Investment Authority	VAE	697
4.	Kuwait Investment Authority	Kuwait	592
5.	National Council for Social Security F.	China	438
6.	SAFE Investment Company	China	418
7.	Temasek Holdings	Singapur	375
8.	Qatar Investment Authority	Katar	328
9.	Public Investment Fund of Saudi Arabia	Saudi Arabien	320
10.	Investment Corporation of Dubai	VAE	239

Quelle: Sovereign Wealth Fund Institute (SWFI)

Etwas anders sieht es aus, wenn man sich die größten Staatsfonds anschaut. Hier stammen mit Ausnahme des norwegischen Staatsfonds, der die Überschüsse aus der Erdöl- und Erdgasförderung des Landes generationensicher anlegen soll, sämtliche größere Vertreter aus Asien. Diese Staatsfonds verwalten im Falle der erdölexportierenden Länder ebenfalls die Überschüsse aus der Erdöl- und Erdgasförderung und im Falle Chinas einen großen Teil der rund drei Billionen US-Dollar Devisenreserven, die schließlich nicht zinsfrei auf einem Sperrkonto der chinesischen Notenbank dahinvegetieren sollen. Im Vergleich zu den Finanzkonzernen aus den USA ist das verwaltete Vermögen der asiatischen Staatsfonds jedoch überschaubar und die Beteiligungen an strategischen Unternehmen in den USA oder EU ebenfalls. Die finanziellen Massenvernichtungswaffen sind also sehr ungleich verteilt. Der Staatsfonds Russlands spielt mit einem Volumen von 124 Milliarden US-Dollar[29] im Wettrennen der Finanzsupermächte nicht in der Ersten Liga. Als Randnotiz: Deutschland hat übrigens auch einen Staatsfonds. Der Fonds zur Finanzierung der kerntechnischen Entsorgung (KENFO) weist zurzeit ein verwaltetes Vermögen von 30 Milliarden US-Dollar auf[30]. Ob das reichen wird, in ferner Zukunft die Endlagerung des deutschen Atommülls zu finanzieren, sei allerdings dahingestellt. In Anbetracht dieser Zahlen und Zusammenhänge bekommt auch die deutsche Debatte über »chinesische Direktinvestitionen« eine neue Bedeutung. Die China Investment Corporation (CIC) trat beispielsweise 2008 mit einem Übernahmegebot für die Dresdner Bank an den Allianz-Konzern heran[31]. Ob dieses Angebot betriebswirtschaftlich klug war, sei einmal dahingestellt. Mit der kompletten Übernahme einer deutschen Großbank hätten die Chinesen jedoch einen Fuß in der Tür des europäischen Finanzsektors gehabt. Im deutschen Blätterwald machte sich Panik breit. Die *Süddeutsche Zeitung* titelte[32] »China greift nach Dresdner Bank«. Die Bundesregierung intervenierte und stellte der angeschlagenen Commerzbank 18,2 Milliarden Euro aus dem Bankenhilfsfonds Soffin zur Verfügung und finanzierte damit die Übernahme der Dresdner Bank durch die Commerzbank[33]. Die Chinesen mussten das Feld räumen.

Die Aufregung der Deutschen legte sich jedoch nicht. Ganz im Gegenteil. In steter Regelmäßigkeit erklingen in den deutschen Medien Alarmsirenen, wenn ein chinesischer Investor sich an einem deutschen Unternehmen beteiligt. Das ist ja auch nicht immer falsch, verfolgen doch auch chinesische Firmen ihre eigenen Interessen. Aber im Vergleich zu den ebenfalls im Eigeninteresse erfolgenden und strategisch durchaus kritischen billionenschweren Beteiligungen amerikanischer Finanzkonzerne an deutschen Unternehmen, ist die Gefahr aus dem Reich der Mitte noch nicht einmal ein statistisches Rauschen. Es ist schon seltsam. Gegen die sehr konkreten Risiken, die mit der Dominanz amerikanischer Finanzkonzerne in so ziemlich allen Sektoren der europäischen Wirtschaft verbunden sind, sind sowohl die Medien als auch die Politik blind.

Wir sind die Guten!

In der PR-Welt von BlackRock hat Kritik an der Machtkonzentration freilich keinen Platz. Glaubt man Larry Fink, ist BlackRock eher ein weißer Ritter, der im Interesse seiner Kunden für eine bessere Welt kämpft. Und eins hat Larry Fink sogar mit Jesus gemein – er schreibt gerne Briefe; Briefe die entweder an seine Kunden oder an die Chefs der Unternehmen gerichtet sind, an denen BlackRock beteiligt ist. Und dass auch die ganze Welt mitbekommt, was Mr. Fink der Crème de la Crème der Weltwirtschaft mitzuteilen, lässt er stets auch eine Kopie schon im Vorfeld an ausgesuchte Zeitungen, wie die *New York Times*[1],»durchsickern«. Doch sein letztes Schreiben im Januar 2019 war dabei selbst für Finks Verhältnisse ein wenig dick aufgetragen.

»Auf der ganzen Welt haben die Frustration über Jahre mit stagnierenden Löhnen, die Auswirkungen der Technologie auf die Arbeitsplätze und die Unsicherheit über die Zukunft die Wut, den Nationalismus und die Fremdenfeindlichkeit der Bevölkerung angeheizt. Als Reaktion darauf sind einige der führenden Demokratien der Welt in eine schwere politische Dysfunktion verfallen, die diese öffentliche Frustration eher verschärft als unterdrückt hat. Das Vertrauen in Multilateralismus und offizielle Institutionen bröckelt. [...] Unbeirrt von den fundamentalen wirtschaftlichen Veränderungen und dem Versagen der Regierungen, dauerhafte Lösungen bereitzustellen, bemüht sich die Gesellschaft zunehmend darum, dass sowohl öffentliche als auch private Unternehmen dringende soziale und wirtschaftliche Probleme angehen. Diese Themen

reichen unter anderem vom Umweltschutz über die finanzielle Sicherheit im Alter bis hin zu geschlechtsspezifischen und rassistischen Ungleichheiten. [...] Die Gesellschaft verlangt, dass Unternehmen einem sozialen Ziel dienen. [...] Ein Unternehmen, das keinen Sinn dafür hat, wird seine Ziele nicht erreichen. Deswegen ist es mehr denn je unsere Pflicht, dass wir uns einmischen.«

Larry Fink – Purpose & Profit[2]

Welch' schwülstige Prosa. Die gewählten Regierungen haben also versagt, den Menschen ihr Vertrauen zu bewahren, und nun ist es die Aufgabe der Unternehmen, sich einzumischen und die Welt zu retten. Amen! Dass gerade die großen Konzerne und insbesondere der Finanzsektor nicht ganz unschuldig an der prekären Lage der Staaten ist, verschweigt Fink wohlweislich. Waren es nicht die Banken, die die Welt durch ihre Profitgier an den Rand des Kollapses gebracht haben und die Staaten die Weltwirtschaft mit Billioneninjektionen reanimieren mussten – Geld, das nun fehlt, um soziale Verschiebungen aufzufangen? War es nicht die neoliberale Politik der Konzerne, die zu einer kaum vorstellbaren Spreizung der Einkommens- und Vermögensschere geführt hat? Verschmutzen die Staaten oder die Unternehmen die Umwelt? Und nun soll die Gesellschaft den Bock zum Gärtner machen und von den Unternehmen fordern, sich mehr einzumischen? Hat die Einmischung der Unternehmen uns nicht in genau diese Jauchegrube geführt, die sich nun in Frustration niederschlägt?

Doch anstatt Larry Fink seine selbstgerechte Neujahrsbotschaft um die Ohren zu hauen, feierten die einschlägigen Medien ihn als neuen Messias. Die *FAZ* las aus dem Brief eine »bemerkenswerte Mahnung« an die Unternehmen heraus[3]. Die *New York Times* ließ sich gar zur Interpretation hinreißen, dieses Schreiben sei »ein Wendepunkt für die Wall Street, der das Wesen des Kapitalismus infrage stellt«. Wenige Wochen später griff eine illustre Schar von Wirtschaftsmagnaten den Brief auf, um zusammen mit Larry Fink ein Manifest für die Orientierung der Unternehmen auf das Allgemeinwohl zu veröffentlichen[4]. Nun war es am *Manager Magazin* von einer »Zeitenwende« und einem »radikalen Umdenken« zu raunen[5]. Die Botschaft: Wir sind die Guten! Zu den Unterzeichnern des Manifests gehörten neben Larry Fink und Vanguards Mortimer Buckley, der Amazon-Gründer Jeff Bezos, der Apple-Chef Tim Cook, Goldman Sachs' David Salomon, JPMorgans Jamie Dimon, die Chefs von Bayer, der Rüstungskonzerne Boeing, Honeywell, Lockhead Martin und Raytheon, der Chef des Kohlekonzerns Duke Energy, sowie die Ölmultis BP, Chevron, Exxon-Mobil und die Fracker von Marathon Oil und Noble Energy. Mit anderen Worten: Genau diejenigen, die sicher jedem zuallererst einfallen würden, wenn es darum geht, wer denn nun »die Guten« sind. Oder anders gefragt: Wenn diese Konzerne sich dem Allgemeinwohl verpflichtet sehen, wer sind dann eigentlich die Konzerne, die mit dem Allgemeinwohl auf Kriegsfuß stehen?

Erstaunlich ist es, dass derart unglaubwürdige Plattitüden überhaupt ernstgenommen werden und niemand auf die Idee kommt, die weißen Ritter einmal zu fragen, wie sie ihre wohlfeilen Sätze konkret in die Praxis umsetzen wollen. Will Jeff Bezos seine Mitarbeiter künftig besser bezahlen? Wollen Goldman Sachs und JP-Morgan nun Sozialwohnungen ohne Renditeabsicht finanzieren? Zieht Bayer sein Glyphosat zurück? Tun sich Big Oil, Big Coal und die Fracker zusammen und investieren jetzt in großem Stil in regenerative Energien? Produzieren die Rüstungskonzerne nun Pflugscharen anstatt Schwerter? Aber nicht doch. Es geht wohl eher um Werkskindergärten für das Management, eine Frauenquote in den Aufsichtsräten, ein paar Charity-Projekte aus der Portokasse und viele, viele bunte Broschüren mit Bildern von glücklichen multiethnischen Familien ... aber wenigstens die sind sicherlich aus recyceltem Altpapier. So viel Verantwortung für unsere Zukunft muss schon sein.

Nicht an ihren Worten, an ihren Taten sollt ihr sie erkennen. Und leider können die Taten der Finanzkonzerne noch nicht einmal im Ansatz mit den wohlklingenden Absichtserklärungen der Stewardship- und Sustainability-Prospekte mithalten.

Fallbeispiel: Afrika

Sambia könnte reich sein. Unter dem roten Boden des südafrikanischen Landes verläuft der Kupfergürtel, der Sambia zu einem der größten Kupferproduzenten der Welt macht. Doch obwohl der Kupferabbau 50 Prozent des nationalen Bruttoinlandprodukts beiträgt und 80 Prozent der Exporte ausmacht[6], tragen die Gewinne der Kupferproduzenten nur zu 2,3 Prozent des sambischen Steueraufkommens bei[7]. Sambia gehört zu den Ländern, die von der UN zu den am wenigsten entwickelten Ländern gezählt werden. Das Gesundheitssystem ist marode, das Bildungssystem hoffnungslos rückständig. An allen Ecken und Enden fehlt es an Geld. Kein Wunder, der Staatshaushalt des 17 Millionen Einwohner großen Landes beträgt gerade mal fünf Milliarden US-Dollar. Das sind 294 US-Dollar pro Einwohner. Er könnte fast doppelt so hoch sein, wenn die Minenmultis ihre Kupferexporte regulär versteuern würden[8].

Die Schweiz ist reich. Die kleine Gemeinde Rüschlikon am Zürichsee kann sich beispielsweise vor Steuereinnahmen gar nicht retten. Für das Jahr 2019 erwartet Rüschlikon Steuereinnahmen in Höhe von 86 Millionen Franken[9]. Das sind fast 15 000 US-Dollar pro Einwohner und dies ist nur der Steueranteil der Gemeinde und nicht des Kantons und des Bundes. Das Gesundheitssystem ist vorbildlich, das Bildungssystem hervorragend. Rüschlikon hat so viel Geld, dass die Gemeinde, die ohnehin schon einen der niedrigsten Steuersätze der Schweiz hat, die Steuern nun noch einmal drastisch senkt. Rüschlikons Geldquelle hat einen Namen: Ivan Glasenberg, CEO und Miteigentümer von Glencore, dem weltweit größten Rohstoffhändler. Glencore ist auch Besitzer einer der größten Kupferminen in Sambia. Doch die Gewinne aus dem hoch profitablen Handel mit dem sambischen Kupfer fallen nicht vor Ort, sondern in Steueroasen in der Karibik und der Konzernzentrale im Schweizer Steueroasenkanton Zug an. Nur der CEO von Glencore kann sich nicht ganz dem Fiskus entziehen – er lebt in Rüschlikon.

Möglich ist diese groteske Verschiebung der Steuerlast nur durch ein komplexes System an Offshore-Töchtern, die sich gegenseitig das Kupfer zu Verrechnungspreisen zuschieben und die Gewinne dort entstehen lassen, wo möglichst erst gar keine Steuern anfallen.

Alleine die Paradise Papers, ein geleaktes Konvolut zweier Anwaltskanzleien, die sich auf Briefkastenfirmen in Steueroasen spezialisiert haben, enthalten laut ARD-Recherchen 70 Tochterfirmen von Glencore auf den Bermudas[10]. Die Gewinne fließen in den Norden. Sambia bleiben Umweltschäden durch ausgetretene Säure, die auch das Trinkwasser in der Minenregion vergiftet hat und Gesundheitsschäden durch ungefilterte Schwefelabgase, die nach NGO-Messungen die zulässigen WHO-Grenzwerte um bis zu das Tausendfache übersteigen.

Doch Glencore ist natürlich nicht nur in Sambia aktiv. Im Kongo ist das Unternehmen ebenfalls an zahlreichen Kupfer- und Kobaltminen maßgeblich beteiligt. Alleine Glencores Kobaltminen im Kongo entsprechen 40 Prozent der Weltproduktion des Rohstoffs, der vor allem für die Akkus unserer Elektroautos unabdingbar ist. Recherchen der NGO Global Witness[11] ergaben, dass Glencore die Beteiligungen im Kongo weit unter dem regulären Preis in einem Verfahren erworben hat, das man, wenn man sehr freundlich ist, wohl als umstritten und intransparent bezeichnen könnte. Mit an Bord die Familie des damaligen für seine Korruption bekannten kongolesischen Präsidenten Joseph Kabila und der zwielichtige israelische Geschäftsmann und Kabila-Freund Dan Gertler. Auch dieser Deal spielte eine Hauptrolle in den Paradise Papers[12]. Am 21. Dezember 2017 verfügte die US-Regierung unter Bezug auf den Magnitsky Act, dass Gertlers Vermögen zu jenen in den USA befindlichen Vermögenswerten gehört, die aufgrund von Korruption und Menschenrechtsverletzungen vollständig einzufrieren sind. Zeitgleich erstattete die Schweizer NGO Public Eye bei der Schweizer Bundesanwaltschaft Anzeige gegen Glencore[13] wegen seiner vermuteten Veruntreuungen bei der Vergabe von Lizenzen für Kupfer- und Kobaltminen im Kongo. Joseph Kabila gab im Januar 2019 die Präsidentschaft nach 18 Jahren Amtszeit auf und ließ sich zum Senator auf Lebenszeit ernennen – ein Amt, das ihm Immunität vor einer möglichen Strafverfolgung gewährt.

So verdienen letztlich die Aktionäre von Glencore an der Ausbeutung Afrikas. Und hinter dem Staatsfonds von Katar und dem Glencore-CEO Ivan Glasenberg ist BlackRock der drittgrößte Anteilseigner an dem Schweizer Rohstoffmulti. Der Geschäftsbericht 2018[14] weist den Anteil von BlackRock mit 5,88 Prozent aus. Vanguards Anteil liegt bei 2,21 Prozent. Die üblichen Erklärungen, nach denen die Indexfonds der beiden Finanzkonzerne nun einmal Aktien der indizierten Unternehmen besitzen müssen, greifen hier wohlweislich nicht. BlackRocks Einzelbeteiligung an Glencore stammt beispielsweise aus dem BlackRock World Mining Trust[15], einem aktiv gemanagten Rohstofffonds, der es BlackRocks Kunden ermöglicht, an steigenden Rohstoffpreisen zu profitieren; also das Geld zu kassieren, das eigentlich auch zu einem großen Teil den afrikanischen Staaten zustehen müsste. Vanguard ist über seinen Vanguard Global Capital Cycles Fund an Glencore beteiligt, ebenfalls ein aktiv gemanagter Rohstofffonds.

Steuermanipulation, Umweltschäden, Korruption in Sambia, Kongo, Brasilien, Irak und Kasachstan, skrupellose Gewalt gegen Gewerkschafter in Kolumbien[16] – die Liste der Verfehlungen von Glencore ist lang und abscheulich. Würden es die Finanzkonzerne mit ihren Sonntagsreden von Nachhaltigkeit, Allgemeinwohl, Umweltschutz und Transparenz ernst nehmen, wäre Glencore wohl das letzte Unternehmen, an dem sie sich beteiligen würden. Das genaue Gegenteil ist jedoch der Fall.

Fallbeispiel: Steuermanipulation

Wussten Sie, dass alleine der Sänger Ed Sheeran im Jahr 2017 in Großbritannien mehr Steuern gezahlt hat als die Multis Amazon und Starbucks? Sheeran ist erfolgreich. Sein Gewinn belief sich auf 27 Millionen Pfund. Das macht ihn zum bestverdienenden Solo-Künstler des vergangenen Jahres. Im Vergleich zu Amazon oder Starbucks sind das jedoch Peanuts. Amazon machte einen Umsatz von über zwei Milliarden Pfund im Vereinigten Königreich, Starbucks kam auf einen Gewinn von 160 Millionen. Dennoch zahlte Sheeran mit 5,29 Millionen Pfund mehr Steuern[17] als beide Unternehmen. Amazon zahlte nur 4,5 Millionen Pfund an Steuern, und Starbucks überwies 3,3 Millionen Pfund an den britischen Fiskus.

Der Fall Sheeran ist jedoch nur ein – wenn auch spektakulärer – Einzelfall, der eine globale Entwicklung kennzeichnet. Multinationale Konzerne verschieben ihre Gewinne in Steueroasen und tragen fast nichts zum Gemeinwohl der Länder bei, in denen sie ihre eigentlichen Profite erzielen. So hat der Handelsgigant Amazon im Geschäftsjahr 2018 auf seine 11,2 Milliarden US-Dollar Gewinn in den USA zum zweiten Mal in Folge keinen einzigen Cent an Steuern bezahlt[18]. Nicht nur das – trotz Milliardengewinnen sammelte Amazon 2017 und 2018 sogar ein Steuerguthaben an, das es bei künftigen Steuerbescheiden in Rechnung stellen kann. Wie funktioniert das? Ganz einfach. Amazon verbucht seine Investitionen und Forschungs- und Entwicklungskosten in den USA, lässt seine Gewinne aber durch komplexe Firmenkonstrukte in Ländern mit niedrigerem Steuersatz entstehen. Und auch in der EU entzieht sich Amazon der Steuerpflicht. Zwischen 2003 und 2014 konnte Amazon für 75 Prozent seiner EU-Umsätze durch einen mit den Luxemburger Finanzbehörden vereinbarten Steuervorbescheid, die Steuerpflicht umgehen[19]. 2012 zahlte Amazon in Deutschland für einen Gesamtumsatz von 6,8 Milliarden Euro nur drei Millionen Euro Körperschaftssteuer und leitete 118 Millionen Euro Gewinne aus seinem Deutschlandgeschäft nach Luxemburg um – so wurden diese Gewinne steuerfrei. Deutschland sind dadurch 35,4 Millionen Euro verlorengegangen. Seit 1. Mai 2015 zahlt Amazon zwar Steuern auf die in Deutschland gemachten Gewinne, die Einnahmen sind allerdings bescheiden. Denn Amazon verkleinert seine Gewinne künstlich anhand von Tochtergesellschaften, die hohe Gebühren für die Nutzung von Patenten und Markenrechten verrechnen und so die Gewinne schmälern.

Amazon[20] Unternehmenswert: 869 Mrd. US$	
Jeff Bezos	11,51%
Vanguard	6,40%
BlackRock	5,34%
State Street	3,37%

Ähnliche Steuerminimierungstricks nutzt auch der Unterhaltungsriese Disney. Trotz Milliardengewinnen lag die Steuerrate von Disney in den letzten Jahren zum Teil unter einem einzigen Prozent[21]. Ein Disney-Märchen macht es möglich: Der Konzern verlagerte seine Gewinne nach Luxemburg, wo der Konzern eine interne Bank gründete, die ihre Gewinne zu Sonderkonditionen mit weniger als einem Prozent versteuerte. Im Parterre eines Luxemburger Wohnhauses verwaltete dann ein einziger Mitarbeiter gleich fünf Tochtergesellschaften von Disney, über die die zu versteuernden Summen flossen. Die gute Fee in diesem Steuermärchen heißt übrigens Jean-Claude Juncker. Der hatte diese Steuermanipulationen als luxemburgischer Premier erst möglich gemacht.

Disney Unternehmenswert: 264 Mrd. US$	
Vanguard	7,39%
BlackRock	6,36%
State Street	4,14%

Eine gute Chance, zum dauerhaften Mitarbeiter des Jahres gekürt zu werden, hat Jean-Claude Juncker auch bei McDonald's. Dort zahlt nämlich jeder Mitarbeiter, und sei dessen Lohn noch so schlecht, mehr Steuern als McDonald's selbst. Französische Behörden ermitteln gegen den Fast-Food-Megakonzern wegen des Verdachts auf Steuerbetrug. McDonald's soll Gewinne in Frankreich nach Luxemburg verschoben haben. Es geht um 75 Millionen Euro jährlich. Insgesamt soll der Burger-Bräter dadurch mehr als eine Milliarde Euro »gespart« haben[22]. Auch die EU-Kommission leitete ein Verfahren gegen McDonald's ein, da der Konzern sowohl in Luxemburg als auch in den USA »praktisch keine Körperschaftssteuern auf seine Gewinne gezahlt hat«. Und wie reagierte McDonald's auf diese Vorwürfe? Man heuerte noch mehr Steuerberater an und verschiebt seine Gewinne nun in Steuerschlupflöcher in den USA, Großbritannien und dessen als Steueroasen fingierende ehemalige Kolonien und überseeische Gebiete.[23]

Disney Unternehmenswert: 264 Mrd. US$	
Vanguard	7,39%
BlackRock	6,36%
State Street	4,14%

Laut der *Financial Times* hat der US-Internetkonzern Google 2012 Lizenzeinnahmen von 8,8 Milliarden Euro in einem als »Double Irish with a Dutch Sandwich« getauften Modell über Irland und die Niederlande in den Steuersumpf Bermudas verschoben[24]. Der durchschnittliche Steuersatz im Ausland sei dadurch auf circa fünf Prozent gesunken. Und das Sandwich nahm danach trotz der Medienberichte erst richtig an Fahrt auf. 2017 lenkte Google bereits 19,9 Milliarden Euro an den Finanzämtern vorbei[25]. Das ist übrigens völlig legal – Sonderverträge mit den Niederlanden und Irland machen den Verschiebebahnhof möglich. Rechtlich fließen die Gewinne in eine sogenannte »Patentbox«, mit der die Niederlande Einnahmen aus Lizenzen und Patenten steuerfrei stellen. Die anderen Landestöchter müssen dann hohe Lizenzabgaben an diese »Patentbox« zahlen, und am Ende landet das Geld auf den Bahamas, wo es gar nicht versteuert werden muss. In den Niederlanden zahlt Google auf seine Gewinne übrigens bescheidene 3,4 Millionen Euro auf seine Gewinne. Doch damit soll 2020 Schluss sein. Irland und die Niederlande gaben den Druck der USA und der EU nach und beendeten die Rahmenbedingungen für Googles Steuerumgehungs-Sandwich. Mal schauen, was die findigen Kalifornier sich als Nächstes einfallen lassen. In Frankreich und Italien ging Google jedenfalls ein wenig zu dreist vor und manipulierte die Bücher zu offensichtlich. Es kam zu Razzien und zu Ermittlungen. Frankreich verklagte Google auf 1,6 Milliarden Euro[26] Steuernachzahlungen. In Italien waren es rund eine Milliarde Euro[27]. Später kam es zu Vergleichen. Die französischen Behörden stellten das Verfahren gegen eine Strafe von 500 Millionen Euro und eine Steuernachzahlung von 465 Millionen ein, Italien begnügte sich mit 306 Millionen Euro.

Alphabet Inc. (Google) Unternehmenswert: 906 Mrd. US$	
Vanguard	6,64%
BlackRock	5,86%
State Street	3,42%
Sergey Brin	2,79%

2016 machte Apple weltweit einen Gewinn von 62 Milliarden US-Dollar. An jedem iPhone verdient der Konzern rund 400 US-Dollar. Im gleichen Jahr zahlte der Telefon- und IT-Konzern in Deutschland jedoch nur beschauliche 25 Millionen Euro an den Fiskus[28]. Mithilfe der beiden Gesellschaften Apple Sales International und Apple Operations Europe verschob Apple seine Gewinne über die Niederlande und Irland auf die Bahamas und drückte dabei nach einer Berechnung der EU-Kommission[29] seine Steuerlast auf einen Spottarif von 0,005 Prozent und schummelt so gigantische Gewinne am Fiskus vorbei. Dies heißt, dass Apple für einen Gewinn von einer Million Euro im Ergebnis nur 50 Euro an den irischen Staat abgeführt hat. Das ging selbst der EU zu weit. Die zwang Irland daraufhin, von Apple eine Strafnachzahlung in Höhe von 13 Milliarden Euro zu fordern[30]. Doch Irland wollte das Geld gar nicht haben und verklagte im September 2019 im Gegenzug zusammen mit Apple nun die EU. Ein Urteil wird es wohl erst im Jahr 2020 geben, und danach steht der unterlegenen Seite auch noch der Gang zum Europäischen Gerichtshof offen.

Apple Unternehmenswert: 1.203 Mrd. US$	
Vanguard	7,45%
BlackRock	6,31%
Berkshire Hathaway	5,60%
State Street	4,15%

Null Euro Steuern? Wovon mancher träumen mag, ist für die US-Kaffeehauskette Starbucks Realität. Laut einem Bericht des *Handelsblatts* aus dem Jahre 2012 hat der Konzern seit 2002 in Deutschland und seit 2004 in Frankreich noch nie Ertragssteuern gezahlt[31]. Auch hier funktioniert der Trick über die Zahlung von Lizenzgebühren an eine Zentrale in den Niederlanden, um den zu versteuernden Gewinn zu drücken. Seine Bohnen kauft Starbucks von einem Tochterunternehmen in einem Schweizer Steuerparadies, und für Investitionen leiht man sich Geld zu unüblich hohen Zinsen von der niederländischen Mutter. Die Gewinne werden verschoben. Und so senkt Starbucks seine Steuerbelastung. Nach Berechnungen der Kommission soll die europäische Starbucks-Tochter 2014 einen Umsatz von 350 Millionen Euro gemacht haben. Aber sie soll gerade mal 600 000 Euro Steuern bezahlt haben. Die EU-Kommission forderte eine Nachzahlung, Starbucks zog vor den Europäischen Gerichtshof und gewann[32].

Starbucks Unternehmenswert: 1.203 Mrd. US$	
Vanguard	7,50%
BlackRock	6,79%
State Street	4,62%

Wenn Sie als Deutscher bei Facebook eine Anzeige für deutsche Kunden schalten wollen, so müssen Sie diese Anzeige über Facebooks Tochter Facebook Ireland Ltd. buchen. Für Facebook ist dies ein lohnendes Geschäft, fallen in Irland doch nominell nur 12,5 Prozent Steuern an. Real zahlt Facebook jedoch noch viel weniger Steuern. 2016 führte die irische Tochter nur 30 Millionen Euro Steuern auf einen Umsatz von 12,6 Milliarden Euro ab, den man über dieses Konstrukt in Irland erzielt. Die Rechentricks von Facebook führten zu bizarren Zahlen. So zahlte der Social-Media-Riese 2014 in Großbritannien ganze 4327 Pfund an Unternehmenssteuern[33]; in Deutschland waren es 2013 220000 Euro und man vermied dabei sogar eine detaillierte Angabe der Geschäftszahlen, da man für sich in Anspruch nahm, eine »kleine Kapitalgesellschaft im Sinne des Paragrafen 267 Handelsgesetzbuch« zu sein[34]. Nach jahrelangem exzessivem »Arm-Rechnen« will Facebook ab 2017 mehr Steuern zahlen. Nun will Facebook in Großbritannien und Deutschland Steuern auf Gewinne zahlen, die die Firma durch Werbeeinnahmen erzielt, die über die lokalen Verkaufsteams betreut werden. Das Gros der Werbeeinnahmen wird aber weiterhin von den normalen Werbekunden erzielt und fließt auch weiterhin steuerschonend nach Irland.

Facebook Unternehmenswert: 574 Mrd. US$	
Mark Zuckerberg*	14,34%
Vanguard	7,59%
BlackRock	6,44%

* durch eine Unterteilung in A- und B-Aktien besitzt Zuckerberg 53,3% der Stimmanteile

Ökonomen schätzen, dass den Regierungen weltweit durch derartige Steuertricks der Großkonzerne zwischen 100 und 240 Milliarden US-Dollar entgehen – pro Jahr, wohlgemerkt! Würden weltweit alle Gewinne dort versteuert werden, wo sie entstehen, würden die multinationalen Konzerne sogar jährlich mindestens 500 bis 650 Milliarden US-Dollar mehr an Steuern bezahlen, wie das Tax Justice Network und der IWF[35] ausgerechnet haben[36] – davon übrigens alleine 200 Milliarden US-Dollar in den Entwicklungsländern. Die Summe, die den Entwicklungsländern durch Steuermanipulationen entgehen, ist damit weit höher als die Summe, die sie insgesamt an Entwicklungshilfe beziehen[37] (142,6 Milliarden US-Dollar).

Bei allen genannten Unternehmen gehören BlackRock, Vanguard oder State Street zu den drei größten Aktionären. Bei Disney, McDonald's, Google und Starbucks sind sie sogar die drei größten Aktionäre. Wenn ihnen das Allgemeinwohl so sehr am Herzen liegt und sie das Versagen der Staaten so bitter beklagen, was läge dann näher, als die Konzerne, bei denen sie das Sagen haben, zu drängen, doch endlich ihren Steuerpflichten nachzukommen? Dass BlackRock und Vanguard überhaupt so sehr wachsen konnten und dass ihre Kunden so hervorragend von den Dividenden und Preissteigerungen der Unternehmen im Portfolio der Finanzkonzerne profitieren können, liegt nicht zuletzt daran, dass ein großer Teil der erzielten Profite an der Steuer vorbeigeschleust wurde.

Hat Larry Fink sich die Firmenchefs dieser Unternehmen eigentlich schon mal unter vier Augen zur Brust genommen? Gelegenheiten hatte er ja mehr als genug. Aber da müsste Mr. Fink sich wohl zuallererst selbst zur Brust nehmen. Die beiden wichtigsten Holdings für die BlackRock-Fonds sitzen auf den Cayman Islands und der Kanalinsel Jersey[38] – und dies sicher nicht wegen des guten Wetters oder der vielen Fachkräfte. Auch die Fonds von BlackRock haben oft exotische Standorte. So sitzen zwei der größten britischen Immobilienfonds, der BlackRock UK Property Fund[39] und der Black-Rock UK Long Lease Property Fund[40], auf der Insel Jersey, der Black-Rock Offshore Balanced Fund und der BlackRock International Bond Fund sind auf der Isle of Man beheimatet[41], große Teile der europäischen Fonds werden von BlackRock Asset Management Ireland Ltd und BlackRock Fund Management Company S.A. Luxembourg vertrieben. Andere Töchter sitzen auf den Bermudas und in Hongkong und das komplette US-Geschäft wird zumindest steuerrechtlich über die Steueroase Delaware geführt.

Fallbeispiel: Rüstung

Als US-Präsident Dwight D. Eisenhower am 17. Januar 1961 seine Abschiedsrede hielt, warnte er ausdrücklich vor den Verflechtungen und Einflüssen des militärisch-industriellen Komplexes in den USA. Er sah den militärisch-industriellen Komplex als eine Gefahr für die demokratischen Institutionen und die Demokratie an. Durch die Einwirkung dieses Komplexes auf Arbeitsplätze und Wirtschaftskraft könne die politische Führung veranlasst werden, Konflikte eher militärisch als politisch lösen zu wollen und damit als verlängerter Arm der Lobby der Rüstungsindustrie agieren. Die jüngere Geschichte zeigte, wie Recht Eisenhower hatte. Da wäre es doch einmal interessant zu erfahren, wer heute die US-Rüstungsindustrie kontrolliert.

Einer der größten US-Rüstungskonzerne ist Raytheon. Der Konzern produziert für das US-Militär unter anderem das Flugabwehrsystem Patriot und andere Raketen wie die Sidewinder und die Maverick, Torpedos und Marschflugkörper. Außerdem produziert Raytheon Radar-Systeme für fast jedes Kampfflugzeug der US Air

Force. Auch die Cruise Missiles mit nuklearen Sprengköpfen stammen von Raytheon. Zurzeit forscht Raytheon an einem Exoskelett, das US-Soldaten in »Superhelden« verwandelt, wie es in einem Firmenvideo heißt[42]. Raytheon ist zu fast 77 Prozent im Besitz von Banken, Versicherungen und Fonds, die größten Anteilseigner sind Vanguard, BlackRock und State Street. Das Engagement geht dabei weit über Indexfonds hinaus. Zu den größten Einzelaktionären zählt beispielsweise der Windsor II Fund aus dem Hause Vanguard.

Raytheon Unternehmenswert: 61 Mrd. US$	
Vanguard	8,33%
BlackRock	7,93%
State Street	4,19%
Institutionelle Investoren	76,92%

Northrop Grumman Unternehmenswert: 60 Mrd. US$	
State Street	10,03%
Capital Group	9,09%
Vanguard	7,81%
BlackRock	6,12%
Institutionelle Investoren	85,80%

Auch der Rüstungskonzern Northrop Grumman ist nahezu komplett im Besitz von Banken, Versicherungen und Fonds. Northrop Grumman stellt für die US Air Force und die US Army unter anderem den Tarnkappenbomber B-2 und die Drohne Global Hawk her und steuert wichtige Komponenten zu den Kampfjets F/A-18 Hornet, F/A-18E/F Super Hornet und EA-18G Growler bei. Im Programm hat man jedoch auch Raketen und Raketenabwehrsysteme. Größter Aktionär ist State Street, Vanguard und BlackRock folgen auf den Plätzen drei und vier.

Lockheed Martin Unternehmenswert: 110 Mrd. US$	
State Street	15,43%
Vanguard	7,81%
BlackRock	6,43%
Institutionelle Investoren	78,73%

Auch bei Lockheed Martin ist State Street mit einem Anteil von mehr als 15 Prozent größter Einzelaktionär. Vanguard und Black-Rock folgen hier auf den Plätzen zwei und drei. Lockheed Martin produziert für das US-Militär unter anderem die Jagdflugzeuge F-16 Fighting Falcon, F-22 Raptor und F-35 Lightning II, sowie Aufklärung- und Transportflugzeuge wie die C-130 Hercules und die C-141 Starlifter. Ferner ist Lockheed Martin der Hersteller der Interkontinentalrakete Trident, die auf den Atom-U-Booten der US-Navy als atomare Erstschlagwaffe im Einsatz ist. Lockheed Martins X-35 hat den Zuschlag beim Joint Strike Fighter-Programm der USA und einiger NATO-Partner gewonnen. Die Gesamtkosten dieses Programms werden auf 1,1 Billionen(!) US-Dollar geschätzt[43].

Neben seiner zivilen Flugzeugsparte zählt der Luftfahrtkonzern Boeing zu den größten Rüstungskonzernen der Welt. Die Sparte Boeing Defense, Space & Security liefert dem US-Militär eine schier endlose Auswahl an Bombern, Tankflugzeugen, Kampffliegern, Aufklärern, Drohnen, Raketen und sogar Satelliten. Das Rückgrat der US-Atomstreitkraft ist die LGM-30 Minuteman, eine Interkontinentalrakete, hergestellt von Boeing. Größter Einzelaktionär bei

Boeing ist Vanguard. BlackRock und State Street folgen auf den Plätzen drei und fünf.

Boeing Unternehmenswert: 207 Mrd. US$	
Vanguard	7,21%
Price (T.Rowe) Associates	7,04%
BlackRock	6,21%
Newport Trust	5,42%
State Street	4,64%
Institutionelle Investoren	70,56%

Diese Liste ließe sich endlos fortführen – Aerojet Rocketdyne, General Dynamics, Booz Allen Hamilton, L3Harris Technologies, Huntington Ingalls Industries, Leidos ... die zehn größten Auftragspartner des US-Verteidigungsministeriums[44] sind allesamt zu mindestens 70 Prozent in Besitz von Banken, Versicherungsunternehmen und Fonds. Mit einer einzigen Ausnahme sind bei all diesen Firmen entweder BlackRock, Vanguard oder State Street die größten Einzelaktionäre. Diese einzige Ausnahme ist übrigens General Dynamics, ein Konzern, der einen Großteil seiner Umsätze mit den Waffensystemen für die US Navy macht. Dort ist der Private-Equity-Konzern Longview mit elf Prozent größter Aktionär. Vanguard, BlackRock und State Street sind hier nur auf den Plätzen drei, fünf und sieben.

Wall Street und der militärisch-industrielle Komplex sind heute eng verwoben. Ethisches Investment sieht anders aus. BlackRock und Co. verdienen nicht nur prächtig an Rüstung und Krieg, sondern sie haben auch dafür gesorgt, dass Millionen von Menschen für ihre Altersvorsorge von Umsätzen der Rüstungskonzerne profitieren. Der nächste Krieg kann positive Auswirkungen auf das Portfolio haben, und Abrüstung ist schlecht fürs Geschäft.

Im Jahre 2017 wurde die Internationale Kampagne zur Abschaffung von Atomwaffen (ICAN) mit dem Friedensnobelpreis ausgezeichnet. Die aktuelle Kampagne von ICAN heißt »Don't Bank on the Bomb«[45]. Laut ICAN haben Banken und Finanzkonzerne insgesamt 748 Milliarden US-Dollar in Unternehmen investiert, die mit der Produktion von Atomwaffen Geld verdienen. Die zehn größten dieser Finanzkonzerne stehen dabei für die Hälfte des investierten Geldes. Wer diese Liste anführt, ist unschwer zu erraten. Es sind die Investment-Genossen von Vanguard – so viel zum Thema nachhaltiges Investieren.

Die fünf größten Finanziers von Atomwaffenproduzenten	
1. Vanguard	66.048 Mrd. US$
2. BlackRock	61.200 Mrd. US$
3. Capital Group	59.096 Mrd. US$
4. State Street	52.835 Mrd. US$
5. Verisight	31.509 Mrd. US$

Und was sagt Vanguard dazu?

»Wir sind uns bewusst, dass Menschen tief empfundene humanitäre, ökologische und soziale Prinzipien hegen, die manche auch in ihren Anlagen berücksichtigen wollen. Als Treuhänder ist Vanguard verpflichtet, die Fonds im besten Interesse der Anteilseigner zu verwalten und die Rendite zu maximieren, damit die Anteilseigner ihre Finanzziele erreichen können. Es wäre außerordentlich schwierig, wenn nicht unmöglich, dieser Pflicht nachzukommen und gleichzeitig die Portfolios so zu verwalten, dass sie den sozialen Prinzipien aller unserer Anteilseigner gerecht werden. [...]

Wie auch andere Fondsmanager versteht Vanguard, dass bestimmte Personen Anlagen ausschließlich nach sozialen Aspekten und persönlichen Überzeugungen aussuchen. Für diese

Anleger haben wir den Vanguard SRI European Stock Fund
und den Vanguard SRI Global Stock Fund aufgelegt. Diese kos-
teneffizienten und breit diversifizierten Fonds streben an, in
alle oder eine repräsentative Teilmenge der Aktien zu investie-
ren, die den maßgeblichen Index bilden, und dabei alle Aktien
auszuschließen, die die Kriterien für sozial verantwortliche
Anlagen nicht erfüllen.«[46]

Wenn das mal kein verlockendes Angebot ist. Zwei der 409 angeboten Fonds sind also auch etwas für sozial verantwortliche Anleger.
Und welche Unternehmen erfüllen laut Vanguard die Kriterien für
sozial verantwortliche Anlagen? Unter anderem Bayer-Monsanto,
Nestlé, der Wohnungskonzern Vonovia und das Who's Who der Öl-
und Fracking-Branche.

Und BlackRock? Im Vergleich zur Konkurrenz ist BlackRock zumindest in Sachen Information sogar vorbildlich. So erfährt der
geneigte Anleger schon auf der Informationsseite zu den betreffenden Fonds, wie hoch der Kapitalanteil in Unternehmen ist, die mit
Streumunition, Landminen, Uranmunition, atomaren, biologischen
und chemischen Waffen und Schusswaffen ihr Geld machen und
wie viele Unternehmen Tabakproduzenten sind oder die UN-Com-
pliance-Richtlinien nicht einhalten. Konsequenter wäre es zwar,
erst gar keine Fonds anzubieten, die in solche Unternehmen investieren, aber so kann man wenigstens den Schwarzen Peter an die
gierigen Anleger weiterreichen.

Fallbeispiel: Klimaschutz

Bei wohl kaum einem anderen Thema liegen Anspruch und Wirklichkeit so weit auseinander wie beim Klimaschutz. Auch Black-
Rock, Vanguard und State Street machen da keine Ausnahme. Die
drei Giganten haben zusammen mehr als 300 Milliarden US-Dollar
in Unternehmen investiert, die zu den größten Kohlendioxid-Emit-
tenten der Welt gehören. Der Ausstoß dieser Unternehmen ist seit

Unterzeichnung des Pariser Klimaabkommens von 10 593 Gigatonnen CO_2 auf 14 282 Gigatonnen CO_2 gestiegen – dies entspricht rund 38 Prozent der globalen CO_2-Emissionen im Jahr 2018.

BHP Group Unternehmenswert: 127 Mrd. US$	
Maple-Brown Abbott Ltd.	8,01%
Vanguard	3,95%
BlackRock	1,99%

Allein der australische Minenbaukonzern BHP Group (ehemals BHP Billington) steht für 0,52 Prozent der globalen CO_2-Emissionen[47]. Am 17. Oktober 2019 hat eine Gruppe von Aktionären eine Resolution eingereicht, die BHP die Mitgliedschaft in Lobbyverbänden untersagen sollte, die gegen die Ziele des Pariser Klimaschutzabkommens arbeiten. Bei der Hauptversammlung von BHP stimmten 22 Prozent der Aktionäre für diese Resolution, sieben Prozent enthielten sich. Der Rest stimmte dagegen. Darunter auch BlackRock[48]. BlackRocks Erklärung lautet, BHP beschäftige sich schon genug mit Klimafragen und das Management wird schon am besten wissen, was es tut.

Auf einer bemerkenswerten Hauptversammlung hat eine Aktionärsgruppe namens Climate Change 100+ den britisch-niederländischen Ölmulti Royal Dutch Shell im Dezember 2018 zu gleich mehreren Zugeständnissen in Sachen Klimapolitik gezwungen. Shell verpflichtete sich[49], Ziele für seine Kohlendioxid-Emission zu definieren, legt seine Lobby- und Verbandsaktivitäten in Sachen Klimaschutz offen und wird – auch das ist bemerkenswert – die Vorstandsgehälter künftig an den Emissionseinsparungen orientieren. Der Erfolg erklärt sich, wenn man sich anschaut, wer Climate Action 100+ ist. Was sich anhört wie ein kleiner Verband kritischer Aktionäre, ist ein Bündnis aus Finanzkonzernen, die zusammen 35 Billionen US-Dollar verwalten – darunter die Allianz, Axa, der Pensionsfonds CalPERS, die deutsche DWS, die italienische Generali, die niederländische Rabobank und die Schweizer UBS. Wer fehlt, sind die drei ganz Großen – BlackRock, Vanguard und State Street. Der Finanzdienst Portfolio Adviser kommentierte den Widerstand treffend mit dem Satz[50]: »BlackRock und Vanguard hintergehen ihre Rivalen beim Kampf gegen den Klimawandel.« Und dies ist beileibe kein Einzelfall.

Royal Dutch Shell Unternehmenswert: 244 Mrd. US$	
BlackRock	3,57%
Vanguard	2,94%

Die Harvard Business School veröffentlichte im Oktober 2019 eine Studie zum Stimmverhalten von BlackRock und Vanguard bei Abstimmungen, die im Zusammenhang mit der Unternehmenspolitik zum Klimawandel stehen[51]. Das Ergebnis ist erschreckend. Black-Rock und Vanguard zählen nicht nur zu den Finanzkonzernen, die am seltensten bei Abstimmungen im Sinne des Klimaschutzes gestimmt haben, sondern haben in mindestens 16 Fällen sogar aktiv verhindert, dass auf den Hauptversammlungen dementsprechende Resolutionen angenommen wurden.

Atmos Energy Unternehmenswert: 13 Mrd. US$	
Vanguard	12,21%
BlackRock	8,31%

Beim Fracking-Unternehmen Atmos Energy verlangte eine Gruppe von Aktionären, das Unternehmen aufzufordern, Maßnahmen zu ergreifen, um die Leckagen des besonders klimaschädlichen Gases

Methan einzudämmen. 34,4 Prozent der versammelten Aktionäre stimmten für diese Resolution. BlackRock und Vanguard stimmten dagegen. Die Resolution erhielt keine Mehrheit. Mit den Stimmen von BlackRock und Vanguard wäre die Resolution angenommen worden.

Fluor Corp. Unternehmenswert: 2 Mrd. US$	
BlackRock	10,42%
Vanguard	9,08%

Beim Anlagenbauer Fluor, der vor allem in den Branchen Erdöl, Erdgas und Bergbau tätig ist, verhinderten BlackRock und Vanguard eine Resolution, die den Vorstand zwingen wollte, einen Plan zu entwickeln, wie man die Treibhausgasemissionen zurückfahren könne. Für diese Resolution stimmten 45,9 Prozent der Aktionäre. Hätten BlackRock oder Vanguard die Initiative unterstützt, wäre sie angenommen worden. Beide Giganten stimmten gegen die Resolution.

Duke Energy Unternehmenswert: 65 Mrd. US$	
Vanguard	8,40%
BlackRock	7,04%

Der Energieversorger Duke Energy ist nicht nur einer der größten Betreiber von Atomkraftwerken, sondern auch der größte Betreiber von Kohlekraftwerken in den USA und damit einer der größten CO_2-Emittenten der Welt. Offiziell gibt das Unternehmen an, »nur« fünf Millionen US-Dollar für politische Lobbyarbeit auszugeben. Eine Studie fand aber heraus, dass Duke Energy im Jahr 2018 alleine 80 Millionen US-Dollar für Lobbyarbeit im Bundesstaat North Carolina ausgegeben hat. Duke Energy gehört auch zu den maßgeblichen Spendern für »klimaskeptische« Studien. Die Aktionäre wollten Klarheit und forderten das Unternehmen während der Hauptversammlung auf, die Lobbyaktivitäten offenzulegen. 36,2 Prozent der Aktionäre unterstützten diese Forderung, BlackRock und Vanguard votierten dagegen. Hätten die beiden Großaktionäre zugestimmt, wäre auch diese Resolution durchgegangen.

Exxon Mobil Unternehmenswert: 287 Mrd. US$	
Vanguard	8,27%
BlackRock	6,65%

Ein ganz ähnliches Szenario spielte sich auf der Hauptversammlung des Ölmultis Exxon Mobil ab. Forschungen von Exxon Mobil aus den 1970er- und 1980er-Jahren gehören zu den ersten Studien überhaupt, die einen klaren Zusammenhang zwischen der Verbrennung fossiler Brennstoffe und der Klimaerwärmung belegen konnten. Doch diese Studien verschwanden in den Giftschränken des Konzerns. Stattdessen schwenkte der Konzern in den 1990er- und 2000er-Jahren um und finanzierte nun mit massivem Finanzaufwand Studien der »Klimaskeptiker«, die wahlweise behaupten, es habe schon immer einen Klimawandel gegeben, es gäbe keinen Klimawandel und wenn, dann habe dies nichts mit Kohlendioxid-Emissionen oder gar der Verbrennung von Öl und Gas zu tun. Zusätzlich heuerte Exxon Mobil Lobbyisten an, die diese »Studien« im politischen Umfeld streuten.

Das ging einigen Aktionären zu weit. Sie reichten eine Klage gegen Exxon Mobil ein. Der Konzern habe schon viele Jahre die ökonomischen Risiken gekannt, die auf das Unternehmen durch politische Maßnahmen gegen den Klimawandel zukämen und diese Risiken seinen Aktionären nicht nur verschwiegen, sondern in betrügerischer Absicht Fehlinformationen gestreut[52]. Auf der Hauptversammlung forderten einige Aktionäre den Konzern dann auf, seine gesamte Lobbytätigkeiten offenzulegen. Dieser Vorstoß erhielt 36,9 Prozent der versammelten Stimmen. Sowohl BlackRock als auch Vanguard stimmten dagegen und verhinderten einmal mehr eine Offenlegung.

Die Studie der Harvard Business School zählt zahlreiche weitere Fälle auf, bei denen BlackRock und Vanguard mit ihren Stimmen Resolutionen von anderen Aktionären verhindert haben, die die jeweiligen Unternehmen zu Offenlegungen von Lobbyaktivitäten oder sonstigen klimarelevanten Vorgaben gezwungen hätten. Ob die Schützenhilfe für die Klimasünder daher kommt, dass von den 18 Vorständen von BlackRock sechs zuvor bei einem Unternehmen aus dem Öl- oder Gassektor beschäftigt waren? Wie dem auch sei, sowohl BlackRock als auch Vanguard haben eine rabenschwarze Akte in Sachen Umwelt- und Klimapolitik.

Wenn der Chef eines Finanzkonzerns, der selbst maßgeblich an so ziemlich allen Unternehmen beteiligt ist, die in Sachen Klima- und Umweltschutz, Steuermanipulation, Ausbeutung der Dritten Welt, Rüstung und Korruption eine rabenschwarze Weste haben, etwas von sozialer Verantwortung erzählt, ist dies vor allem eins – unglaubwürdig. Larry Fink mag sich jede erdenkliche Mühe geben, sein Unternehmen als Vorreiter im Kampf für eine bessere Welt darzustellen. Anspruch und Wirklichkeit klaffen hier jedoch so weit auseinander, dass es vor allem erstaunt, dass Finks Eigen-PR überhaupt offene Ohren findet.

BlackRock und Co. sind sicherlich nicht die »Guten«. BlackRock und Co. sind aber auch nicht die »Bösen«. Ist der Wolf »böse«, weil er das Zicklein reißt, um seine Welpen zu füttern? Ist ein Finanzkonzern »böse«, weil er zu Lasten Dritter die Altersvorsorge seiner Kunden profitabel verwaltet? Derart moralische Wertbegriffe sind im Zusammenhang mit den Tätigkeiten eines Finanzkonzerns, dessen Kerngeschäft die Mehrung der Spareinlagen seiner Kunden ist, ohnehin nicht sonderlich zielführend.

Um das System der Finanzkonzerne zu bewerten, sollte man da-

her besser einen mehrschichtigen und differenzierteren Analysean-
satz wählen. Unter den Rahmenbedingungen der real existierenden
marktkonformen Demokratie mit ihrer Privatisierungspolitik, den
Rentenkürzungen und dem Niedrigzinsumfeld, ist eine private Altersvorsorge für die meisten Menschen leider »alternativlos«. Dabei
sind die Produkte der Finanzkonzerne – allen voran die vergleichsweise preiswerten, genossenschaftlichen Indexfonds von Vanguard – sicherlich nicht die schlechteste Wahl, auch wenn sie durch ihr
Geschäft natürlich immer noch ordentlich an der Privatisierung der
Altersvorsorge verdienen. Doch was aus einzelwirtschaftlicher Perspektive durchaus sinnvoll sein kann, ist aus gesamtwirtschaftlicher
und gesellschaftlicher Perspektive kritisch, birgt hohe Risiken für
das Finanzsystem und ist in den Punkten Machtverteilung, Demokratie, Nachhaltigkeit und damit Zukunftssicherheit katastrophal.

Wie schützen wir uns vor den Finanzkonzernen?

BlackRock und Co. sind ...

1. ... weder moralisch, noch unmoralisch, sondern amoralisch.
Die Finanzkonzerne fühlen sich einzig und allein ihren Anlegern und der Vermehrung ihrer Spareinlagen verpflichtet.

2. ... ein technokratisches System.
Die schiere Größe dieser Konzerne macht individuelle Entscheidungen unmöglich. Stattdessen entscheiden Algorithmen auf Basis von Formeln und mathematischen Parametern.

3. ... undemokratisch und kennen weder Gerechtigkeit noch Solidarität.
Die Anleger selbst haben kein Mitspracherecht bei der Unternehmenspolitik der Konzerne und keinen Einfluss darauf, wie die Finanzkonzerne die Stimmrechte bei ihren Beteiligungen wahrnehmen.

4. ... Triebfedern der Umverteilung von unten nach oben.
Da der übergroße Teil des verwalteten Vermögens von der globalen finanziellen Oberschicht gehalten wird, profitiert diese auch von den Renditen, die auf der anderen Seite auf dem Rücken der globalen finanziellen Unterschicht erzielt werden.

5. ... eine logische Folge der Deregulierung, der Privatisierung und der Globalisierung.

Ein großer Teil des verwalteten Vermögens der Finanzkonzerne stammt aus privaten Altersvorsorgesystemen und soll in einem deregulierten globalen Finanzmarkt Renditen erwirtschaften. Aufgaben, die in einer sozialen Marktwirtschaft von der Gesellschaft und dem Staat übernommen werden müssten, werden an die Finanzkonzerne ausgelagert.

6. ... ein Ergebnis jahrelanger Lobbyarbeit

Die Rahmenbedingungen, unter denen die Finanzkonzerne zu Giganten wurden, sind nicht vom Himmel gefallen, sondern wurden von der Politik geschaffen und von der Öffentlichkeit von den Medien als Ausweg aus Problemen verkauft, die uns das Finanzsystem selbst eingebrockt hat. Sowohl in der Politik als auch in den Medien spielten Lobbyisten dabei eine Schlüsselrolle.

7. ... die globalisierte Version des Glaubens an die Märkte.

Gesellschaftliche Aufgaben werden mit allen damit verbundenen Risiken an die Finanzmärkte ausgelagert. Hinter all dem steckt die Ideologie der effizienten Märkte, die sich jedoch in der Vergangenheit mehrfach als Irrglaube herausgestellt hat.

8. ... selbsterhaltend, selbstregulierend und definieren die Regeln des Kapitalismus neu.

Über ein Netz an gegenseitigen Beteiligungen gehören sich die Finanzkonzerne selbst und kontrollieren sich damit auch selbst. Über ihre umfassenden Beteiligungen an fast allen großen Konzernen der Realwirtschaft bestimmen sie auch deren Unternehmenspolitik.

9. ... eine Machtkonzentration, die historisch einmalig ist.

Da die Finanzkonzerne bei fast allen großen Konzernen direkt oder indirekt die Mehrheit der Stimmrechte innehaben, üben sie faktisch auch die Macht über diese Konzerne aus.

10. ... sind aber dennoch nur Symptome eines tieferliegenden viel größeren Problems.

... der Elefant im Raum

Am 30. November 1999 wollten sich die Wirtschafts- und Handels-minister der 1995 gegründeten Welthandelsorganisation WTO im amerikanischen Seattle treffen, um ein neues Freihandelsabkommen zu verabschieden. Doch dazu kam es nicht. 40 000 Demonstranten blockierten die Stadt. Seattle war die Geburtsstätte einer neuen globalisierungskritischen Bewegung. Zwei Jahre später wurden der EU-Gipfel in Göteborg und der G8-Gipfel in Genua ebenfalls von Massendemonstrationen überlagert, und die Globalisierungskritikerin Naomi Klein skizzierte in ihrem aufsehenerregenden Aufsatz *Reclaiming the Commons*[1] die Ziele der neuen »Antiglobalisierungsbewegung«.

»Dank der imperialistischen Ambitionen des Konzernkapitalismus in diesem Moment der Geschichte – das grenzenlose Profitstreben, entfesselt durch die Liberalisierung des Handels, und die Welle von Fusionen und Übernahmen, ausgelöst durch geschwächte Kartellgesetze – sind die multinationalen Konzerne heute so überwältigend reich, mit so gewaltigen Besitztümern, so global in ihrer Reichweite, dass sie die perfekte Vorlage für unsere Bewegung bilden.«

Während in Seattle die ersten Globalisierungsgegner die Straßen stürmten, ging auf der anderen Seite der USA in der Finanzmetropole New York das damals noch vollkommen unbekannte Unternehmen BlackRock an die Börse und ist heute, 20 Jahre später, noch reicher, noch mächtiger und noch globaler, als es sich Naomi Klein seinerzeit in ihren düstersten Albträumen hatte vorstellen können. So bitter es ist – die Antiglobalisierungsbewegung hat verloren, der Konzernkapitalismus hat gewonnen. Noch bitterer ist jedoch, dass der Sieg der Finanzkonzerne heute zwar allgegenwärtig ist, aber dennoch auf keine nennenswerte Kritik mehr stößt; er wird, was wohl am bittersten ist, noch nicht einmal wahrgenommen. Er ist der Elefant im Raum, den zwar jeder sieht, über den jedoch niemand spricht.

Vielleicht stehen wir deshalb wie das Kaninchen vor der Schlange, weil es keine einfachen Antworten gibt, wie wir dieses Problems Herr werden können. Dabei gäbe es durchaus viele kleine Schritte, mit denen man die Vormacht der Finanzkonzerne zumindest bändigen könnte.

1. Man könnte die Finanzkonzerne als systemrelevant einstufen und damit zu mehr Transparenz zwingen.

Ein Finanzkonzern wie BlackRock ist zwar im Kern ein Vermögensverwalter, der die Einlagen seiner Kunden, egal ob es sich um riesige Pensionsfonds oder Kleinsparer handelt, treuhänderisch verwaltet. BlackRock ist jedoch viel mehr. BlackRock ist auch eine gigantische Schattenbank, die unter dem Dach eines Vermögensverwalters Kredite vermittelt, Wertpapiere in Dark Pools umschlägt und mehr und mehr in das Geschäftsfeld von Investmentbanken und Geschäftsbanken eindringt, ohne die regulatorischen Fesseln dieser Institute zu haben.

2. Man könnte die Finanzkonzerne zwingen, Rücklagen zu bilden, um im Falle eines Crashs die Vermögenswerte der Sparer abzusichern, und Finanzinstrumente wie Indexfonds und ETFs stärker regulieren.

So sinnvoll die Idee von Indexfonds ist, so gefährlich können diese Finanzinstrumente werden, wenn es zu Turbulenzen an den Börsen kommt. Während klassische Fonds zumindest eine Kapitalreserve haben, aus der sie Kunden, die bei einem Kursabsturz schnell Kasse machen wollen, ausbezahlen können, sind Indexfonds gezwungen, die dem Fonds unterliegenden Papiere sofort zu verkaufen. Ein »Run for Exit« kann so zu einer negativen Rückkopplung führen, die zu einem sich selbst verstärkenden Finanzcrash führt.

3. Man könnte über das Kartellrecht die Beteiligung an mehreren im Wettbewerb stehenden Unternehmen aus einer Branche untersagen.

Unternehmen mit deckungsgleichen Besitzerstrukturen neigen bei einer marktbeherrschenden Stellung dazu, ihre Renditen zulasten der Kunden und der Allgemeinheit zu steigern. Das ist nicht neu und Grundlage des Kartellrechts und der Monopolkommissionen. Die momentane Rechtslage blendet jedoch Großaktionäre unter einer bestimmten Schwelle kartellrechtlich aus.

4. Man könnte einzelnen Finanzkonzernen bestimmte Obergrenzen für deren Beteiligungen auferlegen.

Es gibt keinen zwingenden Grund, passiven Finanzinvestoren überhaupt zu gestatten, relevante Beteiligungen an Unternehmen zu halten. Nach deutschem Aktienrecht ist beispielsweise ein Investor, der mehr als 30 Prozent eines Unternehmens hält, verpflichtet, den übrigen Aktionären ein Übernahmeangebot zu unterbreiten. In anderen Ländern, wie Australien[2], liegt dieser Wert noch niedriger. Würde man diesen Schwellenwert auf fünf Prozent herabsetzen, wäre dies eine klare Obergrenze für Finanzkonzerne, da sie ja überhaupt kein Interesse – und keine dafür liquiden finanziellen Mittel – haben, ein Übernahmeangebot zu unterbreiten.

5. Man könnte die Steuerschlupflöcher schließen und so einen Teil der Gewinne der Finanzkonzerne abschöpfen.

Warum können sich die Finanzkonzerne über steuerrechtliche Sitze auf den Kanalinseln oder den Steueroasen der Karibik weitestgehend der Steuer auf die erzielten Gewinne entziehen? Diese Steuermanipulations- und Steuerumgehungsmöglichkeiten könnten schon morgen durch die entsprechenden Gesetze abgeschafft werden. Und dies wäre nur der erste Schritt. Auch das Steuerdumping von Luxemburg und Irland, den rechtlichen Sitzen der meisten in Europa tätigen Töchter der Finanzkonzerne, sollten schon sehr bald auf den Prüfstand kommen.

6. **Und wenn das alles nichts hilft, könnte man die Finanzkonzerne sogar zerschlagen.**
Historische Beispiele dazu gibt es viele – American Tobacco, Standard Oil, DuPont, AT&T, IBM ... all diese Großkonzerne wurden aufgrund ihrer Monopolstellung entweder zerschlagen oder entflechtet. Doch wäre wirklich so viel gewonnen, wenn es anstatt eines schwarzen Felses ein Dutzend schwarzer Kiesel gäbe, solange diese die gleiche Ideologie verfolgen, den gleichen Zuwachs an Kundeneinlagen haben und auf Basis der gleichen Algorithmen die gleichen Entscheidungen treffen und damit auf der Kapitalseite der großen Konzerne aus der Realwirtschaft letztlich wieder als monolithischer Felsen die Unternehmenspolitik bestimmen?

Wie realistisch sind diese Vorschläge? Leider nicht sonderlich. Auf nationaler Ebene gibt es keinen erkennbaren politischen Willen und die nationalstaatlichen Einflussmöglichkeiten sind bei diesen konkreten Fragen ohnehin meist durch internationale Abkommen und Handelsverträge ausgehebelt. Ein Teil der Vorschläge ließe sich jedoch auf EU-Ebene umsetzen. Dummerweise ist jedoch gerade die EU-Kommission ein ganz besonderer Hort für die Lobbyisten der Finanzkonzerne. Von allen unrealistischen Szenarien ist es daher wohl noch am realistischsten, dass die Finanzaufsichtsbehörden der USA erste kleine Schritte zur Regulierung der Finanzkonzerne auf den Weg bringen. Dies dürften dann jedoch wirklich nur kleine Schritte wie die Einordnung von BlackRock als systemrelevantes Finanzinstitut sein. Das ist besser als nichts, aber letztlich auch eher ein kleiner Gegenwind ohne nennenswerte Stoppwirkung.

All diese Maßnahmen – so wichtig und richtig sie auch sein mögen – sind im Grunde nichts anderes als ein Herumdoktern an den Symptomen. Wer das System der Finanzkonzerne ernsthaft eingrenzen will, der muss eine Ebene tiefer gehen und ihnen die Luft nehmen, die sie zum Atmen brauchen.

Nichts ist unmöglich

Der Finanzunternehmer Carsten Maschmeyer kommentierte die Verlagerung von der staatlichen zur privaten Altersvorsorge seinerzeit mit den Worten, die Finanzbranche stünde nun »vor dem größten Boom, den sie je erlebt hat«. Die private Altersvorsorge sei »ein Wachstumsmarkt über Jahrzehnte«. »Es ist [...] so, als wenn wir auf einer Ölquelle sitzen. [...] Sie ist angebohrt, sie ist riesig groß und sie wird sprudeln.«[3] Aber wer sagt denn, dass man diese Ölquelle nicht wieder versiegeln kann und das Öl dort lässt, wo es hingehört?

Drehen wir die Uhren doch einmal geistig auf die Zeit zurück, bevor der Neoliberalismus die Welt eroberte. Als Ronald Reagan 1981 ins Weiße Haus einzog, zahlten die 400 reichsten Familien der USA im Schnitt 47 Prozent Einkommenssteuer. Die untere Hälfte der Einkommensskala wurde im Schnitt mit 27 Prozent zur Kasse gebeten. Heute liegt der Durchschnittssteuersatz der unteren Hälfte übrigens bei 25 Prozent und die 400 reichsten Familien zahlen nur noch 22 Prozent – also weniger als die normalen Bürger. Da verwundert es nicht, dass es selbst in den »erzkapitalistischen« USA 1980 noch keinen nennenswerten Finanzsektor gab, der sich um die Verwaltung der Vermögen der Bürger gekümmert hat. Zwar gab es in den USA auch 1980 keine ausreichende Rente nach dem Umlagesystem, aber die Pensionsfonds investierten damals noch ganz klassisch in festverzinsliche Anleihen. Die Rendite für zehnjährige Staatsanleihen lag damals im Schnitt vier Prozentpunkte über der Inflationsrate. Es gab daher gar keine Notwendigkeit, für die Altersvorsorge in Aktien oder komplexe Finanzinstrumente zu investieren. Heute sind die Zinsen für US-Staatsanleihen in etwa genauso hoch wie die Preissteigerung.

Auch in Deutschland lag der Realzins für Bundesanleihen zu Beginn der 1980er-Jahre noch bei über vier Prozent. Heute ist er negativ. Anders als in den USA gab es in Deutschland 1980 sogar noch ein Rentensystem, das eine faire Grundversorgung im Alter gewährleistete. Einen Zwang, zusätzlich privat für das Alter vorzusorgen gab es nicht. Und wer dennoch ein paar Mark zurücklegen wollten, konnte dies über halbwegs fair verzinste Sparverträge bei der Bank oder über Kapitallebensversicherungen tun, die ihrerseits das Geld vor allem in Bundesanleihen investiert haben.

Sicherlich verklärt man vieles beim Blick zurück, aber waren die Zeiten vor dem Siegeszug des Neoliberalismus etwa so viel schlechter als heute? Begriffe wie »prekäre Jobs« und »Altersarmut« gab es damals noch nicht, und man blickte nicht voller Angst und Sorgen, sondern optimistisch in die Zukunft. Die Angst vor Altersarmut wurde erst später in die Welt gesetzt und ist heute für viele Menschen sehr real und ja auch durchaus berechtigt. Wie die Ameise in der Fabel von Äsop sind wir nun im Sommer unseres Lebens damit beschäftigt, Rücklagen für den Winter anzuhäufen. Und diese Rücklagen sind das Vermögen, mit dem die Finanzkonzerne sich nicht nur eine goldene Nase verdienen, sondern auch in eine Machtposition gekommen sind, die ihresgleichen sucht.

Nun sollte die Alternative eigentlich auf der Hand liegen. Je fairer die Löhne, je gerechter das Steuersystem und je besser das umlagefinanzierte Rentensystem funktioniert, desto weniger Gründe gibt es für die Menschen, Rücklagen anzuhäufen und sie via BlackRock und Co. an den internationalen Finanzmärkten anzulegen, um auch einen klitzekleinen Teil von den irrwitzigen Profiten der multinationalen Konzerne abzubekommen. Wenn es keine Studiengebühren und ein ausreichendes BAföG für jedermann gäbe, müsste niemand für die Ausbildungskosten seiner Kinder oder Enkel sparen. Wenn die gesetzliche Krankenversicherung ein ausreichendes Leistungspaket hätte, müsste niemand eine private Zusatzversicherung oder gar eine private Krankenversicherung abschließen – auch diese Versicherungen arbeiten nach dem Prinzip, die Beiträge ihrer Mitglieder an den Finanzmärkten anzulegen.

Und was passiert mit all diesen Vorsorgesystemen, wenn es den nächsten Finanzcrash gibt? Die »modernen« Altersvorsorgeprodukte der Finanzkonzerne haben weder Netz noch doppelten Boden. Im Falle einer weiteren Finanzkrise könnten die ganzen Ansprüche sich komplett in Luft auflösen, und der Traum von einer sorgenfreien Zukunft ist ausgeträumt.

Glücklich ist nicht der, der sparen kann, sondern der, der nicht sparen muss. Wäre es nicht viel schöner, mit der Familie einen Wochenendausflug zu machen, als das Geld in einen ETF-Fondssparplan einzuzahlen? Sicher, das ist eine rhetorische Frage, und solange es rational notwendig ist, für das Alter vorzusorgen, stellt sie sich ohnehin nicht. Aber diese Rahmenbedingungen sind ja nicht in Stein gemeißelt.

Die beste Antwort auf den Siegeszug der Finanzkonzerne ist es, sie überflüssig zu machen. Und dies gelingt nur, wenn wir von uns von den neoliberalen Irrlehren verabschieden und die Rahmenbedingungen unserer Gesellschaft nicht von den Märkten und damit von den Finanzkonzernen gestalten lassen, sondern die Regeln wieder selbst schreiben. Es gibt viel zu tun. Packen wir es an.

Anmerkungen

Frühstück mit BlackRock und Co.

1 Jacob Greenspon, How Big a Problem Is It That a Few Shareholders Own Stock in So Many Competing Companies?, *Harvard Business Review*, 19. Februar 2019
2 Luminex Wins »Best Dark Pool« at 2018 Markets Choice Awards, *Global Newswire*, 26. April 2018
3 BlackRock Internetseite
4 Will Dunn, Meet Aladdin, the computer »more powerful than traditional politics«, *New Statesman*, 6. April 2018
5 Wikiquote

BlackRock: Der Gigant im Schatten

1 Suzanna Andrews, Larry Fink's $12 Trillion Shadow, *Vanity Fair*, 2. März 2010
2 Wikipedia: Heuschreckendebatte

Larry Fink: Der Sechs-Billionen-Dollar-Mann

1 Suzanna Andrews, Larry Fink's $12 Trillion Shadow, *Vanity Fair*, 2. März 2010
2 Michael Lewis, Liar's Poker, W.W.Norton & Co., New York, 14. Mai 2010
3 Sean Wilentz, *The Age of Reagan*, Prima, 2007.
4 Suzanna Andrews, Larry Fink's $12 Trillion Shadow, *Vanity Fair*, 2. März 2010
5 Andrew Clark, Blackstone billionaire is sorry for Nazi jab against Obama's tax policies, *The Guardian*, 17. August 2010
6 Bess Levin, Larry Fink, The Biggest Mistake I Ever Made Was Doubting My Own Sheer Fucking Awesomeness, *Dealbreaker*, 14. Januar 2019
7 BlackRock Internetseite
8 Carol J. Loomis, BlackRock, The $4.3 trillion force, *Fortune*, 7. Juli 2014

9 Matthew J. Belvedere, Blackstone or BlackRock, confused? CEOs Steve Schwarzman and Larry Fink actually did it on purpose, CNBC, 22. Juni 2017

Aladdin: Der Versuch, Risiken messbar zu machen

1 Will Dunn, Meet Aladdin, the computer »more powerful than traditional politics«, *New Statesman*, 6. April 2018
2 Al Ehrbar, The great bond massacre, *Fortune*, 1994
3 State Street Research bought by BlackRock for $375M, *Boston Business Journal*, 26. August 2004
4 BlackRock Internetseite

Die Finanzkrise: BlackRock wird zum Staat im Staate

1 Paul Muolo; Matthew Padilla, *Chain of Blame: How Wall Street Caused the Mortgage and Credit Crisis*, John Wiley and Sons. Hoboken, NJ 2008
2 Michael Lewis, *The Big Short. Wie eine Handvoll Trader die Welt verzockte*, Campus, Frankfurt am Main 2010
3 Das Kapital-Verbrechen, *Spiegel* 47/2008
4 Heike Buchter, *BlackRock: Eine heimliche Weltmacht greift nach unserem Geld*, Campus, Frankfurt am Main 2015
5 Katrina Brooker, Can this man save Wall Street?, CNN Money, 29. Oktober 2008
6 New York Fed
7 ebd.
8 Andrew Clark, Paulson abandons plans to buy up America's toxic mortgage assets, *The Guardian*, 13. November 2008
9 LEGACY SECURITIES PUBLIC-PRIVATE INVESTMENT PROGRAM, US Department of the Treasury, 28. Oktober 2013
10 Janet Tavakoli, Congress Exposes Potential Profiteering, Cover-Up in AIG's Deals, TSF, 28. Januar 2010
11 Eric Lipton, Wall St. Firm Draws Scrutiny as U.S. Adviser, *The New York Times*, 18. Mai 2009
12 ebd.
13 New York Fed
14 US Department of the Treasury

Vanguard: Die Investment-Genossen

1 Vanguard Internetseite
2 Mathias Ohanian und Peter Manhart, Wie Vanguard den Giganten Blackrock überrunden will, *Handelszeitung*, 6. Juli 2017

3 Joseph N. DiStefano, New CEO Tim Buckley: To run Vanguard, ›you have to be willing not to be a billionaire‹, *The Philadelphia Inquirer*, 6. November 2017

4 Joseph N. DiStefano, Vanguard boss paid over $10 million in a year: report, *The Philadelphia Inquirer*, 19. Januar 2017

5 Wellington's New Look, Robert D. Hershey Jr., *The New York Times*, 25. April 1971

6 John Bogle, *Stay the Course: The Story of Vanguard and the Index Revolution*, Wiley 2018

7 Kathleen Elkins, Jack Bogle shares the $1 billion investing mistake that cost him his job, CNBC, 21. Dezember 2018

8 Jeff Blumenthal, Jack Bogle: New heart, same man, *Philadelphia Business Journal*, 7. April 2014

9 Peter Robinson, Paul Samuelson vs. Milton Friedman, *Forbes*, 20. Februar 2019

10 Jason Zweig, What You Can Learn From One of Warren Buffett's Smartest Investors, *The Wall Street Journal*, 21. Dezember 2018

11 ebd.

12 Vanguard Internetseite

13 Tom Maloney, The Best-Paid Hedge Fund Managers Made $7.7 Billion in 2018, *Bloomberg*, 15. Februar 2019

14 Marty Steinberg, Jack Bogle, founder of Vanguard Group and creator of the index fund, dies at age 89, CNBC, 16. Januar 2019

15 Ingo Narat, Der Großteil der Fondsmanager scheitert am Index, *Handelsblatt*, 19. September 2018

16 ebd.

17 Vanguard Internetseite

18 Ingo Narat, Fondsriese Vanguard senkt seine Gebühren in Europa, *Handelsblatt*, 23. Oktober 2019

19 Andrea Cünnen, Erste Indexfonds zum Nulltarif – Was deutsche Anleger wissen müssen, *Handelsblatt*, 2. August 2018

20 Vanguard Introduces Personal Advisor Services, Lowers Minimum to Investors With $50,000, Vanguard, 5. Mai 2015

21 Jason Zweig, The Vanguard Chronicles, *Money Magazine*, April 2004

22 Zachary R. Mider, Annie Massa und Christopher Cannon, Vanguard Patented a Way to Avoid Taxes on Mutual Funds, *Bloomberg*, 1. Mai 2019

23 John C. Bogle, Bogle Sounds a Warning on Index Funds, *The Wall Street Journal*, 29. November 2018

24 Bundesanzeiger, Netto-Leerverkaufspositionen (Übersicht November 2019)

State Street: Der Sieg der ETFs

1 The World's Largest Custodians, Institutional Investor
2 BNY Mellon Internetseite
3 Rekordjahr für Euroclear, angetrieben durch strategische Initiativen und positive Marktbedingungen, OTS, 11. März 2019
4 UNITED STATES SECURITIES AND EXCHANGE COMMISSION Washington, DC 20549 STATE STREET CORPORATION
5 Wie drei Firmen den US-Aktienmarkt dominieren, ARD, 19. Mai 2017
6 ETF primary market participation and liquidity resilience during stress events, FCA, 7. August 2019
7 Gabrielle DiBenedetto und Tom Lauricella, ETF Market Share: The Competitive Landscape of the Top Three Firms, *Morningstar*, 1. August 2019

BlackRock wird zum Giganten

1 Carl Wennerlind, *Casualties of Credit: The English Financial Revolution*, 1620-1720. Cambridge, Massachusetts: Harvard University Press, 2011
2 Williams, Eric, *Slavery and Capitalism*. London: Deutsch. S. 116., 1964
3 Heidi Blake, The Dash For Cash: Leaked Files Reveal RBS Systematically Crushed British Businesses For Profit, *BuzzFeed*, 10. Oktober 2016

Volkskapitalismus

1 Vanguard Internetseite
2 Karsten Seibel, »Es wäre ein Unding, das deutsche System zu opfern«, *Welt*, 13. März 2018
3 Bundesbank
4 Wilshire Internetseite
5 Michael Johnstone, ProShares Launches First Inverse China, Real Estate, Materials ETFs, *ETF Database*, 18. März 2010
6 Stephen Grocer, Six Mega Drops of the Flash Crash; Sam Adams Goes Flat, *The Wall Street Journal*, 6. März 2010
7 Liam Vaughan, How the Flash Crash Trader's $50 Million Fortune Vanished, *Bloomberg*, 10. Februar 2017
8 Sumit Roy, Aug. 24, 2015 Flash Crash Part Of Wall St. History, ETF.com, 22. August 2016
9 Bob Pisani, What happened during the Aug 24 ›flash crash‹, CNBC, 25. September 2015
10 BlackRock iShares ETF August 24, 2015 Flash Crash Litigation, Hagens Berman, 16. Juni 2016
11 ebd.

12 Ingo Narat, »Der ETF-Markt wird sich in fünf Jahren fast verdreifachen«, *Handelsblatt*, 24. Juli 2018

13 Marco Pagano; Antonio Sánchez Serrano Josef Zechner, Reports of the Advisory Scientific Committee No 9 / June 2019 Can ETFs contribute to systemic risk?

14 BlackRock Internetseite

15 Yahoo Finance

Eurokrise: Europa unterwirft sich

1 IWF schätzt Verluste auf 4 Billionen Dollar, *FAZ*, 21. April 2009

2 Bundestagsrede Sahra Wagenknecht, 19. Juli 2012

3 Dr Alan Ahearne: Debt still a huge challenge despite our foreign assets, *Independent Ireland*, 27.11 2019

4 Philip R. Lane, *The Funding of the Irish Domestic Banking System During the Boom*, Trinity College Dublin and CEPR, Januar 2015

5 Globalization and Monetary Policy Institute der Federal Reserve Bank of Dallas

6 Citi took outside advice on securities, *Financial Times*, 7. April 2010

7 Stephen Bell, Masters of the Universe, Slaves of the Market, *Harvard University Press*, 24. März 2015

8 Kommentar aus der *Sunday Business Post*, 8. August 2010

9 Valentina Pop, Troika consultancies: A multi-million euro business beyond scrutiny, euobserver, 16. Dezember 2013

10 Harald Schumann und Elisa Simantke, Ein Geldkonzern auf dem Weg zur globalen Vorherrschaft, *Tagesspiegel*, 8. Mai 2013

11 Jordan Pouille, BlackRock: The financial leviathan that bears down on Europe's decisions, *Investigate Europe*, 17. April 2019

12 Valentina Pop, Troika consultancies: A multi-million euro business beyond scrutiny, *euobserver*, 16. Dezember 2013

13 Cliff Taylor, Bank bail-out estimated to have cost State 41.7bn, says comptroller, *The Irish Times*, 30. September 2019

14 Der große Euro-Schwindel, ARD 05.07.2012

15 Jens Berger, Merkels Milliardenhypothek – das falsche Spiel mit Griechenlands Schulden, *NachDenkSeiten*, 8. August 2013

16 Harald Schumann und Elisa Simantke, Ein Geldkonzern auf dem Weg zur globalen Vorherrschaft, *Tagesspiegel*, 8. Mai 2013

17 Greece backtracks on privatisation, *Financial Times*, 4. Februar 2015

18 Greece sacks heads of privatization agency, *Reuters*, 30. Januar 2015

19 BlackRock Internetseite

20 Heike Butcher, *BlackRock: Eine heimliche Weltmacht greift nach unserem Geld*, Campus, Frankfurt am Main 2015

21 Jordan Pouille, BlackRock: The financial leviathan that bears down on Europe's decisions, *Investigate Europe*, 17. April 2019

22 Jan Dams, Sebastian Jost, Karsten Seibel, Draghis gefährlicher Pakt mit der Investmentfirma, *Welt.de*, 16. Oktober 2014
23 EU-Info. Deutschland
24 Harald Schumann und Elisa Simantke, Blackrock prüft Banken, an denen es selbst Anteile besitzt, *Tagesspiegel*, 23. Mai 2018
25 Deutscher Bundestag Drucksache 19/6209, 16. November 2018
26 Eric Lipton und Michael J. de la Merced, Wall St. Firm Draws Scrutiny as U.S. Adviser, *The New York Times*, 18. Mai 2009
27 ESRB, ESRB publishes EU Shadow Banking Monitor, 10. September 2018
28 Global Financial Stability Report – A Decade after the Global Financial Crisis: Are We Safer?, IWF, Oktober 2018

Lobbyismus: Bestens vernetzt

1 EBA, Global Systemically Important Institutions (G-SIIs)
2 FSB, 2018 list of global systemically important banks (G-SIBs)
3 Comprehensive Capital Analysis and Review 2018: Assessment Framework and Results, Federal Reserve Board, Juni 2018
4 Sandra Navidi, *Super-hubs: Wie die Finanzelite und ihre Netzwerke die Welt regieren*, FinanzBuch Verlag, München 2016
5 Rebecca Ratcliffe, Record private jet flights into Davos as leaders arrive for climate talk, *The Guardian*, 22. Januar 2019
6 Detlef Grumbach, Re-Feudalisierung und Privatisierung der Macht?, Deutschlandfunk, 2. Juni 2010
7 Greg Smith, *Die Unersättlichen: Ein Goldman-Sachs-Banker rechnet ab*, Rowohlt, Hamburg 2012
8 Dirk Laabs, *Bad Bank: Aufstieg und Fall der Deutschen Bank*, Deutsche Verlags-Anstalt, München 2018
9 Heike Butcher, *BlackRock: Eine heimliche Weltmacht greift nach unserem Geld*, Campus, Frankfurt am Main 2015
10 Der erzwungene Rücktritt, SRF DOK, 14.06 2012
11 Max Bank, EU-Bürgerbeauftragte: EZB-Chef Draghi soll Lobbygruppe G30 verlassen, LobbyControl, 17. Januar 2018
12 Mario Draghi bleibt in Finanzgruppe G30, *Spiegel Online*, 18. April 2018
13 ebd.
14 Stefan Kaiser, Excel-Panne stellt Europas Sparpolitik in Frage, *Spiegel Online*, 17. April 2013
15 Michelle Malkin, All the President's Goldman men, *New York Post*, 21. April 2010
16 Christian Nicolaisen, Was Europas Notenbankchefs verdienen, private banking magazin, 27. Oktober 2017
17 Jonathan Sachse und Simon Wörpel, Sparkassen-Vorstand müsste man sein, Correctiv, 21. Juli 2016

18 Die bestverdienenden Banker der Welt, *Handelsblatt*, 26. Juli 2017

19 Christoph Schäfer, Wie viel verdient ein Notenbanker?, *FAZ.net*, 4. März 2018

20 Beecher Tuttle, Goldman Sachs salary and bonus expectations for U.S. bankers, *efinancial careers*, 29. Mai 2019

21 Tina Kaiser, Das turbulente Leben des bestverdienenden Menschen, *Welt.de*, 8. Mai 2014

22 BlackRock's Washington Playbook, Campaign for Accountability, September 2019

23 ebd.

24 Senators warn over non-banks regulation, *Financial Times*, 28. November 2013

25 Tom Kertscher, How much money have Wall Street and hedge funds given to Hillary Clinton's presidential campaign?, *Politifact*, 6. Oktober 2016

26 David Dayen, BlackRock's Fink Poised to Be in Hillary Clinton's Cabinet, *The Intercept*, 2. März 2016

27 ebd.

28 Robert Schmidt und Saleha Mohsin, Trump's Architect of Wall Street Deregulation to Leave Treasury, *Bloomberg*, 16. Mai 2019

29 Warren Buffett and Larry Fink criticize Trump's tax plan, Reuters, 4. Oktober 2017

30 Blackrock chief Larry Fink praises Trump tax cuts, BBC, 26. Januar 2018

31 George Osborne hails pension change ›revolution‹, BBC News, 5. April 2015

32 Paulo Pena und Harald Schumann, Achtung, Rentenfresser, *Der Freitag* 26/2018

33 Peer Steinbrück geht auf Comedy-Tournee, *dpa*, 17. März 2019

34 Alastair Sloan, The London lobbyists spinning for UAE, *Middle East Monitor*, 24. November 2014

35 BlackRock steps up lobbying of the European Commission, *Financial Times*, 21. November 2015

36 MiFID II wird offiziell auf Januar 2018 verschoben, *finanzen.net*, 8. April 2016

37 Paulo Pena und Harald Schumann, Achtung, Rentenfresser, *Der Freitag* 26/2018

38 Sven Giegold, Europaweites Altersvorsorgeprodukt PEPP: Kosten- und Gebührendeckel von 1% durchgesetzt, eigene Internetseite

39 European Parliamentary Financial Services Forum Internetseite

40 Eurofi Internetseite

41 James G. McGann, *2017 Global Go To Think Tank Index Report*, University of Pennsylvania Scholarly Commons, 31. Januar 2018

290 Wer schützt die Welt vor den Konzernen?

Deutschland im Vormerz

1 Kosten der Bankenrettung mindestens 68 Milliarden Euro, Die Grünen, 13. September 2018
2 Lobbypedia
3 ebd.
4 Former Maoist, José Manuel Barroso, joins Goldman Sachs on 400,000 a month, *algarvedailynews.com*, 8. Juli 2016
5 HSBC Internetseite
6 Zacharias Zacharakis, Im Auftrag des Geldes, *Zeit Online*, 30. Oktober 2018

Der Angriff auf die Rente

1 Gerhard Mackenroth, Die Reform der Sozialpolitik durch einen deutschen Sozialplan. In: *Schriften des Vereins für Socialpolitik NF*, Band 4, Berlin 1952
2 Albrecht Müller, *Glaube wenig, hinterfrage alles, denke selbst – Wie man Manipulationen durchschaut*, Westend Verlag, Frankfurt 2019
3 Sozialpolitik Aktuell
4 bAV-Reform: Das Garantieverbot kommt!, *Fonds professionell Online*, 24. Mai 2017
5 Philipp Krohn, Warum die Zukunft der »Nahles-Rente« auf dem Spiel steht, *FAZ*, 8. Oktober 2019
6 Nahles-Rente lebt: Erstes Sozialpartnermodell in Sicht, *Fonds professionell Online*, 17. Oktober 2019
7 Martin Schirdewan, PEPP: Schön für die Finanzindustrie, gefährlich für Anleger, Die Linke im Europaparlament, 3. September 2018
8 Final report EY FISMA/2015/146(02)/D Study on the feasibility of a European Personal Pension Framework, EU-Kommission, Juni 2017
9 Allianz Global Wealth Report 2019
10 Cagemini Global Wealth Report 2019
11 EFAMA, Ownership of Investment Funds in Europe, Februar 2019
12 Pension Funds in Figures, OECD, Juni 2018
13 Frequently Asked Questions About 401(k) Plan Research, ICI
14 Teri Sforza, Number of public retirees in $100K Club skyrockets, but they're just part of the burden on state pension system, *The Orange County Register*, 5. August 2019
15 Daniel Borenstein, CalPERS about to bury taxpayers, cities, counties in more debt, *The Mercury News*, 18. Dezember 2017
16 It's official: CalPERS loses $500 million on New York apartment deal, *Money & Company Los Angeles Times*, 25. Januar 2010
17 Suzanna Andrews, Larry Fink's $12 Trillion Shadow, *Vanity Fair*, 2. März 2010

18 Jeremy Smerd, Larry Fink on Stuy Town: I'd do it again, *Crain's New York Business*, 20. Oktober 2015

19 Jack Dolan, The pension gap, *Los Angeles Times*, 18. September 2016

20 Tobias Bürger, Calpers-Finanzchef will Private-Equity-Anlagen umbauen, *private banking magazine*, 19. Februar 2019

21 Thrift Savings Plan Internetseite

22 BlackRock Internetseite

23 Tamika Seeto, US investment giant Vanguard predicted to stir up super sector, *Canstar*, 15. November 1019

24 Conozca las 10 empresas donde más invierten las AFP en la Bolsa chilena, emol, 25. Januar 2015

25 OECD

26 Frederico Füllgraf, Chile:»Renten reichen kaum für die Leichenbestattung« – Selbsttötungen der Pensionäre auf Höchststand, *NachDenkSeiten*, 19. Oktober 2019

27 Histórica marcha de un millón de personas coronó una semana completa de manifestaciones, cooperativa.cl, 25. Oktober 2019

28 Alex Fang, BlackRock aims to be a top asset manager in China, Fink says, *Nikkei Asian Review*, 9. April 2019

Wem gehört die Welt?

1 Acht Männern gehört das halbe Weltvermögen, *Bilanz.ch*, 16. Januar 2017

2 8 Männer besitzen so viel wie die ärmere Hälfte der Weltbevölkerung, *Oxfam*, 16. Januar 2017

3 Asset Managers With $74 Trillion on Brink of Historic Shakeout, *Bloomberg*, 8. August 2019

4 Jan Fichtner, Eelke M. Heemskerk und Javier Garcia-Bernardo, *Hidden power of the Big Three? Passive index funds, re-concentration of corporate ownership, and new financial risk*, Cambridge University Press, 25. April 2017

5 Wie drei Firmen den US-Aktienmarkt dominieren, ARD, 19. Juli 2017

6 Jan Fichtner & Eelke M. Heemskerk, *The New Permanent Universal Owners: Index Funds, (Im)patient Capital, and the Claim of Long-termism*, University of Amsterdam, 13. November 2018

7 Charles McGrath, 80% of equity market cap held by institutions, *Pensions & Investments*, 25. April 2017

8 Bob Pisani, Stocks are high, but investor numbers are low, CNBC, 2. November 2017

9 Ulrike Herrmann, D*eutschland, ein Wirtschaftsmärchen*, Westend Verlag, Frankfurt 2019

10 Andrea Rexer, Der Mann, der die »T-Aktie« unters Volk brachte, *Süddeutsche Zeitung*, 27. Oktober 2016

11 Deutsches Aktieninstitut

12 Deutsche Bundesbank Monatsbericht April 2019
13 Investoren der Deutschland AG 5.0, Die Aktionärsstruktur des deutschen Leitindex DAX 30, Gemeinschaftsstudie der Ipreo Ltd. und des DIRK, Juni 2018
14 Capital Group Internetseite

Die neue Weltmacht

1 Pressestatements von Bundeskanzlerin Angela Merkel und dem Ministerpräsidenten der Republik Portugal, Pedro Passos Coelho, Mitschrift der Pressekonferenz, Bundesregierung, 1. September 2011
2 Ben Schwan, Donald Trump: Nur Tim Cook ruft mich direkt an, *heise online*, 26. August 2018
3 Andreas Kraft, Die Köpfe der Rettungsaktion, *Frankfurter Rundschau*, 18. August 2009
4 Global 500 2019, *fortune.com*
5 Which Companies Generate the Highest Revenue Per Employee? *priceonomics.com*
6 Jan Fichtner, Eelke M. Heemskerk and Javier Garcia-Bernardo, *Hidden power of the Big Three? Passive index funds, re-concentration of corporate ownership, and new financial risk*, Cambridge University Press, 25. April 2017
7 The World Factbook, Budget Surplus/Deficit as % of GDP, *CIA.gov*
8 Dax-Unternehmen erreichen Erlösrekord, *wiwo.de*, 15. März 2018
9 Luca Ventura, World's Largest Companies 2019, Global Finance, 29. August 2019
10 Milan Babic, Eelke Heemskerk und Jan Fichtner, Who is more powerful – states or corporations?, *The Conversation*, 10. Juli 2018
11 Melanie Bergermann, »Wir können nicht einfach verkaufen und weglaufen«, *Wirtschaftswoche*, 28. April 2016
12 Rolf Obertreis, »Wir nehmen Einfluss im Hintergrund«, *Tagesspiegel*, 25. Juli 2015
13 Heike Buchter, *BlackRock: Eine heimliche Weltmacht greift nach unserem Geld*, Campus Verlag 2015
14 Simon Book und Angela Hennersdorf, Wie Blackrock die Konzerne kontrolliert, *Wirtschaftswoche*, 2. April 2018
15 Jordan Pouille, BlackRock: ce Léviathan de la finance qui pèse sur les choix européens, *Mediapart*, 8. Mai 2018
16 Anna Sleegers, Die späte Schmach des Josef Ackermann, *Frankfurter Rundschau*, 15. November 2011
17 Tim Bartz, Überraschender Sieg der Aktionärsdemokratie, *Manager Magazin*, 8. Juni 2015
18 BlackRock Stewardship Report 2019
19 Vanguard Stewardship Report 2019

20 Vanguard, What we do. How we do it. Why it matters., Vanguard Internetseite

21 Vanguard Releases Third-Annual Investment Stewardship Report, *Business Insider*, 30. August 2019

22 ISS Internetseite

23 Glass Lewis Internetseite

24 Jeff Patch, Curb the Power of Shady Proxy Advisory Firms!, *Washington Examiner*, 16. Juli 2018

25 ebd.

26 US SEC to propose regulations for proxy advisers, *Financial Times*, 25. Oktober 2019

27 Common Ownership, Competition, and Top Management Incentives, Ross School of Business Paper No. 1328, European Corporate Governance Institute (ECGI) – Finance Working Paper No. 511/2017, 3. Juli 2016

28 BlackRock – Die unheimliche Macht eines Finanzkonzerns, arte

29 *Der Spiegel* 34/2016

30 OECD

31 Harald Schumann und Elisa Simantke, Unternehmen, die die Welt beherrschen, *Tagesspiegel*, 5. Mai 2018

32 Moritz Honert, Der Einfluss der globalen Geldverwalter ist brandgefährlich, *Tagesspiegel*, 9. Mai 2018

Finanzweltmacht USA

1 Timothy Gardner und Patricia Zengerle, UPDATE 1-U.S. Senate panel backs Nord Stream 2 pipeline sanctions bill, CNBC, 31. Juli 2019

2 Senator Cruz Says U.S. Has Ability To Halt Nord Stream 2, *RadioFreeEurope*, 3. September 2019

3 Kevin G. Hall, Accounting firm finds no evidence of money laundering, *McClatchy*, 1. Mai 2007

4 Mastercard sperrt Zahlungen an WikiLeaks, *Spiegel Online*, 7. Dezember 2010

5 Ukraine-related Designations, US Department of the Treasury, 28. April 2014

6 Arshad Mohammed und Bill Trott, U.S. intensifies sanctions on Russia over Ukraine, *Reuters*, 12. September 2014

7 Obama authorizes ›economic embargo‹ on Russia's Crimea, *Russia Today*, 19. Dezember 2014

8 Nick Giambruno, A Powerful Weapon of Financial Warfare – The US Treasury's Kiss of Death, Doug Casey's International Man

9 Andorre lance le processus de vente de la BPA, Romandie, 29. Oktober 2015

10 BNP Paribas zahlt 8,9 Milliarden Dollar, *Tagesspiegel*, 1. Juli 2014

11 Karen Freifeld und Lindsay Dunsmuir, Commerzbank to pay $1.45 billion to resolve probes on Iran, Olympus, *Reuters*, 12. März 2015

12 Deutsche Bank fined for violating US sanctions, *DW*, 4. November 2015

13 *France24*, French court fines Swiss bank UBS record 3.7 billion for tax fraud, 20. Februar 2019

14 Greg Farrell, Tiffany Kary und Fabio Benedetti Valentini, Credit Agricole to Pay $787 Million in Iran Sanctions Accord, *Bloomberg*, 20. Oktober 2015

15 Societe Generale to pay $1.4 billion to settle cases in the US, *Reuters*, 19. November 2018

16 UniCredit to Pay $1.3 Billion in Biggest Iran Sanctions Fine, *Bloomberg*, 15. April 2019

17 Daisuke Wakabayashi und Alan Rappeport, Huawei C.F.O. Is Arrested in Canada for Extradition to the U.S., *The New York Times*, 5. Dezember 2018

18 Extradition hearing for Meng Wanzhou set for early next year, CBC News, 6. Juni 2019

19 Collin Eaton und Luc Cohen, Explainer: U.S. sanctions and Venezuela's trade and oil industry partners, Reuters, 14. August 2019

20 Second Round of Chemical and Biological Weapons Control and Warfare Elimination Act Sanctions on Russia, US Department of State, 2. August 2019

21 Ludger Kazmierczak, USA müssen Sanktionen gegen den Iran teilweise aufheben, Deutschlandfunk, 3. Oktober 2018

22 Nobert Häring, *Schönes neues Geld PayPal, WeChat, Amazon Go – Uns droht eine totalitäre Weltwährung*, Campus, Frankfurt am Main 2018

23 Handel zwischen Russland und den USA um 6% gestiegen, *Emerging Markets Magazin*, 2. Juni 2015

24 Trotz Sanktionen: Russlands Exporte in die USA wachsen, RT Deutsch, 29. Mai 2017

25 Klaus Ernst, Raus aus den Russland-Sanktionen, Pressmitteilung Die Linke, 14. Dezember 2017

26 Tom C.W. Lin, Financial Weapons of War, *Minnesota Law Review*, Volume 100:4, April 2016

27 China 2018 AUM League Table, Asian Private Banker

28 SWF Institute

29 Finanzministerium der Russischen Föderation

30 SWF Institute

31 Chinesischer Staatsfonds will Dresdner Bank – voll und ganz, *Spiegel Online*, 27. März 2008

32 Karl-Heinz Büschemann und Martin Hesse, China greift nach Dresdner Bank, *Süddeutsche Zeitung*, 11. Mai 2010

33 Commerzbank schließt Übernahme ab, *Manager Magazin*, 12. April 2017

Wir sind die Guten!

1 Andrew Ross Sorkin, BlackRock's Message: Contribute to Society, or Risk Losing Our Support, *The New York Times*, 15. Januar 2018
2 BlackRock Internetseite
3 Eine bemerkenswerte Mahnung, *FAZ*, 17. Januar 2018
4 Businessroundtable Internetseite
5 Christoph Rottwilm, US-Konzernchefs fordern radikales Umdenken in der Wirtschaft, *Manager Magazin*, 20. August 2019
6 Gregor Dobler und Rita Kesselring, Swiss extractivism: Switzerland's role in Zambia's copper sector, Cambridge Core, 24. Juli 2019
7 Christoffer Guldbrandsen, Afrika – Der ausgeraubte Kontinent, arte, 2012
8 Extracting Minerals, Extracting Wealth, *War on Want*, Oktober 2015
9 Steuerfuss soll um fünf Punkte sinken, *Zürichsee-Zeitung*, 3. Oktober 2018
10 Paradise Papers: Geheime Geschäfte – Die Milliarden-Deals der Rohstoffkonzerne, ARD, 2017
11 Global Witness
12 Paradise Papers enthüllen geheime Geschäfte des Schweizer Rohstoffriesen Glencore, *Süddeutsche Zeitung*, 8. November 2017
13 Dubiose Türöffner: Glencore in der DR Kongo, Public Eye,
14 Annual Report 2018, Glencore
15 BlackRock Internetseite
16 Shortlist 2008 Public Eye Swiss Award, *Public Eye*
17 Ed Sheeran bezahlte letztes Jahr mehr Steuern als Amazon und Starbucks, *Watson*, 16. Oktober 2018
18 Dominic Rushe, Amazon made an $11.2bn profit in 2018 but paid no federal tax, *The Guardian*, 16. Februar 2019
19 Susanne Wixforth, Schrumpft die Riesen, *IPG Journal*, 31. Mai 2019
20 Die Angaben zu Unternehmensbeteiligungen auf den folgenden Seiten sind Unternehmensangaben und Yahoo Finance entnommen.
21 Auch Disney und Skype haben Steuern »gespart«, *FAZ*, 12. Dezember 2014
22 Sven Giegold, Neue Studie: Statt in Europa fair Steuern zu zahlen, bezahlt McDonald's lieber Steuerberater, Die Grünen im Europäischen Parlament, 14. Mai 2018
23 ebd.
24 Dutch sandwich' grows as Google shifts 8.8bn to Bermuda, *Financial Times*, 10. Oktober 2013
25 Google shifted $23 billion to tax haven Bermuda in 2017: filing, Reuters, 3. Januar 2019
26 Google to pay $1 billion in France to settle fiscal fraud probe, Reuters, 12. September 2019
27 Google to pay $334 million to settle Italian tax dispute, Reuters, 3. Mai 2017

28 Patrick Bernau, Apple zahlt nur 25 Millionen an den deutschen Staat, *FAZ*, 28. Mai 2017
29 State aid: Ireland gave illegal tax benefits to Apple worth up to 13 billion, Europäische Kommission, 30. August 2016
30 Christoph Kehlbach, Irland und Apple gegen die EU, *Tagesschau.de*, 17. September 2019
31 Wie Starbucks sich um die Steuern drückt, *Handelsblatt*, 2. November 2012
32 Klaus Hempel, Erfolg für Starbucks, Niederlage für Fiat, *Tagesschau.de*, 24. September 2019
33 Oliver Voss, Wie viel Steuern Facebook in Deutschland zahlt, *Tagesspiegel*, 13. Dezember 2017
34 Diese Bilanz ist ein Witz: Facebook gilt in Deutschland als »kleine Kapitalgesellschaft«, *Focus Online*, 16. Oktober 2015
35 Ernesto Crivelli, Ruud A. de Mooij und Michael Keen, Base Erosion, *Profit Shifting and Developing Countries*, IWF Working Paper, 29. Mai 2015
36 Alex Cobham und Petr Janský, *Working Paper Global distribution of revenue loss from tax avoidance*, UNU-WIDER, März 2017
37 Development aid rises again in 2016 but flows to poorest countries dip, OECD, 11. April 2017
38 Wikipolitics
39 AREF Internetseite
40 ebd.
41 Isle of Man Financial Service Authority
42 Raytheon Company You Tube-Kanal
43 Report to Congressional Committees, United States Government Accountability Office, Juni 2012
44 Investing News Internetseite
45 These are the banks and financial institutions investing $748 billion in nuclear weapon producers, *ican*, 5. Juni 2019
46 Vanguard Internetseite
47 Richard Heede, »Tracing anthropogenic carbon dioxide and methane emissions to fossil fuel and cement producers, 1854–2010«, Januar 2015
48 Voting bulletin, BlackRock Internetseite
49 Joint statement between institutional investors on behalf of Climate Action 100+ and Royal Dutch Shell plc (Shell), Shell, 3. Dezember 2018
50 Jessica Tasman-Jones, Blackrock and Vanguard slammed for undermining rivals on climate change fight, 18. September 2019
51 Eli Kasargod-Staub, Climate in the Boardroom, Harvard Law School Forum on Corporate Governance and Financial Regulation, 7. Oktober 2019
52 John Schwartz, New York Sues Exxon Mobil, Saying It Deceived Shareholders on Climate Change, *The New York Times*, 24. Oktober 2018

Wie schützen wir uns vor den Finanzkonzernen?

1 Naomi Klein, Reclaiming the Commons, *New Left Review*, Mai/Juni 2001
2 Michael Gajic und Michael Scarf, Australian takeover laws – what you need to know, MinterEllison
3 *Netzeitung* vom 8.6.2005

Ulrike Herrmann

DEUTSCHLAND,
EIN WIRTSCHAFTS
MÄRCHEN

Warum es kein Wunder ist,
dass wir reich geworden sind

WESTEND

ISBN: 978-3-86489-263-9
320 Seiten
Auch als E-Book erhältlich

Wie die Deutschen wirklich reich wurden

Deutschland ist reich, aber die gängigen Erklärungen sind falsch.
So soll Ludwig Erhard der »Vater« des Wirtschaftswunders
gewesen sein – in Wahrheit war er ein unfähiger Ökonom, ein
Profiteur im Dritten Reich und ein Lügner. Die Bundesbank
war angeblich die unbestechliche »Hüterin der D-Mark« –
tatsächlich hat sie Millionen in die Arbeitslosigkeit geschickt
und die deutsche Einheit fast ruiniert. »Soziale Marktwirtschaft«
klingt nach sozialem Ausgleich, doch begünstigt werden die
Reichen. Auch die permanenten Exportüberschüsse haben
Deutschland nicht voran gebracht, sondern geschadet. Umgekehrt
werden echte Erfolge nicht gesehen: Die Wiedervereinigung
war angeblich wahnsinnig teuer. Tatsächlich hat sie keinen
einzigen Cent gekostet. Es ist Zeit, sich von den Legenden
zu verabschieden. Sonst verpassen wir unsere Zukunft.

384 Seiten
ISBN 978-3-86489-278-3

384 Seiten
ISBN 978-3-86489-279-0

Geballte Kompetenz und fundierte Information zu den wichtigen Fragestellungen unserer Gegenwart. Die Sonderedition *Denken Wissen Handeln* bietet kritische Diskurse und die wichtigsten Texte unserer renommierten Autorinnen und Autoren zu den Themenfeldern Politik und Wirtschaft.

Mit Texten von Ulrike Herrmann, Jens Berger, Sahra Wagenknecht, Paul Schreyer, Peter Zudeick, Rainer Mausfeld und vielen mehr.

Jetzt reinlesen auf www.westendverlag.de